KENNY LUCK

DECOLE

VOCÊ ESTÁ PRONTO PARA ACEITAR O PODER DE DEUS?

Traduzido por EMIRSON JUSTINO

MC
mundocristão
São Paulo

Os textos das referências bíblicas foram extraídos da *Nova Versão Internacional* (NVI), da Biblica, Inc., salvo indicação específica.

Dados Internacionais de Catalogação na Publicação (CIP)
(Câmara Brasileira do Livro, SP, Brasil)

Luck, Kenny
Decole: você está pronto para aceitar o poder de Deus? / Kenny Luck; traduzido por Emirson Justino. — São Paulo: Mundo Cristão, 2013.

Título original: Soar: Are You Ready to Accept God's Power?
Bibliografia

1. Deus — Amor 2. Deus — Misericórdia 3. Deus — Onipotência 4. Vida cristã I. Título.

12-12762 CDD-248.4

Índice para catálogo sistemático:
1. Poder de Deus : Vida cristã : Cristianismo 248.4
Categoria: Autoajuda

Publicado no Brasil com todos os direitos reservados por:
Editora Mundo Cristão
Rua Antônio Carlos Tacconi, 79, São Paulo, SP, Brasil — CEP 04810-020
Telefone: (11) 2127-4147
www.mundocristao.com.br

1ª edição: fevereiro de 2013

Este livro é dedicado a meus irmãos e irmãs que se levantam corajosamente em favor de Cristo diante de seus perseguidores pelo poder do Espírito Santo. Vocês decolaram no meio da luta.

Sumário

Agradecimentos

Dr. Rick Warren, dr. Bill Bright, dr. Robert Morris, dr. Kevin Springer e tantos outros por terem aberto minha mente através de seu conhecimento e amizade como mentores e pelo compromisso com a próxima revolução espiritual entre homens.

PARTE 1

Transições

1

No meio da luta

O inferno na terra seria encontrar a pessoa
que você poderia ter se tornado.
KEN BLANCHARD

— Não lute comigo!

A repreensão calma e ao mesmo tempo firme veio de Gary, instrutor de voo com 29 anos de experiência em planadores. Planando a 4 mil pés acima da costa central da Califórnia, apenas alguns momentos antes — depois de eu ter liberado o cabo de reboque e de Gary ter nos nivelado — ele havia perguntado:

— Você quer assumir a alavanca de comando?

— Claro! — gritei eu, quase estourando os tímpanos de Gary, e rapidamente segurei a alavanca com a mão inteira. Sem eu saber, Gary agarrou o controle auxiliar, uma alavanca de comando usada pelo instrutor no caso de um novato muito ansioso e pouco treinado se esquecer de que os planadores não são sua praia.

Aparentemente, eu havia feito uma bobagem, de modo que Gary me repreendeu com aquela ordem de "não lute comigo!", e assumiu o controle da aeronave.

Chocado e surpreso com suas palavras, eu rapidamente soltei a mão da alavanca.

— Vamos tentar de novo — disse Gary, com calma. — Para a frente, desce. Para trás, sobe. Esquerda é esquerda e direita é direita.

Lentamente, coloquei minha mão de volta na alavanca e mais uma vez agarrei com a mão inteira.

— Não lute comigo! — disse Gary, dessa vez com ainda mais firmeza.

Senti a "força invisível" arrancar minha mão da alavanca. Meu humor desabou de novo depois de ouvir aquelas palavras mortíferas: "Não lute comigo!". Com paciência, Gary me explicou mais uma vez como "menos é mais" quando você está cavalgando o vento num planador. Em termos mais específicos, isso significava usar o polegar e o indicador, aplicando uma leve pressão sobre a alavanca.

— Mantenha o nariz gentilmente para cima e dirija-se para aquela montanha — disse a voz atrás de mim.

— Gentilmente — repetiu ele.

Pela terceira vez, assumi o controle, dessa vez segurando levemente a alavanca com o polegar e o indicador e, durante os arrebatadores quinze minutos seguintes, cavalguei o vento. Gary me dizia para onde dirigir o planador, e depois de cada orientação eu gentilmente manobrava aquelas longas e finas asas para que flutuássemos na direção de diferentes pontos do horizonte. Para mim, a terceira tentativa foi mágica. Foi maravilhoso.

Peguei o jeito de fazer ajustes pequenos, calculados e sutis na alavanca. O silêncio de Gary e o fim de suas retomadas de controle significavam que eu havia conquistado a confiança dele. Suponho que a vergonha faz você ouvir com maior atenção, de modo que você aplica as instruções e integra todo o aprendizado mais prontamente. Durante aqueles quinze minutos sem "não lute comigo", os únicos comentários de Gary relacionados ao voo foram aqueles de fazer o peito inchar. Coisas como "você está agindo de modo natural".

Quando ele disse isso, uma voz dentro do meu cérebro gritou: "O quê? Isso é que é mudança! Saí de 'não lute comigo' para 'você está agindo de modo natural' em dez minutos? Que reviravolta!".

Passei da vergonha para a euforia, da casinha de cachorro para o apartamento de cobertura, das reações de novato e do fracasso para uma nova intuição e o sucesso nos céus. Lá, bem acima da terra, dentro daquela cabine, eu havia decolado literal e emocionalmente. A vitória havia sido arrebatada das garras da derrota, da vergonha e do embaraço. De modo bem egoísta, eu estava pensando o que qualquer homem estaria pensando: "Graças a Deus, mudei as coisas aqui em cima!".

Aterrissamos, abrimos a cabine e fomos saudados por meu colega Paul, que perguntou:

— E aí, como foi?

— Ele agiu de modo natural — respondeu Gary.

Mandou bem, Gary!

Bem, preciso confessar uma coisa constrangedora aqui. Segurei aquela alavanca do planador antes de escrever este livro, não para aprender a voar, mas principalmente para experimentar o sentimento de planar. Fui lá para cima em busca de emoção, não para ser repreendido por um instrutor! Isso é muito chato quando tudo o que você quer é experimentar algo, não aprender ou refletir muito naquilo. Eu não estava preparado para a *correção*. Mas quando Gary dirigiu a mim aquelas três pequenas palavras a 4 mil pés do chão, a verdadeira lição de vida começou a fazer sentido. Mais especificamente, a mensagem *lá de cima* era direcionada a mim em relação a *aqui embaixo*, onde eu realmente vivia. Sem estar ciente disso, Gary era a bendita e perfeita voz dizendo o que precisava ser dito. Ou melhor, o

> O que Deus queria me dizer nesse ponto de minha vida era: "Não lute comigo".

que Deus queria me dizer nesse ponto de minha vida era: "Não lute comigo".

Agulhas e farpas

Quando alguém diz a outra pessoa "Não lute comigo", ou "Não lute contra isso", é porque está acontecendo alguma coisa ilógica ou que não está de acordo com as expectativas.

Lembro-me de outro incidente do tipo "não lute comigo". Estava no pronto-socorro do Mission Hospital com meu filho Ryan, vendo seu rosto ficar cada vez mais vermelho. Ele estava preso por grossas fitas de velcro a uma prancha de madeira. Sangue escorria de seu nariz, por onde uma sonda nasogástrica gotejava carvão ativado em sua garganta para absorver o remédio em seu estômago que ele havia engolido porque "parecia um doce". O pior de tudo é que ele tinha um olhar sofrido e acusador no rosto que implorava: "Vocês não vão fazer nada?". Nossos olhos se encontraram, e eu lhe disse: "Papai está aqui, filho, e tudo vai dar certo", de modo que ele pudesse parar de lutar contra o terrível processo que tinha o propósito de salvá-lo. Ryan tinha de confiar em mim, e minha mensagem foi: "Não lute contra isso".

Surpreendentemente, tão logo cruzamos nosso olhar e ele começou a se entregar a minha presença tranquilizadora e a obedecer a minhas instruções, sua respiração acalmou, o rubor em sua face deu lugar a sua cor normal e ele fez as pazes com a experiência mais aterrorizante pela qual passara em sua curta vida. Ryan relaxou.

Ou imagine a cena em que uma enfermeira tenta aplicar uma injeção de vacina no braço de uma criança em pânico ou uma mãe que tenta extrair uma farpa que penetrou fundo na pele do dedo de sua filha. Seja qual for a experiência de "não lute comigo", ela é sinônimo de desconforto e sofrimento que são *necessários* para que outras coisas positivas aconteçam. É um esforço emocional, especialmente se você é aquele que está sendo ferido, expropriado ou imobilizado em nome de um "propósito mais elevado". E quando o amor não dá ouvidos ao clamor que pede para fazer aquilo parar ou desaparecer, mas, em vez disso, causa a dor porque essa é a coisa mais amorosa a fazer, então a realidade se torna decepcionante.

> Quando o amor não dá ouvidos ao clamor que pede para fazer aquilo parar ou desaparecer, mas, em vez disso, causa a dor porque essa é a coisa mais amorosa a fazer, então a realidade se torna decepcionante.

Lá em cima, na cabine do planador, Deus transmitiu uma mensagem assim. Gary não sabia como eu estava lutando para compreender certos eventos de minha vida, minhas inseguranças em relação ao futuro, e algumas circunstâncias que me envolviam pela primeira vez. Ele estava simplesmente fazendo seu trabalho de me ajudar a pilotar um planador, mas Deus imaginou que, por estar num lugar como aquele, eu ficaria motivado a ouvir a mensagem da qual precisava tão desesperadamente.

Bem, mas aqui está a ironia da coisa: descobri com um dos funcionários do campo de aviação que Gary normalmente não deixa os não treinados pegarem a alavanca num primeiro voo. Mas uma vez que eu estava escrevendo um livro chamado *Decole*, ele correu o risco, e Deus aproveitou a oportunidade. Ele é muito esperto, e seu senso de humor não conhece limites!

Minha condição espiritual naquele dia lembrava a de um avião que não foi "acertado". Esse é o jargão dos pilotos para se referir a um avião que não foi alinhado ou ajustado com precisão para encarar o vento de frente durante o voo. Uma aeronave não acertada é difícil de ser manejada e se torna instável, dificultando o voo. Ela tem dificuldades de permanecer no ar porque o leme, os *ailerons* e o profundor estão *lutando contra as condições*, em vez de estarem ajustados para voar *naquelas condições*. Infelizmente, essa era minha condição pessoal: instável, não alinhado e pesado por causa de alguns ventos frontais poderosos e imprevisíveis em minha vida.

O que exatamente o Espírito de Deus estava insinuando com aquela mensagem "não lute comigo"?

Não lute com meus propósitos para as situações que você vive.

Não lute com o crescimento que quero promover em você.

Não lute com minha providência em sua vida.

Não lute com minha autoridade de bagunçar suas expectativas em relação a como sua vida deveria ser.

Não lute com minha voz que está pedindo que você vá contra seus sentimentos a fim de ser um homem de Deus nesta época.

Não lute comigo quando eu pedir que você aceite este processo.

Não lute com o novo homem que estou criando *no meio* de situações desconfortáveis.

Provavelmente me senti como Ryan naquele dia quando, contra sua vontade, estava estirado naquela prancha de madeira no pronto-socorro, olhando para os olhos de seu pai, lutando para reconciliar o pânico e a dor do desconhecido com a forte presença e a promessa paterna. Meu filho tinha emoções poderosamente conflitantes voando de frente na direção de uma força igualmente poderosa em sua vida: seu pai. Quanto mais meu filho olhava para mim, mais paz e determinação ele encontrava para suportar o processo que salvaria sua vida do envenenamento. Quanto mais ouvia, mais calmo ele ficava.

Ryan parou de lutar. Ele decolou no meio da desorientação e do desafio emocional, e saiu curado do outro lado.

Convite à elevação

Na época em que vivemos, em que todos os homens de Deus são desafiados nos âmbitos econômico, cultural, relacional, emocional e espiritual, o que o Espírito Santo pode estar dizendo a você e a mim?

- Você pode se elevar sobre os desafios a sua frente e enfrentá-los, porque tenho controle sobre sua vida e suas circunstâncias.
- Todas as condições indesejadas, não planejadas e inesperadas nas quais você se vê hoje têm o propósito de mostrar ao mundo como o meu povo pode se colocar acima delas, pois Eu Sou maior que todas elas.
- Você foi criado para decolar no meio, não na ausência, de tribulações e provações.
- Você pode estar confuso e cansado, mas eu sou forte, firme e totalmente claro em relação a meus objetivos.
- Meu reino avança mais poderosamente em você e através de você por causa de suas dificuldades e desafios, não apesar delas. Esta é a minha vontade.
- Portanto, não lute comigo! Em vez disso, descubra-me no meio do problema... e decole.

Quando o Espírito Santo diz "não lute comigo" ao homem de Deus, trata-se de um convite à elevação. Ele está dizendo: "Por que agir como um pombo comum se eu projetei você para que voasse como uma águia?". Lembre-se das palavras do profeta Isaías:

> Será que você não sabe?
> Nunca ouviu falar?
> O Senhor é o Deus eterno,
> o Criador de toda a terra.
> Ele não se cansa nem fica exausto;
> sua sabedoria é insondável.
> Ele fortalece o cansado
> e dá grande vigor ao que está sem forças.
> Até os jovens se cansam

> e ficam exaustos,
> e os moços tropeçam e caem;
> mas aqueles que esperam no SENHOR
> renovam as suas forças.
> Voam alto como águias;
> correm e não ficam exaustos,
> andam e não se cansam.
>
> Isaías 40.28-31

Essa promessa foi dirigida ao povo de Deus no momento em que ele enfrentava tempos difíceis e agitados. De maneira similar, no meio de tempos desanimadores e incertos, todos os homens precisam fazer ajustes. O principal ajuste é definir como interligar o que está acontecendo com eles em termos pessoais ao contexto mais amplo da vida, a fim de viver de maneira significativa no meio de seus desafios. Eles precisam ser "acertados", ajustados e realinhados para voar em meio a ventos fortes. Se não fizer isso, o homem vai sucumbir às gravidades da vida na terra, perder altitude e cair do céu.

Através de Isaías, um de seus homens, Deus disse a seu povo daquela época e também aos homens de Deus hoje:

> Vocês podem optar por decolar ou cair no meio da luta.
> Lembrem-se de quem eu sou.
> Entrem em contato comigo, e eu ouvirei.
> Confiem em minha palavra a vocês e a recebam.
> Deixem-me "acertá-los" para que possam voar alto nestas condições.
> Façam os ajustes que lhes peço para fazer.
> Vou estabilizar, fortalecer e firmar vocês de modo que possam se erguer acima até mesmo dos ventos mais severos.

Não são muitos os livros que convidam você a dar boas-vindas e a voar diretamente no meio das tempestades da vida. Contudo, você está segurando um livro que faz isso.

Assim como o convite de meu amigo Paul para dar um passeio de planador foi tentador demais para deixar passar, este livro é um convite a experimentar uma dimensão diferente e desafiadora da vida espiritual através do poder do Espírito Santo. Talvez não fosse isso o que você estava procurando, mas pode ser exatamente isso o que Deus planejou para você no momento em que ele o criou.

Águia ou pombo?

Meu amigo Dan adora águias. Ao mesmo tempo que adora vê-las de perto na natureza, ele odeia ver águias numa gaiola. Seu pensamento é mais ou menos assim: a expressão "águia parada" é um oximoro, ou seja, duas palavras que não podem andar juntas. Imagine ser criado para voar, mas ficar preso a vida toda num zoológico. Pense nisso por um instante. Este é um pássaro projetado por Deus para planar, asas abertas, sem esforço, sobre montanhas, aproveitar correntes térmicas e cobrir com facilidade enormes distâncias. No que se refere a pássaros, as águias são tão fortes quanto parecem. Elas podem atingir altitudes de mais de três mil metros. Raramente batem as asas quando migram para áreas de alimentação e, ainda assim, podem alcançar velocidades de até 120 quilômetros por hora quando descem para atacar ou agarrar um coelho.

Dan me falou certa vez sobre uma visita que fez a um viveiro de águias num zoológico. Embora relativamente grande e extenso se comparado a outras áreas reservadas a animais, o viveiro era totalmente fechado por uma grossa rede preta e uma cerca. Curioso, Dan perguntou ao tratador:

— O que aconteceria se a rede e a cerca fossem removidas?

— Ela permaneceria exatamente ali, naquele galho — respondeu o tratador.

Ao que parece, aquela águia havia chegado ao ponto sem volta. Aquele animal havia sido condicionado (ou preso) a seu ambiente de cativeiro e recalibrou totalmente seu instinto natural, seu desejo e seu projeto de voar. Era uma águia agindo como um pombo comum. Aquela criatura magnífica jamais experimentaria plenamente a promessa, o potencial e o poder de seu projeto. Em vez de voar, ficaria empoleirada.

Meu propósito neste livro é lembrar todo homem de Deus de que ele é uma águia, não um pombo. O problema é que temos milhões de homens que são águias, mas que passaram a agir, em termos práticos e espirituais, como se fossem pombos. São servos de Deus magníficos, criados com esmero, que estão agindo em desacordo com suas características, de modo contrário a seu desígnio, com asas dobradas e aprisionados por seus próprios pensamentos ruins sobre si mesmos e sobre seu Deus. Estão engolindo as mentiras dos sentimentos, da carne e das fantasias sobre quem eles realmente são e o que de fato deveriam estar experimentando. O resultado é este:

- Vida de baixo nível
- Esperança de baixo nível
- Disciplina de baixo nível
- Crescimento espiritual de baixo nível
- Risco de baixo nível
- Testemunho ao mundo de baixo nível
- Cristianismo de baixo nível

Isso tudo está errado. Somos capazes de nos erguer acima disso e viver de maneira diferente no meio da terra porque estamos conectados ao Deus altíssimo. Toda pessoa já nascida foi criada para viver neste reino, conectada ao Deus eterno e transcendente. Por causa dessa conexão, essa pessoa pode transcender, elevar-se e viver como uma águia entre os pombos. Por quê? Ela está intimamente ligada aos ventos e às obras do Espírito Santo. A única maneira de viver essa vida de transcendência aqui na terra é fazer uma transição na maneira como você enxerga a vida e experimenta a obra do Espírito Santo em e através de você. Perca isso e você perderá a vida transcendente.

A única maneira de viver essa vida de transcendência aqui na terra é fazer uma transição na maneira como você enxerga a vida e experimenta a obra do Espírito Santo em e através de você. Perca isso e você perderá a vida transcendente.

Em meio aos ventos de mudança e de desafios, o homem de Deus deve ativar o Espírito, associar-se a ele e crescer junto — o poder ativo de Deus sobre a terra. Em termos práticos, fazemos isso ao abraçar os quatro princípios que serão expostos por todo este livro:

- Diga sim ao Espírito Santo agora... faça uma mudança.
- Abra novas portas para o Espírito Santo... crie caminhos.
- Busque ativamente o Espírito Santo... fortaleça.
- Libere o poder do Espírito Santo... cause um impacto poderoso.

Entendeu? Faça uma mudança. Crie caminhos. Fortaleça. Cause um impacto poderoso. É por meio dessas coisas que o homem de Deus ajusta sua fé para cavalgar os ventos de mudança e desafio. Cada ação é explicada claramente no manual de operações de voo (a Bíblia) de modo que você pode subir às exatas altitudes da fé e do crescimento como homem de Deus no meio da terra. Não é preciso temer essas alturas.

Igualmente claro na Bíblia está o fato de que a vida formada pelo Espírito sempre será desafiada por tempestades, gravidades naturais e injustiças da vida. Conforme explicado nos outros livros desta série (*Arrisque*, *Sonhe* e *Lute*), isso significa que esses princípios e as disciplinas associadas a eles não são um evento, mas um modo de vida para o homem de Deus.

Orientação final

Deus se aproxima mais poderosamente do homem no meio de suas horas mais escuras e dos maiores desafios, chamando-o a ajustar sua fé e a voar de encontro ao vento. O oposto disso? Fragmentação ou pânico no meio das provações, optando por falar e agir como "pombo" e terminando confortavelmente plantado num poleiro de 3 metros dentro de um viveiro (com cara de bobo). A diferença entre bater asas intensamente para permanecer nas alturas e planar numa dimensão diferente consiste em saber como sua fé é designada a reagir no meio de ventos fortes.

> ***Decolando***
> Assim como a gravidade é necessária para se experimentar a ascensão, a mudança e o desafio são necessários para que o homem de Deus decole espiritualmente e experimente crescimento através do Espírito Santo.

Escrever este livro me levou a dar uma longa e dura olhada no espelho e perguntar: "Estou vivendo como águia ou como pombo?". Quero que este livro ajude você a fazer a mesma pergunta e que o leve a uma séria reflexão sobre como vai encarar sua jornada espiritual com Deus.

Você perceberá Deus confrontando primeiro e então encorajando. O mais provável é que ele lhe dê um laboratório para testar e comprovar o que você está aprendendo em tempo real. Ele colocará algum atraso e dificuldade na mistura se você ainda não chegou lá. Ele é um ótimo pai, e bons pais sabem como transformar meninos em homens. Portanto, à medida que entramos na esfera do crescimento no Espírito Santo, o encorajamento vindo das Escrituras e de mim é que dificuldades virão, mas permanecer no processo é o que faz um homem.

> Suportem as dificuldades, recebendo-as como disciplina; Deus os trata como filhos. Ora, qual o filho que não é disciplinado por seu pai? Se vocês não são disciplinados, e a disciplina é para todos os filhos, então vocês não são filhos legítimos, mas sim ilegítimos. Além disso, tínhamos pais humanos que nos disciplinavam, e nós os respeitávamos. Quanto mais devemos submeter-nos ao Pai dos espíritos, para assim vivermos!
>
> Hebreus 12.7-9

E você? Está pronto para sair desse poleiro e abrir as asas? Seu Pai, por meio do Espírito, quer lhe dizer: "Posso ter uma palavrinha com você, filho?".

É hora de aceitar o poder e voar mais alto. Não lute com ele.

2

Crie caminhos

Não há nada como o poder do Espírito Santo. Basta permitir que ele venha e, de fato, tudo poderá ser realizado.
CHARLES SPURGEON

Aquela conversa seria estranha.

Muito embora Jesus soubesse que poderia receber um olhar de estranheza, ele tinha de fazer o *download* de um arquivo complexo de informação espiritual para seus companheiros. Em linguagem de computador, pode-se dizer que ele ia destruir o disco rígido deles. Jesus se comunicou da maneira mais clara que podia, mas isso não impediu que ele parecesse esquisito.

Imagine ouvir de alguém muito próximo: "Muito bem, é o seguinte. Vocês não vão me ver mais. Mas lembrem-se de que o importante é que estou indo, mas, na verdade, não vou a lugar algum. Estarei com vocês, embora não fisicamente. Estarei com vocês na forma de um Espírito Santo".

Hã? Hoje, uma pessoa que dissesse algo assim provavelmente seria internada na clínica psiquiátrica mais próxima, além de receber uma quantidade insana de remédios psicotrópicos.

Felizmente para Jesus, ele havia acumulado um capital relacional durante três anos que lhe proporcionou uma porção tamanho extra daquele precioso produto confiado a todos os líderes grandes e visionários: o benefício da dúvida. Jesus sabia que sua mensagem confundiria seus homens, mas seguiu adiante assim mesmo. Ele precisava fazê-lo, pois, ainda que aquilo que ele estava lhes contando parecesse estranho, era uma realidade inevitável que seus seguidores em breve teriam de acolher e experimentar. Veja o registro da conversa:

> "E eu pedirei ao Pai, e ele lhes dará outro Conselheiro para estar com vocês para sempre, o Espírito da verdade. O mundo não pode recebê-lo, porque não o vê nem o conhece. Mas vocês o conhecem, pois ele vive com vocês e estará em vocês. Não os deixarei órfãos; voltarei para vocês".
>
> João 14.16-18

Sinto a dor dos discípulos quando leio no Novo Testamento que eles não estavam "sacando" enquanto Jesus falava sobre deixá-los e enviar-lhes o Espírito Santo para que os guiasse na ausência dele. Quando o Filho de Deus está falando, nenhum homem quer deixar de sacar. Mas simplesmente não havia um contexto para eles filtrarem essa realidade e conceito tão abstratos. O resultado? As Escrituras dizem que eles ficaram perdidos (por enquanto!).

Do mesmo modo, milhões de cristãos hoje têm dificuldade de juntar as peças intelectuais, espirituais, relacionais e funcionais quando se trata do Espírito Santo. Um Espírito vivo que os conduz de dentro para fora ainda é abstrato, mal compreendido, mal aplicado, ou nem mesmo aplicado. Apesar de desafiador, é confortante saber que, como a história afirma, a confusão dos discípulos foi transformada em poder e em clareza de experiência. O fato de ter esse conhecimento do futuro é a razão pela qual Jesus pôde dizer perto do fim de sua reunião derradeira com os discípulos: "É para o bem de vocês que eu vou" (Jo 16.7). Naquele momento, porém, sem a mesma antevisão, isso foi bastante difícil para os discípulos.

É claro que, agora, com dois mil anos de retrospectiva, o que Jesus disse faz total sentido. Sabemos hoje que os discípulos, em seu relacionamento com o Espírito Santo, mudaram de disfuncionais para bastante dinâmicos e funcionais. Esse também é meu objetivo, e deveria ser o seu também. Não importa se você é novo convertido ou se é um pastor como eu. A era da liderança do Espírito é um período que você e eu devemos experimentar pessoalmente neste exato instante. Sendo assim, a próxima pergunta que todos os cristãos devem fazer a si mesmos é: como anda esse processo de seguir o Espírito Santo?

> ***Decolando***
> *"É para o bem de vocês que eu vou" significa que Jesus acreditava que espiritualmente faria mais bem aos homens do que se ficasse fisicamente com eles.*

Todos os seguidores de Cristo devem chegar a esta interseção em particular: a realidade de como o relacionamento com Deus é colocado em ação e sua responsabilidade de experimentá-lo e expressá-lo como Deus deseja. Qualquer coisa abaixo disso é arrogância ou ignorância. Mais especificamente, o fato é que o cumprimento dos propósitos de Deus em e através de você reside na qualidade de seu relacionamento e em sua conexão com o Espírito Santo.

E tal como aqueles primeiros doze homens de Deus, devemos ampliar nossa fé e adotar o programa do reino como ele é, não como gostaríamos que ele fosse. Também é melhor para nós que Jesus tenha ido e que o Espírito Santo esteja aqui em seu lugar para nos conduzir. É melhor para nós que creiamos sem ver Jesus fisicamente de modo que possamos herdar uma bênção mais rica. É melhor para nós vivermos uma vida de fé em Cristo que é transcendente e cheia do Espírito no meio de questões terrenas. É melhor para as pessoas deste mundo terem Cristo acessível e disponível através do Espírito Santo. É melhor para a salvação e para a transformação mundial que o Espírito Santo seja o "chefe responsável" até que Jesus retorne fisicamente e seu reino venha.

Aí está a surpresa. Do ponto de vista de Deus, não é importante que você entenda por completo todos os aspectos dessa verdade, mas ele certamente quer que você entenda.

Felizmente, para nossa jornada, temos um pouco mais de contexto e alguns pontos de apoio adicionais em comparação aos discípulos — assim como algumas desculpas a menos. E muito embora ainda precisemos aprender por meio da aplicação e da prática, nossos quatro princípios para decolar vão nos dar um bom impulso.

Princípio de decolagem n.º 1: Diga sim ao Espírito Santo

O homem de Deus diz "sim" ao dom de Deus.

Não importa como você chega a essa decisão. Você pode chegar até ela por meio da lógica, com uma frase como "Ele é Deus, eu não sou; ele diz isso, e basta". Ou você pode chegar até ela em razão da dor que sua própria autossuficiência lhe causou, como "Não quero cometer esse erro de novo nem continuar sendo essa pessoa". Para Deus, respostas inteligentes ou emocionais são secundárias em relação a respostas esclarecidas. Uma vez esclarecidos, como homens de Deus temos a responsabilidade de agir de acordo com a verdade conforme a conhecemos. Portanto, vamos nos informar!

> Portanto, não sejam insensatos, mas procurem compreender qual é a vontade do Senhor. Não se embriaguem com vinho, que leva à libertinagem, mas deixem-se encher pelo Espírito, falando entre si com salmos, hinos e cânticos espirituais, cantando e louvando de coração ao Senhor, dando graças constantemente a Deus Pai por todas as coisas, em nome de nosso Senhor Jesus Cristo.
>
> Efésios 5.17-20

Quando dizemos sim ao Espírito Santo, é importante lembrar que a decisão é, por padrão, também um não. Sempre que dizemos sim a Deus, estamos dizendo não ao impulso, à cultura, ao agrado aos homens e ao Diabo. Também é um não ao autogerenciamento. E essa é a questão principal quando se trata de nosso relacionamento com o Espírito Santo e de nossa capacidade de enfrentar as mudanças e os desafios com que deparamos. No meio das lutas da vida precisamos perguntar: "Quem é o chefe — *de verdade*? Quem decide — *de verdade*? Quem está no controle — *de verdade*?".

> ***Decolando***
> *A vontade de Deus para todo cristão é que este diga sim ao controle do Espírito Santo sobre sua vida. Somente um tolo diria não.*

Lembra-se das palavras que meu instrutor de voo me disse na cabine do planador? "Não lute comigo."

É isso o que o Espírito Santo está dizendo a você neste exato momento em alguma área de sua vida. O reino de Deus tem o propósito de explodir dentro e através de você, mas você precisa oficializar a transferência de controle. "Que transferência?", você pergunta. Aquela na qual dizemos não ao orgulho e à autossuficiência e dizemos sim à humilde e saudável dependência do Espírito Santo. Em termos práticos, isso significa que você deve perguntar a si mesmo:

- Já disse sim ao controle do Espírito Santo e pedi a ele que me enchesse?
- Tenho agido de acordo com meu próprio controle ou estou sob o controle dele?
- Tenho sido autossuficiente ou dependo humildemente dele?
- Tenho lutado com a voz de Deus em minha vida?
- Tenho dado ouvidos a outras vozes?

Pode ser uma boa notícia para você o fato de que todos os cristãos devem fazer essas perguntas com regularidade, talvez até mesmo diariamente! E se sairmos dos trilhos, podemos voltar à direção correta simplesmente transferindo o controle para o Espírito Santo. Uma vez que é Deus quem pede isso de nós, nós o fazemos com disposição, em obediência e com expectativas, pois sabemos que ele recompensa a fé.

Portanto, agora quero incentivá-lo a parar, fazer as perguntas, separar um tempo para refletir e fazer a sua

> ***Declaração de rendição***
> Espírito Santo, sei que preciso de ti. Sei que sou tentado a assumir o controle de minha vida e, quando o faço, passo por cima de tua obra em mim e através de mim. Peço perdão por assumir o controle quando não deveria fazê-lo. Obrigado por tua contínua presença e disposição de dirigir minha vida. Espírito Santo, peço que assumas o controle de minha vida neste exato momento e que me enchas. Conduze-me, dirige-me, fala comigo, abre meus olhos para o plano de Deus e ajuda-me a optar por ele hoje. Obrigado por assumires o controle e me encheres. Peço em nome de Jesus. Amém.

Princípio de decolagem n.º 2: Abra portas

Alguém já fechou uma porta na sua cara?

Na avançada idade de 10 anos, matei acidentalmente o papagaio de minha irmã mais velha. Agora, imagine minha irmã mais velha, furiosa, louca e fora de controle caçando este que vos escreve por toda a casa, ameaçando remodelar meu rosto enquanto vociferava títulos familiares nada lisonjeiros que tinham o seguinte propósito: levar-me a desejar que nunca tivesse derrubado aquele papagaio do ombro dela. Tudo isso enquanto corríamos como loucos por dentro da casa.

Por acaso mencionei que ela estava me alcançando?

A caçada está em curso, e não posso sair da casa (ela me trancaria do lado de fora). Não posso correr para a garagem (ela me encurralaria). Não posso correr para meu quarto (não há tranca na porta). Onde o pequeno assassino de papagaios poderia encontrar refúgio?

No banheiro!

Se eu conseguir chegar ao corredor com espaço suficiente para bater a porta e trancar com chave... VAI! Corra como o vento! Chegue lá! Quase lá... eu... estou... dentro! Bata a porta! Rápido! Gire a tranca!... CABUM! (o delicioso som de minha irmã se chocando contra a porta). ENORME suspiro de alívio... Uma voz demoníaca diz: "É melhor você abrir essa porta, Kenny!". Ufa! Um de nós está seguro. O outro está *muito* frustrado!

Infelizmente, essa pequena cena de perseguição lembra o que muitos seguidores de Jesus fazem com o Espírito Santo que, num radical contraste com minha irmã, quer ajudá-los. Em vez de abrir as portas e convidá-lo a participar das diferentes áreas da vida, eles estão fechando a porta a sua influência e, nesse processo, fecham a porta a sua liderança, cura e poder transformador.

Podem ter vergonha de coisas que fizeram, culpa pelas pessoas que feriram, amargura por terem sido feridos por outros, frustração por sua incapacidade de mudar ou raiva de Deus porque ele bagunçou as expectativas que tinham em relação à vida que queriam levar. Tal como o pequeno Kenny, eles correram para uma falsa zona de segurança, cientes de que teriam de sair algum dia. Com teimosia, não permitem que um amigo penetre em suas áreas problemáticas com graça para curar e verdade para transformar. Fecharam a porta para a obra do Espírito Santo.

Existe um termo para isso: *compartimentalização.* Em meu livro *Lute* chamei isso de "cantos escuros". No povo de Deus, isso se expressa por meio de obediência seletiva, cristianismo de escolha ou um tipo de autoilusão que diz que "o que acontece em particular, permanece em particular".

Quando me tornei seguidor de Jesus, li Apocalipse 3.20 e saquei. Jesus disse: "Eis que estou à porta e bato. Se alguém ouvir a minha voz e abrir a porta, entrarei e cearei com ele, e ele comigo".

Essa é uma tremenda ilustração na qual nós estamos do lado de dentro de nossa casa e ouvimos uma batida na porta. Curiosos, vamos até a porta e fazemos a pergunta já esperada:

— Quem é?

— Sou eu, Jesus. Posso entrar?

Então, de bom grado e voluntariamente, abrimos a porta e nos conectamos. Esse é um momento compartilhado que todo cristão tem com Jesus. Existe um momento de boas-vindas, um instante de crença, aceitação e integração de Cristo a nossa vida.

Durante anos, relacionei esse versículo apenas a minha conversão, até que percebi que a batida na porta e a abertura dela não terminam na salvação. Aquela primeira batida, e o convite subsequente para entrar na vida, foi apenas a primeira grande porta, que logo depois foi seguida por centenas de outras batidas à medida que Jesus, com minha permissão e através do Espírito Santo, fez uma turnê pelas outras salas de minha vida:

- A sala dos segredos
- A sala dos hábitos privados
- A sala das inseguranças
- A sala do caráter
- A sala das crenças
- A sala dos relacionamentos
- A sala do casamento
- A sala dos pensamentos

- A sala dos apetites danosos
- A sala do passado

Jesus bateu pela salvação, e eu disse: "Vamos lá, pode entrar!". O Espírito fixou residência em mim, continuou batendo e iniciou os projetos de renovação e transformação em todas as outras salas!

Princípio de decolagem n.º 3: Busque ativamente

É fácil iniciar relacionamentos. Uma coisa bem diferente é fazer que eles funcionem.

Todos nós já fomos confrontados com essa realidade. Os homens são especialmente culpados por tratarem um relacionamento como algo a ser conquistado e, depois, deixado de lado com o propósito de conquistar o próximo objetivo. Ao cortejar uma mulher, por exemplo, gostamos da busca e da conquista do prêmio. Mas depois temos dificuldade com a manutenção correta do casamento. As próprias coisas que desejamos, de que precisamos e por meio das quais avaliamos os relacionamentos são também as mesmas coisas que temos dificuldade de transmitir: tempo pessoal, toque e conversa.

Em muitas ocasiões eu achei que estava fazendo algo significativo para Chrissy e acabei descobrindo que aquilo era mais significativo para mim do que para ela! Eu estava com ela e achava que ela estava *comigo*, mas a verdade é que estávamos a quilômetros de distância. Minha ideia de relacionamento forte era a proteção e a provisão que eu fornecia, enquanto a ideia dela de relacionamento forte era tempo e conversa. Marte e Vênus não estavam se conectando de maneira profunda e, no meio desse processo, nós nos desconectamos e começamos a nos autodestruir.

> ***Decolando***
> *Relacionamento profundo é sinônimo de interação significativa.*

Felizmente, a luz acendeu na hora certa. Às vezes nos esquecemos de que o Espírito Santo é uma Pessoa com desejos, intelecto e emoções, que exige compreensão para que haja intimidade.

Pessoas exigem interação. Deus se autodescreve na Bíblia como Pessoas (Pai, Filho e Espírito Santo) que interagem intimamente. De maneira ativa, os três buscam, ajudam, apoiam, interagem e expressam sua individualidade em unidade. Vemos os três em ação no batismo de Jesus: a mente criativa do Pai, o agente da expressão sendo submerso e o poder ativo do Espírito Santo.

> Assim que Jesus foi batizado, saiu da água. Naquele momento o céu se abriu, e ele viu o Espírito de Deus descendo como pomba e pousando sobre ele. Então uma voz dos céus disse: "Este é o meu Filho amado, de quem me agrado".
>
> Mateus 3.16-17

Vemos essa parceria íntima no Novo Testamento, tornada visível na vida de Jesus. Ele está sempre fazendo esforços para se conectar e fazer parceria com os membros da Divindade (Pai e Espírito Santo). Nós o vemos dizendo sim à liderança do Espírito Santo no deserto em Lucas 4. Nós o vemos constantemente saindo às escondidas para dialogar e encontrar conforto com seu Aba Pai. Todos eles vivem a vida juntos. E embora sejam perfeitamente um — contentes e suficientemente conectados entre si —, eles *querem e desejam ter um forte relacionamento conosco*:

> "E eu pedirei ao Pai, e ele lhes dará outro Conselheiro para estar com vocês para sempre, o Espírito da verdade. O mundo não pode recebê-lo, porque não o vê nem o conhece. Mas vocês o conhecem, pois ele vive com vocês e estará em vocês. Não os deixarei órfãos; voltarei para vocês".
>
> João 14.16-18

Isso é o que se pode chamar de trabalho em equipe por uma boa causa. Cada pessoa da Trindade em acordo, movendo-se como uma só, com o alvo selecionado e numa missão de alcançar nossa vida com suas qualidades e personalidades singulares atuando como uma presença unida.

Entenda isto: o Espírito Santo quer ter um relacionamento forte com você. O oposto disso? Uma associação fraca, sem sentido, informal, intelectual, desatenciosa. Um relacionamento com o Espírito Santo só se fortalece por meio de uma busca agressiva e intencional desse relacionamento por parte do cristão.

Os homens conhecem essas duas palavras (*agressivo* e *intencional*) quando se trata de firmar um relacionamento ou conquistar um membro do sexo oposto. Que coisas fazemos (ou fizemos) por amor!

- Ouvimos.
- Conversamos até tarde da noite.
- Criamos "momentos".
- Sacrificamos outros compromissos.
- Fizemos de tudo para nos conectar.
- Tínhamos vontade de entender.

Você entendeu a ideia. E essa intensidade no relacionamento é o que o Espírito Santo quer ao se conectar com você. Buscar de maneira agressiva e intencional um relacionamento forte com ele envolverá tudo isto:

- Meditação em sua Palavra inspirada (ouvir).
- Interação com ele por meio da oração (conversar).
- Confirmação de sua pessoa e de seu propósito em sua vida (validar).
- Cooperação com ele no meio da tentação (participar).

Esse é um relacionamento real com uma pessoa real!

Você pode estar pensando: "Ei, Kenny, já realizo todas essas disciplinas! Em que esse relacionamento com o Espírito Santo difere — se é que difere — do meu relacionamento com Deus Pai e com Jesus?".

Minha resposta e meu desafio se dividem em três partes. Primeiro, reconheça que, sem o Espírito Santo, nenhum contato ou relacionamento consciente com Deus é possível. Ele é o *chip*, por assim dizer, que possibilita que você execute todos os aplicativos da vida espiritual. Ele esclarece "todas as coisas de Deus" para o homem.

Segundo, dirija-se ao Espírito Santo, responda e interaja com ele de maneira pessoal e idêntica à maneira como agiria com Jesus Cristo ou com Deus Pai. Se eu fosse o Espírito Santo, me sentiria desprezado pela maneira como os cristãos o deixam estranhamente de fora de suas orações e práticas da fé. Depois de eu ter ensinado uma lição sobre o Espírito Santo, um homem me perguntou:

— Então não há problema se eu orar diretamente ao Espírito Santo?

— Claro que não! — respondi.

Terceiro, entregue-se pessoalmente às obras específicas do Espírito Santo de Deus em sua vida, exatamente como as Escrituras destacam e recomendam.

Praticaremos essas três coisas em todos os capítulos a fim de cultivar suas interações com o Espírito Santo.

Princípio de decolagem nº 4: Libere o poder

Tenho atração por coisas poderosas.

A lista inclui tornados, jatos de guerra, grandes armas, explosivos, zagueiros de futebol americano (num estilo "bromance",[1] que fique bem claro), meteoros, rinocerontes, aviões cargueiros, lutadores de MMA, batidas de carros, furacões, terremotos, nocautes, dança de *hip hop*, as ondas gigantes da praia de Maverick, na Califórnia, William Wallace (aquele do filme *Coração valente*), rodeio de touros, tanques M1 Abrams, mamães ursas cinzentas, corredeiras nível cinco, gorilas e o Espírito Santo.

Ora, talvez você esteja pensando: "Será que Luck simplesmente enfiou o Espírito Santo nessa lista?".

Sim, fiz isso.

O Espírito Santo entrou nessa lista porque ele faz coisas que me deixam de queixo caído, fazem meus pulmões inspirarem loucas quantidades de ar, minha boca se contrair, minha voz aumentar de volume e minha cabeça balançar numa descrença de entortar a mente diante das coisas malucas que ele faz! Vejo as coisas que ele faz para as pessoas. Vejo as respostas que ele dá às orações. Vejo os relacionamentos que ele restaura. E tenho visto e experimentado as poderosas mudanças que a presença dele tem produzido em minha própria família, em minha vida e em meus relacionamentos.

Nenhuma força poderosa pode se comparar ao poder ardente e impressionante do Espírito Santo enchendo um homem, mudando esse homem para sempre e fazendo o amor de Deus explodir de dentro desse homem em direção ao mundo, visando o avanço do reino de Deus. Foi isso que Jesus disse que aconteceria a todo cristão que fortalecesse seu relacionamento com o Espírito Santo:

> "Mas receberão poder quando o Espírito Santo descer sobre vocês, e serão minhas testemunhas em Jerusalém, em toda a Judeia e Samaria, e até os confins da terra".
>
> Atos 1.8

Um dos maiores privilégios de pastorear homens ao redor do mundo é que tenho visto as palavras de Jesus relativas à obra explosiva do efeito do Espírito Santo sobre os homens se realizando a cada semana. Enquanto escrevo estas palavras, minha mente se volta imediatamente para um homem chamado Erik.

Conversei com Erik a pedido de amigos que toparam com ele na conferência anual para homens de nossa igreja. Meus amigos disseram que Erik queria me conhecer, de modo que ocupamos uma pequena mesa num canto de uma cafeteria lotada. Erik foi logo me explicando o encontro que tivera com o Espírito Santo durante a reunião da qual havíamos saído apenas algumas horas atrás. Perguntei de primeira:

— Quando você cruzou a linha e começou a seguir Jesus Cristo?

— Esta noite, durante o culto — respondeu Erik.

A partir disso, ele falou sobre a jornada longa, dolorosa e autodestrutiva até aquele momento, e como ele havia sido cheio de poder na reunião de uma maneira que nunca havia experimentado.

Como competitivo triatleta, ele estava acostumado a tomar a dianteira em isolamento e competir consigo mesmo. Mas até mesmo para os mais fortes de mente e de corpo, sempre há o desafio dos relacionamentos, que nenhuma quantidade de treinamento ou de realizações pode curar ou fazer funcionar adequadamente sem que haja caráter. Ao que parecia, isso andava em baixa na vida de Erik e, como ele mesmo disse, estava falido no que se referia a relacionamentos e como pai recente.

Entra em cena a presença penetrante do Espírito Santo na vida desse homem com a decisão de entregar sua vida a Cristo! Desde então, Erik não apenas não foge de seus desafios relacionais, como se envolve com eles com um novo olhar para a vontade de Deus sobre a sua vontade e seus impulsos. Através de um processo de estudar a Bíblia, pedir para ser cheio do Espírito Santo e progressivamente abrir portas para a presença e o senhorio de Deus, Erik garantiu pela primeira vez em sua vida algo que havia fugido dele por vinte anos: o autocontrole. Isso pode parecer uma coisa sem importância, mas para Erik era tanto um demônio quanto um Golias que ele não conseguia matar sozinho.

Agora, Erik não é mais um homem de 35 anos agindo como um garoto de 13, fugindo da responsabilidade e fazendo escolhas autodestrutivas como remédio para se sentir melhor e tratar da dor. Ele trocou esse jeito de ser pelos propósitos de Deus e pelo poder do Espírito Santo.

Mas a obra do Espírito Santo em Erik também explodiu *para fora* dele, e com igual poder, quando Erik procurou alcançar homens para Cristo através de sua paixão pelo triatlo. No mesmo mês em que Erik firmou seu compromisso de seguir Cristo, ele começou a pensar em maneiras através das quais pudesse alcançar homens para Cristo, bem como formas de incentivar tanto homens quanto mulheres a seguir Jesus de maneira mais apaixonada. O resultado foi que ele fundou o Multisport Ministries (MSM) [Ministério Multiesportivo]. O que começou como um pequeno grupo de homens que se reunia nas corridas para incentivar uns aos outros em sua fé cresceu rapidamente e se transformou numa comunidade que alcançou mais de setecentos atletas em seu segundo ano. Esse grupo, que inclui alguns dos maiores triatletas do mundo, está fazendo que sua presença seja sentida e as promessas de Deus conhecidas na água, nas bicicletas e no asfalto.

Com seus brilhantes coletes amarelos e pretos salpicando o Circuito Americano de Triatlo, o MSM promoveu mais de vinte encontros de encorajamento de atletas, dando testemunho de Cristo e ganhando almas. Através do poder e da promessa do Espírito Santo, um homem transformado está transformando muitas vidas, exatamente como Jesus predisse.

Você, eu e todo cristão suficientemente corajoso para ir mais fundo com Deus devemos fazer a transição rumo a um relacionamento poderoso e transcendente com o Espírito Santo. *Esse* é o plano.

Um olhar do ponto mais alto

Vamos fazer uma pequena pausa.

Quero que você imagine que pegou um elevador até o topo de um arranha-céu. Quando você sai, dá uma olhada na paisagem e aponta lugares aos quais deseja ir. É isso que quero fazer antes de prosseguirmos. Precisamos analisar onde estamos, para onde vamos e quais são nossos objetivos para o restante da jornada antes de descer e começar a andar.

Esta primeira seção de *Decole* continuará a explorar a **transição** em seu modo de pensar sobre o Espírito Santo em um esforço intencional e bíblico de repensá-lo. O objetivo: sair de disfuncional — ou até mesmo funcional — para um conhecimento pessoal e mais significativo. Isso significa perfurar mais fundo nestas direções:

- Presença e propósito do Espírito Santo em sua vida neste exato momento.
- Seu relacionamento e suas responsabilidades para com ele neste exato momento.
- Aplicação e apropriação do Espírito neste exato momento.
- Como reconhecer a voz do Espírito Santo e responder a ela.

Você o verá e o sentirá como nunca aconteceu.

A segunda seção se concentrará na obra que o Espírito Santo busca realizar em você, ou a **transformação** de caráter que permite que uma pessoa formada pelo Espírito vença a força da gravidade da mudança e do desafio. Você se tornará uma nova pessoa.

A terceira seção abordará a obra que o Espírito Santo busca realizar por meio de você: as poderosas **transações** que Deus planejou para que esse relacionamento produza em favor de seu reino e de sua igreja. Você liberará o poder de Deus e, no meio desse processo, deixará um rasto eterno como embaixador do evangelho de Jesus.

Minha oração é que, ao chegar ao final deste livro, você esteja tão conectado ao Espírito Santo que entenda suas orientações de maneiras mais poderosas e significativas, decolando firmemente e com poder no meio de sua vida para causar um grande impacto. Ou seja, que você mostre que é um discípulo de Cristo.

3

Dupla checagem

É muito pior ser ignorante de sua própria ignorância.
JERÔNIMO (347-420 D.C.)

Chegou a hora.

Minha família havia esperado a chegada daquele momento durante toda a manhã de Natal. E eu era objeto de uma poderosa conspiração arquitetada por minha esposa. A missão: levar-me a um estado mental vulnerável, fazendo parecer que o Natal havia acabado e, então, atacar-me de emboscada com um presente que eu jamais esperaria receber. Fingindo-se de desinteressados, tranquilos, e ardilosamente ocultando sua animação, meus familiares fisgaram-me em sua armadilha benevolente como se eu fosse uma reles carpa.

Com toda a inocência do mundo, Chrissy disse:

— Então, acabamos? Terminaram os presentes?

— É, parece que é o fim — disse eu, adicionando energia a seu plano.

Então, Chrissy fez o que todos de nossa família esperavam que ela fizesse: a dupla checagem.

— Ryan, você poderia dar uma olhada embaixo da árvore e ver se pegamos tudo?

— Beleza... Ei, tem mais uma coisa. Tem o nome do papai nela — disse Ryan enquanto esticava a mão por debaixo da árvore até o esconderijo. Então, pegou uma caixa pequena e a entregou a Chrissy.

— Ah, isso. Deixe-me ver. Quase me esqueci de embrulhar este presente. É só uma coisinha. Abra, Kenny.

Tudo indicava que todo mundo considerava aquilo como algo adicional, sem importância e desinteressante como Chrissy fez parecer. Destaque para a grande atuação. Dentro de minha família, porém, havia um crescente *tsunami* de excitação que contrastava com aquele calmo oceano de desinteresse. Uma surpresa monumental estava prestes a atingir as costas adormecidas de um país conhecido como "Papaiquistão". Não consegue visualizar? Imagine um homem solitário brincando todo alegre na praia enquanto uma agitada onda está prestes a engoli-lo. Esse homem era eu.

A ignorância é para a surpresa o que o oxigênio é para a vida: essencial.

Era uma pequena caixa de 10 x 15, e eu realmente achava que se tratava de algo "pequeno". Se fosse algo grande, Chrissy teria de ter me consultado, devido ao fator dinheiro. Essa era a regra, pensava eu, e essa era a razão de os outros estarem quase molhando as calças. Assim, com a armadilha alcançando quase a velocidade do som, comecei a abrir a caixa despreocupadamente, quase sem curiosidade.

Rasgo um pedaço. É o logotipo da Apple? Não pode ser.

Outro rasgo. É o logotipo da Apple!

Terceiro rasgo. Será que é um iPhone?

Último rasgo. Cabum! *Era* um iPhone!

Como dois trens em alta velocidade em sentido oposto no mesmo trilho, dois conjuntos completamente diferentes de expectativas e emoções agora colidiam. Eu literalmente me contorci. Minha família me viu desmoronar, deitar o rosto nas mãos e sussurrar "não pode ser!" várias e várias vezes.

Do outro lado da sala veio uma explosão de risos. Esse é o mecanismo de uma boa surpresa. Cabeça ainda enterrada nas mãos, pude ouvir Chrissy dizer algo sobre os pontos de um programa de recompensas do cartão de crédito que possibilitaram a aquisição do iPhone.

Eu ainda não conseguia falar, e a ideia de "nada de gastos adicionais" adocicou ainda mais o momento.

— Não pode ser! Não pode ser!

Minha família havia provocado a neurose do Natal: um homem segurando uma caixa pequena, de boca aberta, olhando para um presente semiembrulhado, além de uma expressão facial de pateta que demonstrava felicidade, surpresa e gratidão, tudo ao mesmo tempo.

Voltei a ser criança.

Apenas uma coisinha

Que momento!

Houve a maior animação por parte de minha família em me ver desembrulhar, descobrir e ficar animado com o presente. O engraçado é que, no exato instante, eu estava pouco motivado, indiferente e um pouco apático. Foi um caso em que a ansiedade se encontrou com o impassível e a indiferença, numa colisão frontal. Que combinação!

O resultado: fiquei agradavelmente surpreso.

Um presente atencioso faz isso. Um presente criativo faz isso. Um presente na hora certa faz isso. Um presente de alta qualidade faz isso. Presentes inesperados certamente fazem isso.

Ao examinar como a pessoa e o poder do Espírito Santo se movem dentro e sobre sua vida, você inicia a discussão a partir de um de três pontos possíveis: a) você está olhando para o Espírito Santo de maneira investigativa; b) está fazendo uma dupla checagem (talvez tripla) para verificar se existem mais coisas para você debaixo da árvore; ou c) você se encaixa nas categorias *a* e *b*. Seja qual for seu ponto de partida, quero que saiba de uma coisa: tem uma coisinha chegando para você.

Como eu sei disso? Deixarei que o apóstolo Pedro dê a explicação:

> Pedro respondeu: "Arrependam-se, e cada um de vocês seja batizado em nome de Jesus Cristo para perdão dos seus pecados, *e receberão o dom do Espírito Santo*".
>
> Atos 2.38

Por que falar dessa maneira? Por que pendurar isso no final? É como se Pedro estivesse mostrando uma daquelas promoções que você pode ver na seção de maquiagem de grandes lojas de departamentos. É o famoso "presente pela compra". As mulheres não resistem. A promoção é bem atraente: gaste uma grana em algum produto e vamos inserir uma coisa muito especial em sua compra (uma bolsa de praia, um vidro de perfume, um guarda-chuva ou um pacote especial de loções diversas). Mas não se engane: os presentes pela compra fisgam uma enorme quantidade de peixes inicialmente desinteressados no jogo do varejo. A ideia de ver alguma coisa especial adicionada à compra de algo que eu já queria aumenta ainda mais meu desejo de comprar aquela coisa.

Deus aceita apenas uma moeda para a salvação: a fé.

Como isso se relaciona com o Espírito Santo?

Deus aceita apenas uma moeda para a salvação: a fé. O arrependimento e o batismo eram e ainda são expressões autênticas de fé na pessoa e na obra de Cristo. O resultado: salvação e perdão dos pecados. Muitos daqueles que ouviam Pedro devem ter pensado: "Parece bom para mim", e quiseram participar de imediato.

Mas Pedro continuou com vigor: "E isso não é tudo. Com isto, a sincera expressão de fé, além do perdão dos pecados, Deus também quer dar a vocês um segundo presente. Vocês receberão... (que rufem os tambores!) o dom do Espírito Santo!".

Agora, passamos de apenas um punhado de pessoas para uma multidão de novos convertidos. Veja só: "Os que aceitaram a mensagem foram batizados, e naquele dia houve um acréscimo de cerca de três mil pessoas" (At 2.41).

Sob a direção de Deus, Pedro entregou o que os franceses chamam de *pièce de résistance*, que se refere à melhor parte ou *à* melhor característica de algo ou de alguma experiência. Quer dizer, já era bom, certo? Quem não quer perdão do pecado e paz permanente com Deus? Mas assim que um bom número de pessoas começou a ir à frente, Pedro lançou a bomba — a *pièce de résistance* da salvação de Deus e do plano de transformação chamado dom do Espírito Santo. A simples ideia de um presente misterioso triplicou o nível de ansiedade daqueles ouvintes.

> ***Decolando***
> *Presentes são sinônimos de ansiedade e entusiasmo. Presentes geram esperança e contêm o misterioso "novo". Essa é a natureza de um presente.*

Pedro havia decolado plenamente no Espírito, a multidão estava voando alto de ansiedade pelo Espírito e todos os presentes aguardavam um mover do Espírito. Uma pequena frase deu a todos os ouvintes uma oportunidade gigantesca: o próprio Deus ofereceu a todos um presente que poderia ser recebido, desembrulhado e acolhido naquele exato momento.

O Espírito Santo é descrito na Bíblia como um dom, um presente. Deus sabia o que queria dizer naquele momento emocionante da história, e escolheu cuidadosamente as palavras que Pedro iria dizer. A *pièce de résistance* de Deus para os cristãos daquela e de todas as épocas seria o presente da habitação do próprio Espírito Santo, recebido em razão da crença em Cristo. Como um presente (um dom), o Espírito Santo...

- Seria absolutamente a melhor parte de nossa experiência com Deus.
- Transformaria a fé em Cristo em qualquer coisa, menos em rotina.
- Proporcionaria uma experiência espiritual personalizada e singular.
- Encheria nossa fé de nova expectativa.
- Atrairia cada um de nós a uma conexão mais profunda e mais especial com Deus.
- Criaria um anseio pelos assuntos espirituais.
- Traria uma nova dimensão de vida no meio de nossa existência terrena.
- Atuaria sem interrupções mudando continuamente a vida do cristão.

A última qualidade é o que tornou a declaração de Pedro tão poderosa e é o que distingue a obra do Espírito Santo das outras obras de Deus que são realizadas em sequência à fé inicial em Cristo. De fato, mais de trinta coisas irrevogáveis acontecem a nós em termos espirituais no momento da salvação. Essas bênçãos espirituais incluem: ser completamente perdoado de todo pecado, receber vida eterna, ser feito filho de Deus, obter acesso ao Pai, ser reconciliado com Deus, ser justificado perante Deus, ser colocado "em Cristo" para sempre, ser redimido, adotado por Deus, liberto das trevas e receber cidadania celestial — apenas para citar algumas. É maravilhoso pensar que, de modo simultâneo e instantâneo, nossa fé produz uma herança tão plena através da associação com Cristo.

Mais tarde, no meio do ousado depoimento do apóstolo Pedro, existe uma parada brusca, um período de tempo, e uma transição acontece. Mais especificamente, depois de descrever uma das obras da salvação realizada por Deus (perdão), Pedro passa a descrever a obra transformadora contínua que prossegue no cristão através do recebimento do dom do Espírito Santo. Essa obra, ou dom, não é um evento único; é um *processo* dinâmico, contínuo e progressivo. O dom do Espírito Santo inicia uma sucessão de mudanças contínuas de caráter que geram a semelhança com Cristo no cristão.

Se você quiser descrever sua vida como cristão por meio de duas simples palavras, elas são *salvação* e *transformação*. Somos salvos uma vez por meio da fé, mas estamos sendo continuamente transformados pelo Espírito Santo.

> E todos nós, que com a face descoberta contemplamos a glória do Senhor, segundo a sua imagem estamos sendo transformados com glória cada vez maior, a qual vem do Senhor, *que é o Espírito*.
>
> 2Coríntios 3.18

Destaco isso agora porque você pode ter pensamentos como estes durante nossa discussão sobre o Espírito Santo:

- "Já sei disso."
- "Já estudei isso."
- "Diga algo que eu ainda não saiba."
- "Sou pastor."
- "Não tenho tempo."
- "Isso é uma revisão."
- "Isso é complexo demais."
- "Isso funciona para outras pessoas, não para mim."

Ao apresentar a linguagem de autossuficiência, orgulho ou apatia referente a nossa jornada com o Espírito Santo, por padrão perdemos a transformação que ele quer nos dar. Deixe-me afirmar a coisa de um jeito suave, mano: não quero que você saia perdendo! Em termos mais pessoais, ele *sempre* tem "uma coisinha" escondida para nós que vai fluir da pessoa dele: sua natureza infinita, poderosa e doadora. Com ele temos uma progressão infindável de revelação e transformação *se* estivermos dispostos a receber aquilo que nos é oferecido.

O iPhone que ganhei de presente funcionou para mim de uma maneira semelhante à obra do Espírito Santo. A propaganda do iPhone era simples: "Veja isto". E, rapaz, assisti àquele comercial maravilhado. Muito atraente. Alguns caras tocando a tela para fazer uma ligação, navegar na internet, mandar *e-mail*, verificar preços de ações, praticamente tudo. À medida que assistia, a sensação e as funcionalidades me pareciam mágicas e magnéticas. Como você sabe, coisas poderosas me atraem, incluindo tecnologia poderosa. Portanto, quando o novo brinquedo poderoso caiu no meu colo, passei por um processo de aprendizado para saber exatamente o que eu estava segurando e como integrar toda essa poderosa tecnologia ao meu dia a dia.

> Ao apresentar a linguagem de autossuficiência, orgulho ou apatia referente a nossa jornada com o Espírito Santo, por padrão perdemos a transformação que ele quer nos dar.

No início era apenas uma questão de usar o telefone, cadastrar todos os meus contatos, aprender o que era cada ícone e escolher um toque — as coisas básicas de qualquer telefone de hoje em dia. Depois, veio o processo de programar o despertador e o cronômetro, a câmera, a calculadora, a previsão do tempo e a agenda. A próxima fase foi seguida pelo Google Maps, orientações sobre itinerários, torpedos, uso da internet e envio de *e-mail* de qualquer parte do mundo. Depois de alguns meses, já sabia como colocar ali todas as minhas músicas e filmes favoritos. Agora, existe uma torrente progressiva de aplicativos, alguns dos quais me servem todos os dias.

Toda essa empolgação surgiu num cara que, há não muito tempo, morria de medo de tecnologia, não tinha familiaridade com a palavra *interface* e se sentia deixado de fora de uma revolução de que tantas pessoas estavam desfrutando. Embora tenha levado um ano inteiro para ficar totalmente "inteirado" com meu iPhone, essa tecnologia alterou radicalmente (de forma positiva) a maneira como vivo e opero. Como? Estou sempre recebendo oferta de uma nova experiência através de novos recursos de sua tecnologia. Ele até mesmo verifica automaticamente as atualizações para que eu possa experimentar suas mais recentes habilidades e aplicações a cada duas semanas.

Minha experiência com meu iPhone é uma experiência de *revelação progressiva.*

Bem, vamos ser claros aqui. Sei que existe um limite que estou prestes a alcançar com meu iPhone no que diz respeito a sua capacidade. Contudo, esse limite não existe quando se trata da poderosa ferramenta dada a todo cristão na pessoa do Espírito Santo. De fato, Jesus disse que o fluir da obra do Espírito Santo em sua vida seria como uma fonte natural que jorra mudança contínua e vivificante que transborda de nós para os outros e para o mundo.

> "Se alguém tem sede, venha a mim e beba. Quem crer em mim, como diz a Escritura, do seu interior fluirão rios de água viva". Ele estava se referindo ao Espírito, que mais tarde receberiam os que nele cressem.
>
> João 7.37-39

Jesus estava prenunciando a chegada dessa peça de tecnologia espiritual chamada Espírito Santo. Ele seria um fabricante radical de vida espiritual para cristãos sedentos por mudança *sem limite*. Como uma fonte natural que jorra pureza continuamente do solo, sua jornada com o Espírito Santo é uma jornada de *conhecimento progressivo de sua pessoa e experiências contínuas com o poder dele em sua vida*. Ele tem o propósito de ser uma revelação ininterrupta e constante de Deus aos cristãos que têm desejo de ter mais de Deus.

> ***Decolando***
> *Há mais de Deus para aqueles que desejam mais — cortesia do Espírito Santo.*

Portanto, quer você esteja se familiarizando com a capacidade do Espírito Santo pela primeira vez, quer fazendo a dupla checagem debaixo de sua árvore espiritual em busca de alguma nova surpresa, todo aquele que busca a Deus tem garantida uma nova vida através do Espírito, novas experiências com o Espírito e novas expressões do Espírito. *Um desejo une todos nós: fome por obras mais profundas de Deus em nossa vida.*

O fato triste é que, embora o Espírito Santo viva em todos os que creem, milhões não entenderam o que de fato possuem. Em algum momento depois da salvação eles pararam de buscar o relacionamento. Essa força poderosa é deixada dormente, intocada e grosseiramente subutilizada. E como águas paradas se tornam poluídas e tóxicas se não houver um fluxo, assim os cristãos se tornarão estagnados e poluídos por outras influências sem as fortes correntes de água passando pela vida deles.

Outros entre nós se esqueceram de verificar as atualizações quando avisados, e têm vivido de versões antigas da obra do Espírito, de muito tempo atrás. Como consequência, a revelação progressiva do Espírito Santo em nossa vida parou, e nos sentimos deixados para trás à medida que tentamos viver dos restos espirituais das experiências passadas.

É hora de algo novo.

A coisa nova

Gosto do novo.

Café novo, pois o gosto é muito melhor. Pão novo, porque é muito mais macio. Roupas novas, porque cheiram bem. Ar fresco, porque é viçoso e limpo. Lençóis novos, porque são agradáveis. Pensamentos novos, porque adoro ideias novas e preciso delas. E bombas de chocolate da DK Donuts, porque são muito gostosas!

Algumas dessas coisas saem todo dia, como o pãozinho francês da padaria da esquina. De fato, o pacote diz: "Pão fresco às 16 horas todos os dias". Outras coisas são servidas num intervalo maior de dias, ou semanalmente. O leite em minha geladeira tem data de validade que indica quando o "novo" acabou e o "velho" começou.

O inimigo do novo é o *velho*.

Não existe essa coisa de Espírito Santo "velho", apenas o novo. É por isso que podemos dizer sim ao Espírito Santo todos os dias, pois ele está servindo a coisa nova e fresca de que você precisa todo dia para enfrentar as mudanças e os desafios.

Quais são alguns dos itens novos e frescos disponibilizados pelo Espírito Santo? Eu quero!

- **Nova liderança de Jesus**

> "Se vocês me amam, obedecerão aos meus mandamentos. E eu pedirei ao Pai, e ele lhes dará outro Conselheiro para estar com vocês para sempre, o Espírito da verdade. O mundo não pode recebê-lo, porque não o vê nem o conhece. Mas vocês o conhecem, pois ele vive com vocês e estará em vocês. Não os deixarei órfãos; voltarei para vocês".
>
> João 14.15-18

Simplesmente diga: “Espírito Santo, preciso de tua presença e de tua liderança neste momento, hoje, ou neste exato instante. Em todas as minhas conversas e interações, conduze-me e controla-me. Guia-me, Espírito Santo”.

- **Novo conselho**

“Mas eu lhes afirmo que é para o bem de vocês que eu vou. Se eu não for, o Conselheiro não virá para vocês; mas se eu for, eu o enviarei”.

João 16.7

Simplesmente diga: “Espírito Santo, preciso de teu conselho forte e claro sobre ____________ hoje. Leva-me a tua Palavra e mostra-me tua vontade nas Escrituras. Conecta-me com outro cristão, alguém que esteja cheio de ti e que te ouça. Permite-me sentir-te conversando comigo através de minha consciência, e ajuda-me a receber o que tu dizes e a seguir teu conselho hoje”.

- **Fé nova**

“Mas quando o Espírito da verdade vier, ele os guiará a toda a verdade. Não falará de si mesmo; falará apenas o que ouvir, e lhes anunciará o que está por vir. Ele me glorificará, porque receberá do que é meu e o tornará conhecido a vocês. Tudo o que pertence ao Pai é meu. Por isso eu disse que o Espírito receberá do que é meu e o tornará conhecido a vocês”.

João 16.13-15

Simplesmente diga: “Espírito Santo, ajuda-me a ser verdadeiro comigo mesmo, com Deus e com os outros hoje. Ajuda-me a apoiar e a me conectar com aquilo que é honesto e real em todas as coisas. Livra-me das mentiras que vêm até mim e das mentiras que vêm de dentro de mim. Ajuda-me a lembrar de tua

Palavra hoje, que é a verdade. Ajuda-me a lembrar, momento a momento, de que quando algo é verdadeiro, trata-se de ti. Então, ajuda-me a aceitar e a agir de acordo com essas coisas".

- **Novo perdão**

"Portanto, agora já não há nenhuma condenação para aqueles que pertencem a Cristo Jesus. Portanto o poder do Espírito doador da vida — e eu recebo este poder por meio de Cristo Jesus — livrou-me da lei do pecado e da morte".

Romanos 8.1-2, NBV

Simplesmente diga: "Espírito Santo, tem misericórdia de mim e liberta-me hoje. Pertenço novamente a ti agora. Perdoa-me por entristecer-te. Eu pequei. Recebo agora mesmo tua aceitação e teu perdão por aquilo que fiz, em nome de Jesus".

- **Novo pensamento**

"Aqueles que se deixam controlar por sua natureza humana vivem tão somente para agradar a si próprios, mas aqueles que vivem de acordo com o Espírito constatam que têm a sua mente controlada pelo Espírito. Seguir o Espírito Santo conduz à vida e à paz, mas seguir a velha natureza leva à morte".

Romanos 8.5-6, NBV

Simplesmente diga: "Espírito Santo, entrego a ti meus pensamentos. Controla meus pensamentos e guia-os na direção daquilo que agrada a Deus. Enche minha mente hoje daquilo que é verdadeiro, honrável e correto. Permite que eu enfatize essas coisas boas, que fale delas e que viva corajosamente de acordo com elas. Ajuda-me a afastar-me, a dar as costas ou a fugir de qualquer coisa que leve meus pensamentos por um caminho errado. Conduze-me até fontes boas para encher minha mente".

- **Novo encorajamento**

"Pois vocês não receberam o espírito que os torne escravos medrosos e servis, mas receberam o Espírito que os adota como verdadeiros filhos, pelo qual clamamos: "Aba, Pai". O próprio Espírito fala no íntimo dos nossos corações, dizendo-nos que somos realmente filhos de Deus".

Romanos 8.15-16

Simplesmente diga: "Sou um filho do Deus vivo. Sou teu filho. Adoro ser teu filho. Obrigado, Pai, por tua forte promessa em minha vida que me acalma e me faz lembrar hoje que não tenho razão para temer nada nem ninguém. Tu és meu Pai, estou sob os teus cuidados e confio em ti. Obrigado por me amares de maneira completa e total. Obrigado por me adotares. Espírito Santo, ajuda-me a ser um filho apaixonado como Cristo".

- **Novo poder para derrotar o pecado**

"Por isso digo: Vivam pelo Espírito, e de modo nenhum satisfarão os desejos da carne".

Gálatas 5.16

Simplesmente diga: "Espírito Santo, ajuda-me a dizer não aos desejos obscuros e a dizer sim a ti a cada passo do dia. Ajuda-me a dizer sim a ti com meus pés, meus olhos, minhas palavras, minha paciência e minha energia. Guia-me para longe do pecado ao mesmo tempo que me guias às fontes de verdade e poder. Obrigado, Espírito Santo, por me ajudares a derrotar o mal dentro de mim".

O Espírito Santo não está apenas dizendo "não lute comigo", mas, de maneira convidativa, pede que façamos uma dupla checagem debaixo da árvore mais uma vez. E podemos continuar voltando em busca de mais. Daquele primeiro Natal nas extremidades de Belém até este momento, o Espírito Santo tem revelado seus dons ao homem de Deus. Existe imenso entusiasmo da parte dele para que você abra o embrulho, descubra seus presentes e seja energizado por eles.

E, assim como eu estava naquela manhã de Natal, neste exato momento você pode estar pouco motivado, indiferente e até um pouco apático. Bem, meu irmão, essa disposição está do outro lado de sua decisão. Seu trabalho é simples: recebê-lo neste exato momento em sua vida das maneiras específicas que Deus planejou. Ele é a resposta ao velho... insípido... perdido... derrotado... culpado... desanimado. Ele é a melhor coisa que você possui.

O Espírito Santo é a *pièce de résistance* de Deus.

É hora do novo.

4

O intangível invisível

O poder é dele. A bênção é nossa. A maneira como
prestamos atenção vai determinar tudo.
JACK HAYFORD

Vai encarar?

Essa é conversa de macho, que no fundo quer dizer "vamos ver do que você é capaz" ou "me acerte com seu melhor golpe". É chamar a atenção de alguém, de algum processo ou de alguma coisa daquele jeito meio "ou vai, ou racha". Conviva um pouco com homens e você vai ouvir alguma dessas frases ou variações delas. As versões incluem:

- "Tô dentro!"
- "Vamos nessa!"
- "Vamos ver quem pode mais!"
- "Você não é páreo!"

Você já entendeu.

Do outro lado de toda essa bravata está a dureza da realidade. Assim que o papo termina, tem início a ação, a verdade é dita e o sujeito demonstra sua capacidade. Um se sobressai e o outro é humilhado, é derrotado, para de se mover ou para de falar (pelo menos por alguns instantes). No "mundo dos machos" nenhuma outra atividade do planeta exemplifica esse tipo de provocação, de postura e de catarse como as competições. Dois caras, no mano a mano, o tipo de batalha em que "vence aquele que continuar em pé".

Para mim, dois episódios célebres se destacam: um da era moderna e outro dos tempos bíblicos. O primeiro é o épico de 8 de março de 1971, a luta de boxe entre Muhammad Ali e Joe Frazier, conhecida como a Luta do Século. O outro seria melhor classificado como a Luta *dos Séculos*, ou Davi contra Golias.

Esses dois embates podem ser resumidos em uma única palavra: *antagonismo*. E, como veremos neste capítulo, essa é a melhor palavra para descrever o verdadeiro ambiente espiritual no qual os homens de Deus operam.

Muhammad Ali era jovem, invicto (31 a 0), audaz e sem medo de nada nem ninguém, a qualquer hora, em qualquer lugar. Golias tinha um currículo, um caráter e um temperamento semelhantes. Esses dois guerreiros eram como irmãos de mães diferentes que viveram em épocas distintas, mas que possuíam várias coisas em comum. As mais óbvias são:

- Guerreiros de primeira classe
- Senso inflado de invencibilidade
- Ausência de derrotas
- Reputação ameaçadora
- Presença física de destaque
- Campeões de seu povo ou de seu círculo de atuação
- Mestres da guerra psicológica
- Sempre favoritos à vitória
- Totalmente egocêntricos
- Eram verborreicos

A última característica, ainda que explícita, é a mais relevante. Acredite em mim! Veja, para aqueles dois homens, assim que o oponente era identificado, uma avalanche de animosidade era descarregada. As críticas verbais direcionadas publicamente a seus oponentes eram tão frequentes, tão exageradas, tão depreciativas, tão viscerais e tão perniciosas que você *tinha* de reagir.

Não havia nada que estivesse fora dos limites. As veias jugulares das quais se valiam incluíam destacar o contexto social, racial, político, físico e religioso de seus oponentes, depois zombar deles e esfregar isso sem reservas na cara deles. Sua mensagem era inequívoca: desafio você, desconsidero você, desprezo você. De fato, um dos apelidos de Ali era "Boca de Louisville", o que refletia sua predileção por comentários tóxicos antes da luta, além da exaltação a si mesmo. E embora Golias não tivesse nada a ver com Louisville, ele, tal como Ali, definitivamente tinha uma boca enorme.

Outros dois guerreiros eram o alvo de suas zombarias. Joe e Davi. Eles, tal como seus inimigos, também estavam invictos. O currículo de Frazier indicava 26 a 0, e Davi, embora ainda fosse um adolescente, havia se enroscado com um leão *e* um urso e matou ambos enquanto cuidava das ovelhas de seu pai. Por sua semelhança, "Smokin' Joe" e Davi poderiam ser classificados como irmãos de mães diferentes. Ao estudá-los, você descobre que ambos eram:

- Introvertidos
- Confiantes
- Lutadores habilidosos
- Tementes a Deus
- De origem humilde
- Não favoritos à vitória
- Destemidos
- Apaixonados

- Patriotas
- Compassivos
- Matadores de gigantes

Apenas para registrar, Ali caiu de costas, com o queixo atingido no lado direito por um espetacular gancho de esquerda de Frazier no décimo quinto assalto. O golpe foi tão violento que os médicos tiveram de dar pontos na boca de Ali para que ela fechasse. Isso é que é justiça!

Golias conseguiu sofrer algo muito pior, levando uma pedrada bem no meio da testa, cortesia do estilingue de Davi. E todos os quase 3 metros daquele monstro se chocaram, sem vida, no solo de Israel. Talvez seu queixo não tenha se quebrado, mas o de todos os espectadores estava no chão. Choque e surpresa total. Em ambos os casos, os que apostaram na barbada erraram. Davi e Joe ouviram cada um o forte baque produzido pela queda de seu oponente no chão, não o contrário.

Intangíveis invisíveis

O jovem Davi e Joe Frazier foram julgados no tribunal das aparências externas. Nenhum dos dois era excêntrico. Nenhum deles tinha uma presença imponente. Os dois foram superados em termos de tamanho, de conversa e supostamente de armas. Foram grosseiramente subestimados e subapreciados, pois o grande trunfo de ambos não era externo, visível ou até mesmo quantificável. Para começar, nenhum dos dois acreditou naquele papo. Nenhum dos dois permitiu que o medo tivesse lugar. No final, porém, tudo se resumiu a algo bastante subjetivo: um testemunho interior pessoal e poderoso no coração de cada homem que poderia responder ao desafio enquanto todos em volta não estavam convencidos.

Para Joe Frazier, sua preparação mental para a Luta do Século foi tão intensa quanto sua preparação física. Quando você assiste à luta, só há uma maneira de descrever Frazier, mais baixo, mais lento e mais metódico: implacável. Gancho de esquerda após gancho de esquerda, golpe no torso após golpe no torso, Frazier lidou de maneira consistente e eficiente com os golpes mais velozes e a melhor combinação de Ali. Frazier estava numa missão, e não a abandonaria. Sua marca registrada? Ele continua avançando no adversário, sem parar. Ele era um *pit bull* com um propósito. O erro fatal de Ali foi subestimar o intangível invisível de Frazier: seu coração de leão.

Para Davi, não foi uma questão de preparação mental, mas uma ativação de suas convicções.

Para Davi, não foi uma questão de preparação mental, mas uma ativação de suas convicções. Ele estava levando almoço para seus irmãos na linha de frente da batalha *no exato momento* em que o exército estava assumindo posições e lançando o grito de guerra. Ele estava deixando os suprimentos e cumprimentando seus irmãos e, "enquanto conversava com eles, Golias, o guerreiro filisteu de Gate, avançou e lançou seu desafio habitual; e Davi o ouviu. Quando os israelitas viram o homem, todos fugiram cheios de medo" (1Sm 17.23-24). O começo do fim para o superconfiante campeão de Gate é encontrado em três breves palavras: "Davi o ouviu".

O erro fatal de Golias foi não levar em conta o intangível invisível presente nos recessos da alma de Davi: um relacionamento forte e permanente com seu Deus. O mesmo Deus que Golias estava desprezando. Você pode perguntar: como ele poderia saber com quem estava lidando? Ele não poderia saber! Os homens sempre fugiam dele. Essa era sua experiência e seu processo de pensamento. Mas assim que as ondas sonoras das palavras de zombaria de Golias atingiram o canal auditivo de Davi, chegaram a seu córtex cerebral e foram traduzidas numa mensagem clara que Davi pôde processar, um *tsunami* de emoções, energia e movimento santo foi disparado, de uma maneira que ninguém teria previsto. Um homem na multidão do lado oposto começou a se mover na direção de Golias. E essa caminhada rumo à batalha depressa se transformaria numa corrida para a batalha. Davi era uma total e completa anomalia em todos os aspectos externos. Por dentro, porém, ele era completamente consistente e congruente.

O resultado?

Um gigante físico e guerreiro despertou um gigante espiritual e futuro guerreiro, estabelecendo a mais estranha e corajosa confrontação da história. Veja como tudo aconteceu:

> Davi perguntou aos soldados que estavam ao seu lado: "O que receberá o homem que matar esse filisteu e salvar a honra de Israel? Quem é esse filisteu incircunciso para desafiar os exércitos do Deus vivo?".
>
> 1Samuel 17.26

Viaje comigo para dentro do cérebro de Davi por um instante. O primeiro neurônio a disparar diz: "O quê? Quem é esse cara?". O segundo neurônio dispara e conclui: "Ele vai cair". E a última transação mental é: "A quem eu aviso que quero a cabeça desse cara numa bandeja?".

As palavras e as ações de Davi vão contra toda lógica e bom senso exatamente porque vêm de um poço profundo de convicção pessoal, relacionamento e lealdade invisíveis aos outros. Golias estava ridicularizando o Deus de Davi — o *seu* Senhor. É o clássico cenário de Hollywood para uma cena de vingança: o vilão erroneamente fere ou atinge alguém importante para o herói.

Agora, isso passa a ser pessoal. É por isso que Davi está entrando de cabeça, enquanto os soldados profissionais estão experimentando um encolhimento na região abaixo da cintura.

Com o desenrolar da história, não é difícil notar a resposta dos próprios irmãos de Davi e de seus colegas soldados: eles não têm nem mesmo *uma palavra* de incentivo ou apoio para Davi. O que transparece é cômico: *ele tem de lutar pela oportunidade de lutar!* Um homem e seu intangível invisível estão em pé, enfrentando o gigante.

Golias está frito.

A corrida para a batalha

De maneira muito semelhante à experiência de Davi, um cristão do Novo Testamento não depende de um ambiente de afirmação para sobreviver. Ele não é apoiado em suas crenças e práticas a partir de uma tribo de fé a sua volta (que é o que os israelitas deveriam ter feito por Davi) onde todos na vizinhança espiritual vivem de acordo com as Escrituras. Em vez disso, você e eu somos designados pela Bíblia como estrangeiros enviados a uma terra estranha que é abertamente hostil a nossa fé e que busca despedaçá-la.

> ***Decolando***
> *O Espírito Santo é o intangível invisível do homem de Deus, o qual permite que ele enfrente com confiança a hostilidade declarada a sua fé e vença o medo.*

Talvez não seja da maneira como desejamos, mas é assim que as coisas são. A cultura *a nosso redor*, que é o Golias do homem do Novo Testamento, tem estas características:

- É hostil aos ensinamentos e princípios das Escrituras
- Zomba abertamente de Deus

- Tem uma identidade separada de Deus
- Possui valores que destroem o relacionamento com Deus
- Supera o homem de Deus em tamanho, armas e comunicação
- Existe em todo lugar para onde você olhar
- Intimida a fé
- Está acostumada a derrotar o homem de Deus

A última característica simplesmente não tem de ser real.

Jesus foi totalmente franco em relação à realidade da identidade nele e a realidade da hostilidade cultural:

> "Se vocês pertencessem ao mundo, ele os amaria como se fossem dele. Todavia, vocês não são do mundo, mas eu os escolhi, tirando-os do mundo; por isso o mundo os odeia. Lembrem-se das palavras que eu lhes disse: Nenhum escravo é maior do que o seu senhor. Se me perseguiram, também perseguirão vocês. Se obedeceram à minha palavra, também obedecerão à de vocês. Tratarão assim vocês por causa do meu nome, pois não conhecem aquele que me enviou".
>
> João 15.19-21

O que Jesus identificou como o mundo é sinônimo da cultura masculina de hoje, que propositadamente não leva Deus em conta.

Por toda a história o termo *povo de Deus* caminha junto da hostilidade declarada. De fato, uma leitura da Bíblia pode lhe dar a ideia de que Deus é mais brando com seus inimigos do que com seu próprio povo. Desde o tempo dos faraós egípcios até os ditadores fascistas, passando por perseguidores comunistas e críticos abertamente tendenciosos e hostis contra os cristãos ao redor do mundo, o povo de Deus está familiarizado com recriminações e sofrimento. A perseguição se dá por homens com ideias fracas que sentem seu poder sendo ameaçado. Procure homens perseguindo cristãos e você encontrará líderes profundamente inseguros e temerosos que estão tentando brincar de deus.

Para você e para mim, o resumo definitivo é que os filhos de Deus devem *esperar* receber tratamento duro nesta vida, não se surpreenderem quando ele chegar e se alegrar com o fato de serem considerados dignos das mesmas experiências vividas por nosso Salvador. Um homem do mundo não recebe isso, mas o homem de Deus sim, porque ele é, acima de tudo, um filho de Deus e um irmão de Jesus:

> E era justo e conveniente que Deus, de quem tudo provém e por meio de quem tudo existe, permitisse que Jesus sofresse, porque ao fazê-lo ele estava levando filhos à glória; porquanto por meio do sofrimento Jesus tornou-se perfeito como autor da salvação deles. Ora, tanto aquele que santifica quanto os que são santificados *têm agora o mesmo Pai*. É por isso que Jesus não se envergonha de nos chamar seus irmãos.
>
> Hebreus 2.10-11, NBV

Palavras-chave: "têm agora o mesmo Pai". Ou seja, somos da mesma família.

Essa é uma enorme mudança de paradigma que se distancia do evangelho do conforto e da conveniência que permeia atualmente o corpo de Cristo. É um enorme afastamento dos "clubes de bênção" de homens cristãos que estão se socializando confortavelmente enquanto injustiças e o mal se abatem sobre mulheres e crianças inocentes ao redor do mundo. A liderança sacrificial diante da hostilidade é tão rara porque ela só é possível por meio de um intangível poderoso e invisível dentro do homem de Deus.

É o homem espiritual *versus* o menino espiritual.

Deus não pede que você assuma riscos por ele sem garantia, nem que creia nele sem evidências reais. Ele habita no homem de

Deus e o infunde com um testemunho interior que dá substância a seu compromisso com Cristo, ao mesmo tempo que exige posições ousadas e aparentemente incongruentes em favor de Cristo. O mais poderoso testemunho de Jesus a nós por meio do Espírito Santo vem em um mundo hostil: "Deixo-lhes a paz; a minha paz lhes dou. Não a dou como o mundo a dá. Não se perturbe o seu coração, nem tenham medo" (Jo 14.27).

Tradução: Pode-se ter calma mesmo debaixo de pressão. Jesus fez um contraste entre a maneira como a cultura definia paz e a paz que o Espírito Santo traria.

O mundo oferece paz na presença de conforto e na ausência de dificuldade ou de hostilidade. Você já viu o comercial: duas pessoas numa praia de areia branca enquanto tomam cerveja ao som de preguiçosas ondas que quebram suavemente. É assim que o mundo traz paz; a marca característica é a ausência de conflito.

Simplesmente não faz sentido que o Confortador traga conforto ao confortável.

O Espírito Santo, ao contrário, traz paz no meio do conflito, da dor e da perseguição. Simplesmente não faz sentido que o Confortador traga conforto ao confortável. Por que essa pessoa precisaria disso? A realidade diz que o conforto é sentido e experimentado de forma mais profunda no meio do desconforto.

De uma maneira estranha, quanto mais desconfortável for uma circunstância ou o risco em favor de Deus, mais profundamente experimento a ministração do Espírito Santo. Em favor de nossa discussão, é preciso coragem verdadeira para procurar situações que criam um "redemoinho" no estômago, uma sensação visceral que é uma combinação de deslumbre e medo diante da decisão de fazer aquilo que Deus pede. O lado bom de seguir na direção contrária de sentimentos ou circunstâncias pela fé é que essas situações são aquelas em que o Espírito Santo está presente e o poder dele explode.

Há algumas coisas que você só pode receber por meio do filtro de sua fé, e essa é uma delas. Portanto, recomendo que você corra na direção do desconforto para encontrar Deus. Sem sentido? *Sim.* Contracultural? *Provavelmente.* Vai criar uma febre emocional? *Conte com isso.* Mas assim como aconteceu com o pastor-rei Davi, tão logo seu homem cheio do Espírito ouvir isso, seu guerreiro espiritual é ativado. Esse será o momento em que outros homens estarão fugindo, mas você estará correndo confiantemente na direção do desconhecido no poder do Espírito Santo.

Poderoso guerreiro (é, você mesmo!), se você quiser ver o que pode acontecer, dê estes três passos.

Passo 1: Escolha um gigante.

> Ora, é Deus que faz que nós e vocês permaneçamos firmes em Cristo. Ele nos ungiu, nos selou como sua propriedade e pôs o seu Espírito em nossos corações como garantia do que está por vir.
>
> 2Coríntios 1.21-22

Princípio de decolagem: O Espírito Santo está em você para remover a preocupação à medida que você enfrenta hostilidade ou desconforto em seu compromisso com Cristo.

Você pode permanecer firme, e permanecer firme *nele*. A habitação de Deus em você é seu intangível invisível que faz você *permanecer e enfrentar* os desafios em sua vida, em vez de *virar-se e fugir* deles. Portanto, escolha um gigante e vá atrás dele! Seu amor por Cristo, fortificado pelo Espírito Santo, dará cabo de seu medo a cada passo à frente.

Comece a andar na direção das linhas de batalha.

Passo 2: Obtenha uma garantia.

> Foi *Deus* que nos *preparou* para esse propósito, dando-nos *o Espírito como garantia* do que está por vir. Portanto, *temos sempre confiança* e sabemos que, enquanto estamos no corpo, estamos longe do Senhor. Porque *vivemos por fé*, e não pelo que vemos. Temos, pois, *confiança* e preferimos estar ausentes do corpo e habitar com o Senhor. Por isso, *temos o propósito de lhe agradar*, quer estejamos no corpo, quer o deixemos.
>
> 2Coríntios 5.5-9

Princípio de decolagem: A garantia gera certeza interior.

No mundo dos homens chamamos isso de "andar de cabeça erguida". Deus quer que todo cristão ande de cabeça erguida (como Davi) no Espírito. A solução é internalizar, não intelectualizar, a garantia e a confiança que o Espírito fornece. Com esse objetivo em mente, a maneira mais simples de manifestar a presença do Espírito Santo consiste em falar a verdade das Escrituras nos momentos que pedem coragem e confiança. Mais ou menos o seguinte: a Palavra da Verdade se junta ao Espírito da Verdade, e a fé em Deus se junta às palavras de Deus, amplamente cridas e proclamadas, para produzir o poder de Deus. Com Jesus sendo nosso exemplo por todo o Novo Testamento, ofereço a você um exercício para praticar essa importante disciplina espiritual baseada no texto sagrado apresentado acima. Junte sua fé ao Espírito Santo e repita isto em voz alta:

O Credo da garantia

Deus me preparou.
O Espírito Santo está em mim.
Nada pode me impedir.
Nada pode me ferir

Se Deus for comigo,
Porque ELE vai me redimir.

Deus quer que pratiquemos o ato de lembrar a nós mesmos essa verdade espiritual todos os dias, momento a momento. O propósito deste exercício é conectar você à verdade. Deus quer que você esteja internamente seguro e plenamente confiante na presença do Espírito Santo neste momento. Em termos pessoais, Deus quer que essa verdade e a confiança por ela produzida se sincronizem perfeitamente com seu coração, não apenas com sua mente. A razão de eu pedir que você recite esse credo é que ter certeza da presença do Espírito Santo não é um exercício intelectual; é uma realidade espiritual e prática que produz uma validação real, viva e emocional da verdade que está dentro de você. É uma combinação de ouvir a verdade, confiar na verdade e aceitar a transformação interior. Foi isso que você acabou de fazer.

> ***Decolando***
> *O homem convictamente seguro é o homem calmo e confiante sob pressão.*

"O que há de tão importante nisso?", você pergunta.

Você entrará na batalha de maneira mais agressiva se souber que não há como perder! Depois, e somente depois, as arenas da batalha, as questões ou os oponentes se tornam secundários. A proximidade pessoal de Davi com Deus determinou sua confiança em Deus. Quão internamente seguro Davi estava? Veja o mirrado pastor de Israel se dirigindo ao gigante de Gate. Você detecta alguma dúvida?

> Davi, porém, disse ao filisteu: "Você vem contra mim com espada, com lança e com dardos, mas eu vou contra você em nome do SENHOR dos Exércitos, o Deus dos exércitos de Israel, a quem você desafiou. Hoje mesmo o SENHOR o entregará nas minhas

> mãos, eu o matarei e cortarei a sua cabeça. Hoje mesmo darei os cadáveres do exército filisteu às aves do céu e aos animais selvagens, e toda a terra saberá que há Deus em Israel. Todos os que estão aqui saberão que não é por espada ou por lança que o SENHOR concede vitória; pois a batalha é do SENHOR, e ele entregará todos vocês em nossas mãos".
>
> 1Samuel 17.45-47

De onde veio isso? Resposta: é confiança que brota de relacionamento, fé em Deus se juntando a promessas de Deus, que é crido e proclamado abertamente. É bom destacar que, como Davi predisse cheio de confiança, o mundo de fato soube, apenas alguns minutos depois, que tudo o que ele disse era verdade.

Outro exemplo dessa confiança surgiu quando um homem do Novo Testamento, Pedro, com sua nova garantia do Espírito Santo profundamente alojado dentro dele, encarou os Golias que haviam crucificado Jesus:

> Então Pedro, cheio do Espírito Santo, disse-lhes: "Autoridades e líderes do povo! Visto que hoje somos chamados para prestar contas de um ato de bondade em favor de um aleijado, sendo interrogados acerca de como ele foi curado, saibam os senhores e todo o povo de Israel que por meio do nome de Jesus Cristo, o Nazareno, a quem os senhores crucificaram, mas a quem Deus ressuscitou dos mortos, este homem está aí curado diante dos senhores...".
>
> "Não há salvação em nenhum outro, pois, debaixo do céu não há nenhum outro nome dado aos homens pelo qual devamos ser salvos".
>
> Vendo a coragem de Pedro e de João, e percebendo que eram homens comuns e sem instrução, ficaram admirados e reconheceram que eles haviam estado com Jesus.
>
> Atos 4.8-10,12-13

O que você vê? A completa, destemida, fiel e fantástica confiança do Espírito! O homem de Deus é livre para sofrer ou morrer por causa da inegável garantia do Espírito Santo.

Com confiança espiritual transbordando da alma do homem de Deus, é hora de conferir a etapa final de Deus para o uso da coragem espiritual.

Passo 3: Choque o mundo como homem de Deus.

> "Estes homens não estão bêbados, como vocês supõem. Ainda são nove horas da manhã! Ao contrário, isto é o que foi predito pelo profeta Joel:
>
> 'Nos últimos dias, diz Deus,
> derramarei do meu Espírito sobre todos os povos.
> Os seus filhos e as suas filhas profetizarão,
> os jovens terão visões,
> os velhos terão sonhos.
> Sobre os meus servos
> e as minhas servas
> derramarei do meu Espírito naqueles dias,
> e eles profetizarão.
> Mostrarei maravilhas
> em cima, no céu,
> e sinais embaixo, na terra:
> sangue, fogo
> e nuvens de fumaça'."
>
> Atos 2.15-19

Quando você encontra um grande número de homens sob a influência do Espírito Santo, todos agindo em conjunto com os propósitos de Deus na terra, tais homens agem como armas culturais não letais. De fato, sua reunião é tão atípica, diferente e contracultural que precisa ser explicada. As pessoas não entendem. Não é o que elas estão acostumadas a observar nos homens em sua cultura. Isso desafia qualquer outra explicação que não seja a indiscutível obra de Deus.

> ***Decolando***
> *A expressão habitual do Espírito Santo é inflamar o incomum ou o não natural que há nos homens para que todos vejam.*

Tenho visto não cristãos coçando a cabeça e ficando perplexos diante de homens formados pelo Espírito e cheios do Espírito todos os dias na Igreja Saddleback e ao redor do mundo. Grandes grupos de homens de minha igreja recentemente passaram a visitar toda semana um abrigo com duzentos quartos usado para abrigar sem-teto a fim de servir-lhes comida, conectar-se com os marginalizados, orar e batizar novos crentes e dar dignidade aos ignorados de nossa sociedade. Resultado: os sem-teto de Santa Ana estão perplexos diante dos homens de Orange County que agem de maneira tão esquisita.

O Movimento Geração Josué no Brasil está repleto de jovens homens de Deus que estão dizendo não à promiscuidade sexual com o propósito de dizer sim à pureza e de respeitar as mulheres. Resultado: as moças do Brasil estão perplexas. Os homens do Glovimo (Movimento Glória na Virgindade) de Uganda estão fundindo a mente de seus compatriotas e diminuindo significativamente a taxa de infecção do vírus HIV no poder do Espírito. Resultado: o mundo está chocado.

Mas Deus não está nem um pouco surpreso.

Quando o Espírito Santo é derramado sobre um grupo de homens, é simplesmente um espetáculo. Pense em grandes labaredas, colunas de fumaça e agitação, diante do que os observadores ficam especulando: "O que está acontecendo aqui?". Pense num poder sério, como uma enorme explosão de gás natural. Mas em vez de pessoas sofrendo na zona de impacto da cultura masculina destruída, os homens debaixo da influência do Espírito Santo criam uma zona de impacto positivo que leva a maiores medidas de vida e saúde para os que os cercam.

Toda a sociologia das nações, a violência contra as mulheres, crimes violentos, saúde pública, liderança política e a vitalidade da família se beneficiam das poderosas transformações iniciadas pelo Espírito Santo entre os homens. CABUM! Homens culturais se tornam homens de Deus e começam a viver de maneira diferente.

Nesse sentido, todo homem que você vê é uma caixa de dinamite. Cada um deles é um gigante adormecido que precisa ser alcançado, ativado pelas boas-novas e transformado num matador de gigantes. À medida que os homens se colocam debaixo da influência e do ministério do Espírito Santo, coisas acontecem — coisas emocionantes. Homens transformados provocam reavivamento, redenção e uma liberação da saúde do Espírito Santo em termos globais. O comportamento deles é transcendente, impede o crescimento da insignificância das práticas culturais ao redor deles e promove a ignição de zonas de impacto de vida que exigem ser notadas, ameaçam líderes e *levam* à perseguição, porque poder sempre ameaça poder.

Esta é a forma que o poder do Espírito Santo assume ao fluir entre os homens: ele transforma os homens em novos líderes para fazerem as novas obras de Deus que ameaçam o que está estabelecido e que rompem a cultura masculina ao redor. Foi isso o que aconteceu a Pedro e aos discípulos no Pentecoste, e é isso que exalava do apóstolo Paulo e de seus companheiros. É isso que sempre acontece quando grupos de homens buscam agressivamente o Senhor, oram, abrem sua Palavra e se dispõem a fazer qualquer coisa que o Senhor pedir.

Veja este exemplo:

> Enquanto adoravam o Senhor e jejuavam, disse o Espírito Santo: "Separem-me Barnabé e Saulo para a obra a que os tenho chamado". Assim, depois de jejuar e orar, impuseram-lhes as mãos e os enviaram.
>
> Atos 13.2-3

Quer ver o Espírito Santo começar a fazer algumas explosões do reino em sua igreja e em sua comunidade? Conecte-se com outros homens, convide o Espírito Santo para vir e tomar conta de sua comunidade e busque intensamente a face do Senhor por meio da adoração, da comunhão e do discipulado. Se fizer isso, o que certamente vem em seguida é um ministério ungido e uma missão ungida. O Espírito Santo vem. Ele fala. Ele o chama a encarar o temor. Ele garante sua coragem.

Se esse for o seu desejo, faça esta oração à medida que se encaminha hoje para a batalha:

> *Espírito Santo, prepara-me para a batalha que está por vir. Mostra-me um Golias de minha vida que precisa cair e leva-me para a linha de batalha. Mostra-me um pecado que precisa cair e leva-me para a linha de batalha. Mostra-me um relacionamento que precisa de minha atenção e leva-me para a linha de batalha. Mostra-me uma pessoa que precisa se encontrar com Jesus hoje e leva-me para a linha de batalha. Mostra-me uma missão que eu possa realizar para ti no meio do meu tempo aqui na terra e leva-me para a linha de batalha. Mostra-me uma injustiça entre os homens que eu possa ajudar a corrigir e leva-me para a linha de batalha. Levanta-te em meu interior. Levanta-te em minha mente. Levanta-te em meu coração. Levanta-te em minhas mãos e em meus pés. Levanta-te em minhas palavras. Assume o controle dos próximos dias, meses e anos, e inicia a vida de Deus através de mim.*
>
> *Jesus, entrego-me somente a ti. Hoje eu me levantarei em teu favor pelo poder do Espírito Santo. Em nome de Jesus. Amém.*

5

Física ruim

O problema raramente existe no nível no qual ele é expresso.
KARE ANDERSON

Partido como um galho seco.

Enquanto olhava para a brilhante chapa de raios X do braço de meu filho, não conseguia acreditar como a fratura parecia feia. Meu rosto dizia "Uau!" e "Ai!" ao mesmo tempo. Diante de mim estava a reluzente fotografia esquelética da extremidade superior do braço de Ryan, mostrando a clavícula, o ombro e a parte superior do braço. Imagine que você segura um galho de árvore contra sua coxa e o quebra com força, ficando cada mão com um pedaço do galho, agora separado. O galho na radiografia era o úmero de Ryan (o longo osso do braço que liga o ombro ao cotovelo). Com esse osso agora quebrado em dois lugares, seu braço estava ligado apenas por carne, nervos e tendões. Aquela chapa de raios X foi um forte soco visual que literalmente me tirou o fôlego. Pesquise "úmero" na internet e você vai entender o que quero dizer.

O dia havia começado com mais de 20 centímetros de neve fresca no estado de Utah, o que se apresentava como uma brilhante oportunidade de praticar *snowboard*, uma espécie de *skate* na neve. Ryan dera apenas duas voltas naquele dia, em um terreno que fornecia os exatos riscos e oportunidades com os quais ele havia sonhado: corrimões, rampas e grandes saltos no ar. A palavra-chave é *ar*. Não o ar para respirar, mas ar no sentido de desafiar a gravidade.

Para um praticante de *snowboard*, saltar no ar e aterrissar em segurança é igual ao surfista que pega uma grande onda, entra no tubo e sai dele ainda em pé. Essas façanhas são extasiantes para a alma e fazem você querer repeti-las duas ou três vezes. Episódios bem-sucedidos normalmente são acompanhados de sorrisos, movimentos com os punhos fechados, gritos de triunfo e, no fim do dia, histórias para contar. É adrenalina e alegria puras depois de uma grande dose de risco atlético. Chamo isso de perigo prazeroso, e nenhuma droga pode competir com isso. Viciei Ryan na prática do *snowboarding* quando ele era pequeno e, desde então, temos expandido os limites de nossas habilidades.

Naquele dia, o primeiro salto de Ryan foi um bem-sucedido 180 graus em pleno ar. Ele estava praticando essa manobra e ficando cada vez mais confiante para tentar realizá-la num palco maior, de modo que o fato de ele ter aterrissado fora da caixa foi um grande feito. O restante da história dele na montanha naquele dia foi exatamente como previsto. É claro que o sucesso no salto número um leva ao desejo de realizar uma segunda grande manobra no ar, mas dessa vez a física (emocional e mecânica) foi completamente diferente:

- Confiança demais
- Velocidade demais
- Experiência de menos
- Salto íngreme demais
- Altura demais
- Ar demais para um novato

Todos esses fatores criaram uma física ainda pior, o que gerou um momento assustador. Ryan aterrissou do outro lado, como já fizera tantas vezes no passado, mas dessa vez ele não levantou. O salto gerou muita altura vertical e pouca distância horizontal. Em outras palavras, uma queda fenomenal!

Ao andar de *snowboard*, uma boa trajetória é sinônimo de um arco longo e baixo, em oposição a um arco curto e alto. Uma vez que a mecânica de Ryan gerou o segundo tipo, ele alcançou o chão no final do salto batendo o braço direito com toda a força. Imagine cair direto para baixo, numa posição horizontal, batendo em alguma coisa pontiaguda. É esquisito, imprevisto e ruim de ser assistido. Essa é a física da densidade e do impacto. Como disse Ryan: "No início, não achei que havia me machucado, mas, quando tentei mover o braço, vi que ele não se mexia. Foi então que entendi que estava com problemas".

A leve dor inicial não durou muito, à medida que o centro de dor no cérebro de Ryan começou a ser inundado por sinais. Sua mão começou a ficar dormente por causa do dano nos nervos em torno da fratura. Descobrimos mais tarde que seu nervo radial — aquele que sai da medula espinhal, se enrola em volta do úmero e vai até a mão — estava ferido. Ele perderia toda a sensibilidade de sua mão.

> ***Decolando***
> *Não há outro relacionamento na vida de um cristão que precise ser mais agressivamente protegido e guardado do que a conexão com o Espírito Santo. Ele apoia toda a sua vida em Deus.*

Depois de dois dias de dor excruciante, Ryan precisava que o osso fosse recolocado no lugar por um especialista em ortopedia. Em termos práticos, recolocar o osso significava que o médico teria de pegar os dois lados da fratura, distanciar os ossos e então empurrá-los um na direção do outro novamente para garantir o alinhamento correto do osso.

Ai, ai, ai.

Aquele dia e a lembrança da recolocação estão gravados no cérebro de Ryan como a marca de um ferro quente — é permanente por causa da poderosa dose de dor que acompanhou o procedimento. Depois daquela tortura, foi colocada uma braçadeira especial e, então, ele fez radiografias semanais por cinco semanas. Todo esse esforço foi necessário para garantir que o osso ficasse alinhado de maneira aceitável, de modo que a cura adequada pudesse acontecer. O lado positivo era que o osso cresceria de novo, mais forte no local da fratura. Imagine só: grande fratura, enorme dor e você termina com um osso *mais forte!*

Bem, o que uma física ruim, fratura séria, radiografias, realinhamentos dolorosos e o processo de cura têm a ver com seu relacionamento com o Espírito Santo?

Tudo.

Você vai

- Ter uma fratura.
- Perder a função.
- Perder movimento em sua vida espiritual.
- Precisar tratá-la.
- Precisar analisá-la de dentro para fora.
- Precisar realinhá-la.
- Precisar curá-la.
- Precisar fortalecê-la no local do ferimento.
- Precisar analisá-la para que o ferimento não aconteça de novo.

Ossos quebrados e relacionamentos partidos têm muita coisa em comum. A Bíblia nos diz *antecipadamente* qual é a aparência da física espiritual de uma ruptura séria com o Espírito Santo. Felizmente, também somos informados sobre como encontrar cura na infelicidade de ocorrer uma fratura.

Fratura do Espírito Santo

O relacionamento de um cristão com o Espírito Santo é em grande parte invisível.

Quantos cristãos você já conheceu que davam a aparência de que tudo estava bem arrumado do lado de fora, mas, por dentro, sua vida era cheia de dor em razão de traumas relacionais, morais, espirituais e emocionais? Depois de milhares de sessões de aconselhamento, o que costumo ver por baixo da superfície é uma fratura espiritual não diagnosticada ou não tratada no relacionamento daquela pessoa com o Espírito Santo. O cristão e o Espírito de Deus não estão conectados e, por padrão, essa pessoa perde o poder funcional de sua vida espiritual capaz de ajudá-la a crescer, mudar, curar e viver de modo saudável em seu relacionamento com Deus e com as pessoas. Do mesmo modo que Ryan perdeu funções de seu braço direito nas encostas de Utah, esses homens tentam levar as coisas adiante, mas simplesmente não têm a força e a estrutura interiores para fazê-lo. Para eles, a ignorância é incapacitante.

Depois desse episódio e dessa temporada ortopédica com Ryan, *agora eu sei* que, com base na localização da fratura, existem três tipos diferentes de fratura de úmero: proximal, medial e distal. A fratura proximal acontece perto do ombro, a medial se aproxima do centro do osso e a distal fica perto do cotovelo. São facilmente identificadas em uma radiografia.

Destaquei o fato de que "agora eu sei" porque descobri que muitos cristãos são ignorantes em relação à verdadeira aparência das fraturas espirituais quando se trata de seu relacionamento com o Espírito Santo. Todos os cristãos precisam saber quais são as três maneiras diferentes pelas quais o relacionamento com o Espírito Santo pode ser rompido. São fáceis de serem identificadas e giram em torno de dinâmicas simples que colocam qualquer relacionamento em risco.

A boa notícia para nós, cristãos, é que, independentemente da gravidade da fratura espiritual, esse relacionamento poderoso pode ser realinhado e recolocado no lugar. Tal como um osso quebrado na parte superior do braço, o Espírito Santo não é removido. Ele ainda está dentro de nosso corpo físico, ainda é mantido íntegro pela estrutura da fé e ainda detém o potencial de nos curar poderosamente e nos tornar espiritualmente mais fortes do que éramos.

Existem três ações em nosso relacionamento com o Espírito Santo que você quer evitar a todo custo. Vou citá-las e depois ilustrar cada uma delas com textos das Escrituras.

1. Mentir ao Espírito Santo

> Um homem chamado Ananias, com Safira, sua mulher, também vendeu uma propriedade. Ele reteve parte do dinheiro para si, sabendo disso também sua mulher; e o restante levou e colocou aos pés dos apóstolos.
>
> Então perguntou Pedro: "Ananias, *como você permitiu que Satanás enchesse o seu coração, a ponto de você mentir ao Espírito Santo* e guardar para si uma parte do dinheiro que recebeu pela propriedade? Ela não lhe pertencia? E, depois de vendida, o dinheiro não estava em seu poder? O que o levou a pensar em fazer tal coisa? *Você não mentiu aos homens, mas sim a Deus*".
>
> Atos 5.1-4

O que o Espírito Santo estava fazendo? Falando de modo bem simples, ele estava causando uma comoção espiritual. Como acontece com a mãe que está na hora de dar à luz um bebê, o trabalho do Espírito Santo era dar à luz uma igreja saudável. Começando com os discípulos e, depois, saindo na direção do povo de Jerusalém, ele estava enchendo as pessoas de salvação e transformação, exatamente como Jesus havia predito. Estava transmitindo mensagens poderosas através dos apóstolos. Estava tocando pessoas e levando-as a servir outras de maneiras radicais.

Muitas pessoas foram tocadas pelo Espírito Santo a contribuir financeiramente para atender às necessidades de outras. Uma das maneiras mais fáceis consistia em vender terra e dar a renda aos apóstolos, que por sua vez distribuíam o dinheiro aos necessitados. Entram em cena Ananias e sua esposa, Safira. Eles testemunharam todo esse compartilhamento, viram toda a atenção que os doadores estavam recebendo, foram contagiados por todo esse entusiasmo e decidiram fazer parte dessa filantropia visível. No meio desse processo, pensaram que eles próprios se tornariam visíveis. Como acontece com muitos cristãos, eles estavam fazendo a coisa certa pelos motivos errados. Sendo mais claro, estavam usando Deus em busca de atenção! O amor que tinham por atenção e dinheiro era motivado por uma pretensa generosidade. Assim, por meio de Pedro, Deus eliminou Ananias e sua esposa para impedi-los de poluir a obra de Deus.

Fim de jogo.

Mentimos ao Espírito Santo quando, plenamente cientes, sequestramos os propósitos de Deus visando satisfazer nossas necessidades. Mentir ao Espírito Santo se manifesta na forma de trapaça sutil, de lógica pervertida, de fraude e de cooperação com Satanás. Para Ananias e Safira, não tinha nada a ver com Deus. Tudo girava em torno de aparências e de brincar de igreja para projetar uma imagem. Não se sabe até onde eles estavam dispostos a ir com essa farsa, mas o pensamento deles havia ficado tão poluído que haviam com sucesso compartimentalizado e racionalizado seu comportamento numa forma moralmente aceitável. No processo, zombaram de Deus, usurparam sua glória (ao tomá-la para si mesmos) e usaram a obra do Senhor como um meio de obter avanço social e financeiro.

Tudo isso parece bastante semelhante a certo anjo caído que foi expulso por Deus exatamente pelas mesmas razões. (Você pode ler mais sobre ele em meu livro *Lute.*) Pedro viu as digitais de Satanás espalhadas por toda a cena do crime e o indiciou de cara. Neste exemplo, mentir ao Espírito Santo não ficou a dever nada a um esquema de pirâmide financeira à moda de Bernie Madoff.

Quando penso na história de Ananias e Safira, sou lembrado do clérigo que proclama Cristo publicamente, mas, em particular, usa sua posição para tirar vantagem do fraco e do vulnerável. Penso nos homens que fazem mau uso das Escrituras com o objetivo de dominar sua esposa ou abusar dela fisicamente, tudo em nome da submissão bíblica. Penso nos cristãos que adoram citar passagens bíblicas com o propósito de se sentir mais superiores a fim de educar os menos sábios. Penso nos caras que colocam "cristão" em seu perfil do Facebook sem nenhuma sinceridade com o intuito de se conectar com mulheres e usar-se delas sexualmente. Penso nos cristãos que fazem fofoca sob o pretexto de que "essa pessoa precisa de nossas orações". Penso nos marqueteiros que usam as redes sociais das igrejas mais para enriquecer do que para de fato servir. Penso nos cristãos que recebem adiantamentos pelo perdão de Deus, barateando sua graça, com o objetivo de mergulhar num pecado que confessarão e do qual se arrependerão mais tarde.

Penso também em como eu mesmo fui manipulado por Satanás e mordi a isca cheio de orgulho, usando minha fé para propósitos egoístas. Somente pela graça de Deus estou vivo hoje para contar isso, talvez para fazer você refletir com mais seriedade sobre o que significa ser cristão. Penso que, em algum nível, todos nós podemos nos identificar com Ananias e Safira. Todos nós já persuadimos a nós mesmos a realizar ações (públicas ou secretas) em nome de Deus, das quais viemos a nos arrepender.

Repetindo: *mentimos ao Espírito Santo quando usamos a máscara da fé com o propósito de transmitir prazer, satisfação ou aprovação a nossa carne*. Esse comportamento vai romper nossa comunhão com o Espírito Santo em um nanossegundo porque, sendo o Espírito da verdade, seu caráter não lhe permite dar poder a nenhum tipo de engano.

Para impedir que isso aconteça, e para manter uma conexão forte com o Espírito Santo, devemos praticar um autogerenciamento agressivo e perguntar o tempo todo a nós mesmos:

- Qual é a verdadeira razão de eu estar fazendo isto?
- Qual é minha motivação?
- Quem recebe o crédito?
- Quem se beneficia?
- Quem é mais incentivado?

O nome disso é autorreflexão sadia, ou realização de inventário espiritual.

Finalmente, também devemos nos apresentar a Deus para a realização de uma radiografia espiritual. Uma maneira fácil de fazer isso é simplesmente orar as palavras de Salmos 139.23-24. É o equivalente a um eletrocardiograma espiritual e uma maneira poderosa de colocar suas motivações sob escrutínio. Ouça as palavras de Davi: "Sonda-me, ó Deus, e conhece o meu coração; prova-me e conhece as minhas inquietações. Vê se em minha conduta algo te ofende, e dirige-me pelo caminho eterno".

O homem de Deus impede as fraturas espirituais através da submissão aberta e da rendição ao exame feito por Deus. Ele faz uma ressonância magnética espiritual para chegar ao fundo de seu coração. Alguns de nós precisam vestir a camisola espiritual do hospital, humilhar-se e ser examinados. É desconfortável, expõe nosso traseiro espiritual e nos deixa pensando no que aparecerá no exame. Mas esse é o preço que pagamos por um relacionamento que valorizamos.

Enquanto isso, não morda a isca. Não aceite a lógica maligna. Não finja nem faça de conta. Não despreze a fé por meio de racionalização provocada por medo ou por algum sentimento.

Não minta ao Espírito Santo.

2. Entristecer o Espírito Santo

> Nenhuma palavra torpe saia da boca de vocês, mas apenas a que for útil para edificar os outros, conforme a necessidade, para que conceda graça aos que a ouvem. *Não entristeçam o Espírito Santo de Deus, com o qual vocês foram selados para o dia da redenção.* Livrem-se de toda amargura, indignação e ira, gritaria e calúnia, bem como de toda maldade. Sejam bondosos e compassivos uns para com os outros, perdoando-se mutuamente, assim como Deus os perdoou em Cristo.
>
> Efésios 4.29-32

A melhor obra do Espírito Santo nas pessoas é vista no modo como ele muda a maneira de elas se relacionarem umas com as outras. Você quer mostrar as melhores partes de seu caráter a seus filhos. Quando suas qualidades, suas atitudes, suas palavras, suas ações positivas e seu encorajamento são reproduzidos nas interações de seus filhos com outros, isso lhe traz alegria. No outro extremo, porém, se eles abusam, decepcionam ou ferem outras pessoas através de suas palavras e atitudes, isso lhe traz tristeza. "Não foi isso o que eu ensinei!", você protesta. Penso que nossa desobediência tem o mesmo efeito sobre o Espírito Santo.

Uma das tarefas do Espírito Santo é validar em cada cristão, por meio da experiência, o maravilhoso amor, a aceitação e o encorajamento para com cada um de seus filhos. Nós "provamos e vemos" que o Senhor é bom através do Espírito Santo, que traz a bondade dele a nós (cf. Sl 34.8). Percebemos e sentimos isso profundamente. É muito bom ver o Espírito Santo tomar conceitos intelectuais como amor, misericórdia e graça de Deus e os transformar em coisas práticas e viáveis.

Mas você não deve parar aqui, mano. A verdadeira etapa final consiste em passarmos aos outros o mesmo apoio, aceitação, perdão, encorajamento e sustento em nossas áreas de influência — a começar por nossa própria família. O oposto disso? Destruir as pessoas com nossas palavras, guardar ressentimento e praticar vingança. Uma é a obra do Espírito Santo dentro e através do cristão; outra é a obra do mal dentro e através do cristão.

> ***Decolando***
> *O Espírito Santo cura relacionamentos. Ele faz isso guiando e motivando todos os cristãos a mostrar aos outros o que Deus lhes mostrou na pessoa de Cristo.*

No sistema do Espírito Santo, é incongruente que um pecador que tenha recebido graça se torne um destruidor que distribui ira. Somente um homem que se esqueceu de seu próprio encontro com a graça de Deus poderia negá-la intencionalmente a outra pessoa. Nenhum cristão pode dizer que tem íntima comunhão com o Espírito Santo ao mesmo tempo que trata outras pessoas com raiva, amargura e ressentimento. Ninguém pode participar de ambos. Somente um vigarista espiritual que foi perdoado por Deus de uma enorme dívida tentaria arrancar centavos emocionais de outra pessoa por meio da falta de perdão.

Jesus ilustrou agressivamente seu sentimento sobre esse assunto na parábola do servo impiedoso (cf. Mt 18.23-35). Moral da história: você não merecia graça, mas, agora que a tem, é melhor distribuí-la tão liberalmente quanto a recebeu! Se não o fizermos, entristecemos o Espírito Santo.

Ao orarmos com honestidade e sinceridade, todos nós podemos restaurar o equilíbrio espiritual nessa área. Esta oração reconhece que, apesar de nossas melhores intenções, podemos entristecer e desapontar o Espírito Santo. Faça esta oração como um simples realinhamento ou no caso de um relacionamento estar desafiando você na área do perdão:

> *Espírito Santo, obrigado por me ajudares a sentir a graça, a misericórdia e a aceitação de Deus. Perdoa-me por não reproduzir essa experiência com mais frequência em meus relacionamentos com outras pessoas. Não quero entristecer-te ao ser mesquinho com tua graça. Quero que a graça de Deus flua em mim e através de mim.*
>
> *Faze-me lembrar da cruz. Faze-me lembrar do sangue que fluiu pela cabeça, pelas costas, pelos braços, pelos lados, até os pés de Jesus, de modo que eu pudesse ser perdoado. Faze-me lembrar de minha missão na terra para ser um agente dessa mesma graça. Ajuda-me a abandonar logo os ressentimentos e a trocá-los por tua graça.*
>
> *Faze de mim um encorajador como tu és, edificando os outros de maneiras simples. Com minha esposa. Com meus filhos. Com aqueles que não são como eu. Com aqueles que colocares hoje em minha vida. À medida que me curas com a graça e o amor de Deus, faze que essa cura exploda em mim e cure meus relacionamentos. Não quero entristecer-te. Quero apenas agradar-te. Amém.*

3. Apagar o fogo do Espírito

> Alegrem-se sempre. Orem continuamente. Deem graças em todas as circunstâncias, pois esta é a vontade de Deus para vocês em Cristo Jesus.
>
> *Não apaguem o Espírito.* Não tratem com desprezo as profecias, mas ponham à prova todas as coisas e fiquem com o que é bom. Afastem-se de toda forma de mal.
>
> 1Tessalonicenses 5.16-22

Como já aprendemos, o Espírito Santo é uma atraente e convidativa presença para os cristãos e, através deles, para as outras pessoas. Imagine um fogo aconchegante e seu brilho e calor radiante trazendo tranquilidade e conforto a todos ao redor. Se você visualizar essa imagem, está chegando perto da sensação que o Espírito Santo quer criar para você e, através de você, para os outros! Agora volte para aquele fogo e imagine isto: um cidadão entra em cena e apaga aquela fogueira com um balde de 20 litros de água! Que sentimentos surgiriam dentro de você? O que você diria? O que faria?

Quando prestamos a devida atenção a essa passagem das Escrituras, vemos três maneiras pelas quais o fogo de Deus é alimentado ou extinto em nossa vida. Os alimentadores do fogo incluem todas as expressões de adoração, conversa com Deus sobre todos os assuntos em todos os momentos da vida, e uma postura de gratidão. Essas coisas agem como um acelerador espiritual altamente inflamável em sua jornada com Deus, e o Espírito Santo vai levá-lo a praticar todas as três coisas como um estilo de vida, de modo a manter o fogo queimando forte.

Por outro lado, os apagadores de fogo incluem um espírito não cooperativo, um espírito não disposto a ser ensinado e um espírito que se desvia facilmente (v. 19-21). Em vez de sermos parceiros da obra do Espírito Santo em nós, tornamo-nos semelhantes a um adolescente rebelde e revoltado. Em vez de nos unirmos às obras do Espírito no mundo através de nosso envolvimento, damos desculpas para não participar. Em vez de clamarmos por mais revelação da Palavra de Deus, agimos como se já entendêssemos tudo e, cheios de orgulho, rejeitamos o maná fresco servido pelo Espírito Santo. Em vez de reconhecermos a guerra espiritual por nossa alma e filtrar aquilo que permitimos entrar em nossa mente, adotamos as maneiras culturais de pensar e as mesclamos com nossa fé. *Todos nós* somos tentados dessas maneiras; se assim não fosse, as admoestações não estariam ali!

Todos os dias (na verdade, esta é uma escolha feita momento a momento) seremos alimentadores da obra do Espírito Santo em e através de nós ou seremos apagadores de sua obra. Hábitos que servem para jogar gasolina no fogo definitivamente incluem

- Meditação na Palavra de Deus.
- Aplicação da Palavra de Deus.
- Assimilação da oração na direção de um crescimento de caráter e de conduta.
- Conexões e confissão com outros cristãos.
- Disposição de receber correção.
- Serviço aos outros.
- Encorajamento de outros cristãos.
- Evangelização dos descrentes.

A vida formada, cheia e inflamada pelo Espírito envolve esses "hábitos quentes".

Qual a importância da obra do Espírito Santo em você? Se ela não for importante, você automaticamente se torna um obstáculo. Não apague o fogo do Espírito. Não o deixe morrer.

Alimente-o!

Espírito Santo, tu és um fogo que deseja se espalhar em mim e através de mim para o mundo. Cansei de ser um obstáculo! Mostra-me como manter aceso o fogo de Deus que quer consumir todas as minhas dificuldades. Consome todas elas e cria das cinzas uma nova pessoa. Mostra-me as vidas que queres incendiar e usa-me para acender e alimentar o fogo nelas. Mostra-me situações onde teu fogo possa estar se extinguindo e nas quais queres me usar para trazê-lo de volta à vida através do teu poder. Alimenta teu fogo em mim por meio do simples hábito espiritual de mergulhar em tua Palavra e acender o poder dela em minha vida através da oração. Consome-me, Espírito Santo, hoje. Faze de mim o teu fogo santo para Jesus. Amém.

PARTE 2

Transformações

6

A interrupção bem-vinda

> Aceita o meu conselho; tu o considerarás sábio.
> William Shakespeare, *A famosa história da vida do rei Henrique VIII*

Conheça Vijay.

Talvez você não conheça esse nome, mas ele é superfamoso na pequena vila de pescadores de Nallavadu, na costa da Índia. Vijay, nativo dessa pequena comunidade costeira, calhou de estar em Cingapura para um congresso de ciência quando o *tsunami* do século atingiu todo o sudeste da Ásia nas primeiras horas do dia 26 de dezembro de 2004. Cerca de 58 minutos depois da meia-noite daquele dia pelo horário UTC,[1] o fundo do mar próximo à costa de Sumatra, na Indonésia, cedeu e entrou por baixo de outra placa oceânica para criar o maior terremoto já registrado. Essa colisão da crosta terrestre e o subsequente terremoto de 9.3 de magnitude levantaram paredes de água com até 30 metros de altura na direção de onze países banhados pelo oceano Índico.

Se você não foi exposto a ele, é difícil ter ideia do tamanho e da escala de um fenômeno natural desse. Basta imaginar um lutador de sumô pesando mais de 100 quilos pulando numa pequena piscina infantil de plástico. Você entendeu. O evento inteiro (terremoto e *tsunami*) só vai terminar depois de atingir muita coisa. É um enorme deslocamento de água movendo-se para fora do ponto de origem com força cada vez maior.

E quanto mais longe ele chega, maior fica.

Monitores na Indonésia registraram o movimento causado pelo terremoto gigante nas primeiras horas da manhã, mas, naturalmente, todos estavam dormindo. Na pior das hipóteses, Vijay pode ter sentido um leve tremor ou solavanco de madrugada. Todos os moradores de Cingapura estavam tranquilamente desinformados e não sabiam que aquele modesto tremor era o prenúncio de um horror titânico que agora iniciava sua jornada mortal na direção deles através do mar aberto. Os desastres naturais normalmente não dão aviso prévio, de modo que, na maioria das vezes, a única coisa que você pode fazer é reagir. Mas a localização de Vijay concedeu a ele a rara oportunidade de ajudar pessoas a oeste de onde ele estava a reagir *antes* que o *tsunami* atingisse o continente e devastasse seus lares.

Os desastres naturais normalmente não dão aviso prévio.

* * *

Domingo, 26 de dezembro de 2004. Amanhecer.

O relógio biológico de Vijay desperta. Depois de uma longa e intensa espreguiçada, ele abre os olhos, respira fundo e faz seu corpo se levantar. O banheiro chama. Missão cumprida, ele aperta o botão "On" do rádio para ter companhia enquanto se prepara para trabalhar. É a rotina habitual em toda parte de Cingapura àquela hora. Mas o apertar do botão hoje fez que qualquer ideia de normalidade saísse voando pela janela. Algo estava errado.

"Esta não é a minha rádio! Espere. O que o homem está dizendo?"

Vijay para de escovar os dentes e aumenta o volume do rádio. Ele é hipnotizado pelo que ouve.

"Não pode ser", diz a si mesmo.

Seus ouvidos começam a assimilar e a juntar as palavras que chegam até ele pelas ondas curtas sobre como o desastre natural está se desdobrando em tempo real por todo o sudeste da Ásia. As palavras começam a fazer sentido e a se conectar: *terremoto, magnitude 9.3,* tsunami, *costa de Cingapura, relatos não confirmados, milhares de desaparecidos, comunidades costeiras da península da Índia em perigo iminente.* Sua mente luta para processar todas aquelas graves realidades quando, de repente, ele se dá conta: "A televisão! Ligue a televisão! Vijay, está acontecendo neste instante!".

Está em todos os jornais, e as primeiras imagens são surreais. "*Tsunami*" é a palavra que pisca na parte inferior da tela. Imagens aéreas da costa de Cingapura revelam a devastação causada por uma enorme parede de água. A filmagem é clara e vívida, mas os detalhes são incompletos. A apresentadora do jornal está visivelmente abalada e fica repetindo o que sabe.

A cabeça de Vijay está rodando e, então, misteriosamente, calma e clareza vêm sobre ele. Ele pode sentir um profundo desconforto e náusea começando a corroer seu estômago à medida que uma revelação é trazida à luz, uma conexão, uma ordenação de seus sentidos, uma aglutinação de eventos que se desdobram, uma visão do futuro não convidada. Ele vê seu pai empurrando um pequeno barco de pesca para dentro do mar na Índia. Aquele pensamento sai de sua mente e é substituído por outro: "Será que as notícias do *tsunami* não foram enviadas à Índia?".

A visão é paralisante. Um rápido olhar no relógio e seu peito se aperta. Mais imagens de casa. A vida seguiria como sempre em Nallavadu. Em apenas uma hora os pescadores da vila sairão para o mar como sempre fazem, enfrentando as ondas costeiras para fazer a pesca diária. Lá na praia, o restante de seus familiares e amigos próximos iniciarão suas tarefas sem nenhuma preocupação, sob o céu ensolarado. E, no final dessa mesma hora, o *tsunami* que seguia para o oeste atingiria todos eles.

Muito embora a visão seja assustadora, a realidade a ultrapassa em muito. No exato momento em que Vijay percebe o destino iminente de seu pai, de sua família e de seus amigos, os técnicos da Marinha que monitoram a onda assassina descobrem que o sistema de comunicação para alertar os países no caminho da catástrofe está inoperante devido ao terremoto. Vijay não sabe disso. Mais tarde, ele descobriria que jamais houve nos registros históricos tamanha combinação de eventos (terremoto, *tsunami* e ruptura das comunicações) capaz de matar tantas pessoas *em um só dia*: cerca de 250 mil pessoas vão morrer.

Os batimentos cardíacos de Vijay disparam, e ele tem dificuldades para respirar. A adrenalina corre solta. O que acontece em seguida é um milagre no meio de um massacre.

Uma repórter da Malásia foi a primeira a descobrir o conforto no meio de um dia trágico. Mais tarde, ela escreveu o seguinte sobre Vijay:

> Ele decidiu telefonar para casa.
>
> Sua irmã atendeu. Ela lhe disse que a maré estava subindo e chegando a sua casa quando ele perguntou o que estava acontecendo em Nallavadu. Vijayakumar percebeu de imediato que seus piores temores estavam rapidamente se materializando. Pediu à irmã que saísse depressa de casa e que também avisasse outros moradores da vila para evacuar a área. "Vá lá para fora e avise os outros", insistiu ele com sua irmã.
>
> O alerta chegou a alguns aldeões de raciocínio rápido que quebraram as portas do centro comunitário montado pela Fundação de Pesquisa M S Swaminathan, onde havia um sistema de alto-falantes que costumava anunciar rotineiramente as condições do mar aos pescadores. O aviso de Vijayakumar

> foi transmitido por todo o vilarejo usando o sistema de alto--falantes. A sirene da vila foi tocada imediatamente depois, para que as pessoas evacuassem o local.
>
> Ninguém foi morto naquele vilarejo em consequência dos avisos feitos na hora certa. Nallavadu é o lar de 500 famílias e de cerca de 3.630 pessoas. Todas as vidas foram salvas, mas o *tsunami* destruiu 150 casas e 200 barcos de pesca naquele local.[2]

Percebeu? "Avisos feitos na hora certa... Todas as vidas foram salvas."

Ao ouvir o aviso, cada aldeão começou a se mover numa nova direção: para longe da costa e rumo a um refúgio em um ponto mais elevado. Somente ali a vida poderia ser preservada e a paz garantida diante do perigo inevitável e iminente.

Infelizmente, vilas vizinhas que não tiveram a mesma sorte de receber uma ligação de emergência foram destruídas. Vida e paz foram estilhaçadas num instante e substituídas por pânico, depois caos e, por fim, morte. Centenas pereceram enquanto os milhares de Vijay sobreviveram. Naquele momento, ele se tornou para seu povo uma interrupção oportuna, bem posicionada, bem-intencionada e muito *bem-vinda*. Poucos homens terão a oportunidade e a capacidade de ajudar dramaticamente tantas outras pessoas num espaço de tempo tão curto. Do mesmo modo, poucos homens da história serão de fato capazes de *ver o futuro antes que ele aconteça.*

* * *

Vijay foi um herói improvável, ou talvez um herói acidental. No fim das contas, porém, ele estava no lugar certo, na hora certa e fez a coisa certa para ajudar a salvar pessoas da morte certa. Independentemente daquilo que o chamemos, as pessoas alertadas por ele o chamam de salvador. É disso que você chama uma pessoa que segue um padrão de pensamento e age de maneira similar àquilo que um salvador faz:

- Ele antevê o dano que as pessoas sofrerão.
- Ele está numa posição privilegiada para intervir.
- Ele está disposto a intervir.
- Ele age visando fazer contato e alertar.
- Ele se intromete e interrompe a vida de outras pessoas.
- Ele alerta, informa e dá detalhes específicos de um perigo iminente.
- Ele guia e mostra como evitar a morte.
- Ele conduz o movimento numa nova direção.
- Ele salva muitos do caos e da morte inevitáveis.
- Suas ações são usadas para trazer vida, segurança e paz àqueles que prestam atenção a seu alerta.

Ah, quase me esqueci. O fator "não há tempo a perder" amplifica cada um desses fatores — cada emoção, cada segundo, cada decisão — em cem vezes tanto para o salvador como para aqueles que serão salvos. Pense nisto: um terremoto de magnitude 9.3, um *tsunami* gigante, milhares de pessoas desinformadas e um homem com capacidade de fazer diferença. E nenhuma vida foi perdida.

Se esse drama da vida real lhe parece familiar, você está entendendo meu ponto de vista! Essa história espelha o papel e a função do Espírito Santo em nossa vida quando ele fala, bem como a forma com que devemos receber sua mensagem. Vijay falou, e todos deram ouvidos prontamente. O mesmo deve ser verdadeiro em relação ao Espírito Santo e nós. O contexto da crise concedeu a Vijay a voz mais forte possível. Do mesmo modo, a voz de autoridade do Espírito Santo deve cruzar nosso caminho e nossas crises. Veja por quê.

Autoridade posicional. O conhecimento antecipado que Vijay tinha dos desdobramentos e seu ponto de observação vantajoso em Cingapura lhe concederam autoridade. Ele era uma fonte confiável de informação. Seu conhecimento e sua localização também o autorizaram e permitiram a ele comandar e dar ordens sem ser questionado. Sua vantagem estava nos fatos que estavam acontecendo. Esse é o Espírito Santo em sua vida neste exato momento. Ele está tanto nela quanto acima dela, e é capaz de ver o que você não pode e saber o que não sabe. Ele tem informações valiosas e salvadoras para você que ninguém mais possui. Portanto, uma vez que somente ele tem a informação confidencial sobre sua vida e deseja o melhor para você, escute o que ele diz, homem!

Autoridade relacional. A proximidade de Vijay com sua irmã e com as pessoas a quem ele estava alertando era sólida como a rocha. "Oi, sou eu, Vijay. Preciso que você me ouça com muita atenção agora. Não há tempo." O nome disso é proximidade relacional. Pense em seu próprio irmão ou irmã conversando com você dessa maneira ao telefone. Como você reagiria? A vantagem de Vijay foi sua *conexão muito próxima.* O Espírito Santo é o Cristo que habita em nós. Não há como ficar mais próximo do que isso! Seja qual for a ligação emocional, a lealdade ou o relacionamento que você tiver com Jesus, ele é experimentado através da presença do Espírito Santo em sua vida. Pense nisso! Ele é a razão de você se sentir perto de Deus. Ele é a razão de você sentir a presença de Deus. Ele é a razão de você ser capaz de derrotar o pecado, ser vencedor nos relacionamentos e de mudar. Vocês dois têm muita história e proximidade para contar. Quando ele disser "oi, sou eu", escute.

Autoridade experiencial. A experiência não apenas é o melhor professor, mas também o mais hábil em persuadir. Vijay estivera envolvido ativamente num evento que, agora, estava prestes a se repetir do lado oposto, em outros pontos da região. Nada se compara à experiência do tipo "eu estive lá" ou "fomos atingidos, está indo em sua direção e é isto o que você precisa fazer". As pessoas não costumam discutir com a voz da experiência. A vantagem de Vijay estava em sua exposição pessoal a eventos que em breve se tornariam o futuro daquelas pessoas. O Espírito Santo está presente *tanto* antes *quanto* depois de todo evento de sua vida. Quando ele fala, trata-se da voz da experiência de todas as eras. Ele sabe das coisas, gerenciou alguns bilhões de vidas e já viu de tudo. Você não se afasta quando uma Pessoa assim fala. Você simplesmente ouve, recebe a mensagem e faz o que ela diz que você deve fazer. Você confia em sua liderança e orientação sem hesitar... e age depressa.

O Espírito Santo não maneja as pessoas sem a autoridade posicional que o conhecimento concede, sem a autoridade relacional que uma forte conexão provê e sem a autoridade experiencial que o conhecimento do futuro fornece.

O Espírito Santo não maneja as pessoas sem a autoridade posicional que o conhecimento concede, sem a autoridade relacional que uma forte conexão provê e sem a autoridade experiencial que o conhecimento do futuro fornece. Sem essas coisas questionaremos quaisquer vozes, e o que elas disserem ficará aberto à interpretação. Isso se chama falta de credibilidade.

Olhe para Vijay mais uma vez. Ele tinha tudo: alcançou 100% de confiança, o que gerou 100% de aceitação, resultando em perda zero de vidas. Reflita sobre isto: *nenhuma perda*. Não foi conversa de governo. Não foi algum alarmista desconhecido que se fez através da internet. E não foi um cientista qualquer expondo teorias sobre como os eventos poderiam se desenrolar. Era *Vijay*. Nenhuma outra voz naquele momento poderia receber maior confiança para conduzir seus aldeões para longe do perigo e rumo à segurança.

Do mesmo modo, quando coisas como vida, relacionamentos, futuro, questões pessoais e progresso estão em jogo, nenhuma outra voz tem mais autoridade, é mais confiável ou é mais adequada *para você* do que o Espírito Santo. Não há como perder. *Nenhuma perda*.

Não responder ao Espírito Santo nesses momentos cruciais da vida seria algo impensável.

Ah, a propósito, não espere ouvir o Espírito Santo falar sobre qual prato escolher no restaurante ou qual sapato usar. Ele pode fazer isso, mas, segundo minha experiência, ele é mais ativo nos conflitos morais, espirituais, relacionais e emocionais.

> ***Decolando***
> *O Espírito Santo trabalha para interromper um processo e influenciar seu pensamento em contextos que impactarão seu relacionamento com Deus e com as pessoas.*

Uma voz salvadora precisa de uma mente disposta

Aviso e salvação. Influência e autoridade. Vida e morte.

Essas são algumas das dinâmicas em ação quando um cristão considera a ideia de se relacionar com o Espírito Santo em um nível mais pessoal e funcional.

O homem de Deus sempre corre o riso de ser atraído por sua velha natureza, pelas vozes antigas, pelas velhas maneiras de pensar e pelas velhas formas de lidar com a vida, todas essas separadas do controle do Espírito. Qualquer um de nós pode se ferir nos âmbitos cultural, físico, emocional, relacional e espiritual e começar a ter pensamentos autodestrutivos. Felizmente, porém, os momentos que realmente nos desafiam são aqueles que podem fazer que desenvolvamos maior firmeza espiritual. Pense em Jesus no jardim do Getsêmani ou em José na prisão egípcia. Esses são momentos em que a força do Espírito Santo está posicionada e à espera para invadir nossas fraquezas e colocar a perspectiva, o propósito e o poder de Deus em nossas dificuldades ilógicas e inesperadas. Nesses momentos devemos optar pela direção do Espírito Santo em detrimento dos impulsos obscuros mais fáceis, mais gostosos e mais convenientes que imploram para ser satisfeitos. Isso se chama *sacrificar em nome de uma lealdade superior*. Isso se chama tornar-se homem. Isso se chama ser como Cristo. Isso se chama ativar o poder do Espírito Santo.

A lição do campo de batalha é esta: se antes de os desafios surgirem não tivermos uma mentalidade que busca agradar a Deus, será difícil ficar do lado do Espírito de Deus no meio de tal provação.

Todo homem de Deus experimenta vales e abismos, mas nem todo homem sucumbe a sua natureza pecaminosa autodestrutiva à custa de sua conexão com o Espírito Santo. A lição do campo de batalha é esta: se antes de os desafios surgirem não tivermos uma mentalidade que busca agradar a Deus, será difícil ficar do lado do Espírito de Deus no meio dessa provação. Em termos práticos, isso significa tomar *antecipadamente* a decisão de alinhar-se com o Espírito quando o momento for crítico e a pressão for grande. Essa escolha predeterminada, que elimina opções ruins no calor do momento, recebe o nome de disposição de mente.

Veja a definição do apóstolo Paulo sobre viver de acordo com o Espírito Santo em sua mensagem fundamental aos cristãos de Roma:

> Quem vive segundo a carne tem a mente voltada para o que a carne deseja; mas quem vive de acordo com o Espírito, tem a mente voltada para o que o Espírito deseja. A mentalidade da carne é morte, mas a mentalidade do Espírito é vida e paz.
>
> Romanos 8.5-6

Tradução: Concentre-se em avançar naquilo que o Espírito Santo deseja. O homem de Deus sabe que, quando dá ouvidos prontamente à voz salvadora do Espírito, é poupado da dor, do pânico e da perda que resultam de se dar ouvidos às vozes opressivas do lado escuro interior.

Ouça um pai falando a seu filho sobre a postura mental que Deus está à procura e onde a batalha por seu relacionamento com o Senhor é realmente vencida:

> "E você, meu filho Salomão, reconheça o Deus de seu pai, e sirva-o de todo o coração e *espontaneamente*, pois o SENHOR sonda todos os corações e conhece a motivação dos pensamentos".
>
> 1Crônicas 28.9

Tradução: Filho, não brinque com Deus. Esse é um jogo que não produz bem nenhum. Ele não pesa as ações. Ele mede as intenções. Disponha-se antecipadamente a fazer o que ele diz.

Deus quer saber se você está fazendo as coisas por fazer neste momento ou se está com ele de corpo *e* espírito! Ele realmente quer saber se você está com ele no nível do coração. A fidelidade interior era uma prioridade para Jesus em relação a todo aquele que afirmasse segui-lo: "Este povo *me* honra com os lábios, mas o *seu coração está longe de mim*" (Mt 15.8).

Ouça a descrição que Deus faz da disposição interior que ele tanto ama em um homem e a vida espiritual que ela reflete na vida dele:

> Depois de rejeitar Saul, [Deus] levantou-lhes Davi como rei, sobre quem testemunhou: "Encontrei Davi, filho de Jessé, homem segundo o meu coração; ele fará tudo o que for da minha vontade".
>
> Atos 13.22

Tradução: O homem de Deus precisa ser íntegro. Nada fica de fora. O melhor de tudo é que Deus não esconde seu entusiasmo por um filho que esteja disposto a ser flexível e obediente, não importando o que lhe seja pedido.

No âmago de seu relacionamento com o Espírito Santo está uma disposição de ouvir que se ergue acima de quaisquer outras vozes concorrentes. Isso é o que chamamos de amigo de Deus.

Ainda que a dor possa ser um eficiente catalisador para a abertura ao Espírito Santo, ela não é nem de perto tão boa quanto o desejo e a disposição. Em qualquer tipo de relacionamento significativo é preciso haver um desejo da outra parte de se comprometer, conectar, aprender e ouvir.

Acredito que, a esta altura, você percebe que o Espírito Santo está procurando por um relacionamento real. Isso é visto por meio de sua disposição de submeter-se à voz e autoridade dele a cada momento de sua vida cotidiana.

Não deixe de lembrar a si mesmo: *Ele é uma pessoa*. Ele sabe e pode sentir a diferença entre cooperação espontânea e simples aquiescência. Uma é "querer" se conectar e se relacionar; a outra é "ter que" aceitar. Existe uma enorme diferença entre elas. A voz do Espírito Santo deve ser uma interrupção *bem-vinda*, *necessária* e *respeitada*, seja qual for a situação, o assunto ou o momento. Estar disposto e pronto a ouvir significa medidas crescentes de vida e paz para o homem de Deus. Ressentir-se, ignorar ou calar a voz do Espírito resulta em caos e destruição em termos pessoais, espirituais, emocionais e relacionais.

O inimigo de Deus e do homem (leia meu livro *Lute* para saber mais sobre este assunto) emprega muita energia para persuadir você a *não* pensar nesses termos. O pensamento de Deus sobre o relacionamento que você tem com o Espírito Santo é direto: "Se vivemos pelo Espírito, andemos também pelo Espírito" (Gl 5.25).

O homem de Deus não pode se dar ao luxo de jogar pôquer com o Espírito Santo quando o que está em jogo é vida e morte. É por isso que todos nós devemos enfrentar as questões de controle em nossa vida de maneira honesta, direta e bíblica. Devemos simplesmente perguntar: quem está no controle? A resposta pode ser tanto a) você mesmo quanto b) o Espírito Santo.

> ***Decolando***
> *O Espírito Santo é uma voz intrusa que se coloca entre você e as escolhas realmente ruins.*

Deus quer uma resposta à pergunta "Você está comigo?". Dê a ele a resposta afirmativa agora. E continue respondendo "sim"!

Há mais um ponto que quero destacar, relacionado a seu entendimento do Espírito Santo. Voltando à história de Vijay, imagine esta resposta de sua irmã quando ele ligou para casa com o alerta sobre a aproximação do *tsunami*: "Obrigado pela informação, mano. Ouvi o que você disse, mas recebo tudo isso com cautela".

Sob essas circunstâncias, riríamos e diríamos: "Ah, está bem". Por quê? Porque isso seria equivalente a cometer suicídio. Quando o que está em jogo é tão importante, você não pode selecionar quais fatos aceitar. Como alguém poderia ser tão tolo? Mas quantas vezes já fomos interrompidos em nossa corrida por um pensamento ou uma voz interior, lembrados de quem somos em Cristo e chamados a mudar de direção e acabamos pressionando o botão "Mute" (ou "Mudo") sobre o Espírito Santo para podermos preservar nosso curso atual? Você nunca fez isso? Bem, eu certamente já fiz!

Talvez você se identifique com esta dinâmica. Quando eu quero, eu não quero pensar. Quando minha mente está decidida, tenho uma direção e um conjunto de expectativas. Não quero ninguém atrasando meu processo ou me impedindo de conseguir aquilo que quero. Isso se chama ter a mente decidida "faça chuva ou faça sol". É por isso que temos de firmar um compromisso com a vontade de Deus antes de nossas batalhas cotidianas, e fazê-lo com intensidade, com frequência e em particular com ele. Minhas decisões impulsivas não são o meu melhor; elas normalmente me dão uma ressaca de consciência.

O que quero destacar é: comprometa-se a ficar ao lado do Espírito Santo todos os dias — tão imediatamente quanto logo depois de abrir os olhos pela manhã. Quando nos comprometemos com ele antes de nossas batalhas, seremos mais bem usados como parceiros em nossas batalhas para sermos homens de Deus.

O que quero destacar é: comprometa-se a ficar ao lado do Espírito Santo todos os dias — tão imediatamente quanto logo depois de abrir os olhos pela manhã. Quando nos comprometemos com ele antes de nossas batalhas, seremos mais bem usados como parceiros em nossas lutas para sermos homens de Deus. É isso que significa o "andar pelo Espírito" de Gálatas 5.25. Você se alinha e se rende diariamente. Faça isso e você vai negociar menos com sua carne.

A cada passo do caminho, o objetivo deve ser personalizar o Espírito Santo em sua vida. Com maior confiança, conforto e interação, você aprofunda não apenas seu conhecimento do Espírito, mas também sua familiaridade com as intenções e ritmos de interação dele. Em termos práticos, queremos nos relacionar e nos conectar com ele cada vez mais como uma pessoa, permitindo a ele falar a nós com autoridade amorosa, como Jesus nos disse que ele faria: "Ele me glorificará, porque receberá do que é meu e o tornará conhecido a vocês" (Jo 16.14).

A dificuldade que todo cristão enfrenta é dar o passo de fé e começar a se relacionar com ele como uma pessoa real. Literalmente falando, isso significa conversar, orar e se relacionar com o Espírito Santo de maneira íntima. Podemos ser confortados pelo fato de que até mesmo os discípulos de Jesus tiveram dificuldade de se relacionar corretamente com o Espírito Santo. Mas não tendo mais Jesus presente na terra, devemos seguir adiante, na direção de um novo relacionamento com ele através do Espírito Santo — assim como fizeram os discípulos. E, como eles, com Jesus fisicamente ausente, iremos mais além em nosso compromisso e serviço a Deus do que jamais estivemos.

Deus está nos chamando a sermos semelhantes à pessoa dele.

Para fazer isso, tenho de lembrar-me diariamente dessa dinâmica pessoal. Relembro a mim mesmo que ele *não é* uma energia. Ele *não é* uma personificação de boas qualidades. Ele *não é* uma força. Ele é um indivíduo. Ele tem algumas coisas bem específicas a me dizer. Ele tem conforto e conselho que deseja me dar. Ele quer amar e ser amado. Ele quer ser reconhecido por quem ele é. Ele se entristece e se alegra com minhas escolhas, como aconteceria com qualquer amigo. Ele quer ser uma voz salvadora e uma influência dominante em minha vida com o objetivo de me dar mais "vida e paz" (Rm 8.6).

Com tudo isso acontecendo em você e a seu redor, não há espaço para uma ligação perdida ou interrompida com o Espírito Santo. É como um telefone celular: precisamos que o indicador de sinal esteja mais alto em mais lugares para que haja uma conexão forte.

Veja a seguir uma oração que você pode fazer ao Espírito Santo neste momento, concedendo a ele novo acesso a sua mente, dispondo-se a dar a ele permissão de interromper, aconselhar, guiar e conduzir você para longe da autodestruição e de impulsos egoístas, seguindo na direção de novos lugares de crescimento e relacionamento. Ore comigo:

Espírito Santo, quero que sejas uma voz salvadora em minha vida. Há muitas coisas que tu podes ver e que eu não consigo enxergar. Há tantas coisas que sabes e que eu não entendo. Tu estás antes e depois de todas as questões da minha vida. Confio em tua visão privilegiada e em tua sabedoria. Tu estás acima da minha vida, és capaz de me direcionar e me guiar. Perdoa-me por pensar que sou capaz de seguir por meu próprio poder para lugares seguros de vida e de paz.

Preciso de tuas advertências em minha vida, bem como de tua influência. Quero que tenhas a voz mais potente possível em minha vida. Sendo assim, neste momento, comprometo-me antecipadamente com aquilo que desejas em minha vida. Estabeleço o objetivo de te agradar o tempo todo. Anseio por ouvir tua voz falando diretamente a minha mente no que se refere à vontade de Deus para minha vida. Estou ouvindo.

De teu amigo ____________________.

Amém.

7

Visão é percepção

Nada é mais terrível do que atividade sem percepção.
THOMAS CARLYLE

"Então 'loiro' é assim..."

Essas foram as palavras de Mike May ao ver sua esposa depois de 43 anos de cegueira. É sério. Que frase! Que jornada! Que momento surreal para um homem que perdera sua visão aos 3 anos na garagem da família quando uma imensa explosão química danificou suas duas córneas e privou-lhe da visão!

Depois de quatro tentativas sem sucesso de fazer um transplante de córnea, Mike havia passado a maior parte de sua vida aceitando a cegueira, acostumando-se a ela, mas recusando-se a ser limitado por ela. Ele de fato se sentia feliz e realizado, a despeito da cegueira, porque sua vida era atípica para qualquer homem, ainda mais para um homem cego.

Uma pequena lista das experiências de Mike antes que seu mundo virasse de cabeça para baixo ao recuperar a visão inclui itens como:

- Trabalhar para a CIA.
- Fundar sua própria empresa de eletrônicos.
- Estabelecer o recorde mundial para a mais alta velocidade alcançada por uma pessoa cega numa descida de montanha em esqui (100 km/h).

- Ganhar três medalhas de ouro nos Jogos Paraolímpicos.
- Carregar a tocha olímpica em seu trajeto até Sarajevo para os Jogos Olímpicos de Inverno de 1984.
- Fazer palestras mundo afora.
- Casar-se com uma linda loira.
- Ter e criar dois filhos.

As realizações de Mike eram embaraçosamente espetaculares! De fato, outras pessoas cegas ficavam tão surpresas diante da felicidade que tinha mesmo sendo cego que se sentiam ofendidas. Contudo, nada disso importava muito para Mike porque ele desfrutava plenamente sua vida na cegueira. Então, voltar a ver bagunçou tudo!

Enquanto participava de uma conferência em San Francisco, Jennifer, a esposa de Mike, descobriu que precisava de lentes de contato. Conseguiu o nome de um oftalmologista e marcou uma consulta. Mike foi junto e, quando Jennifer entrou na sala de exame para fazer o teste de suas lentes, ele foi com ela. O exame de Jennifer foi rotineiro, mas a situação foi surreal para Mike.

Depois de concluir a consulta de Jennifer e preencher a receita para suas lentes de contato, o médico deu uma olhada no rosto de Mike e particularmente em sua postura ocular. Não conseguindo resistir, perguntou ao cego distraído:

— Você se importa se eu der uma olhada?

Fazendo piada, Mike foi até o oftalmoscópio e disse:

— Acho que você vai descobrir que sou cego!

Depois de ajustar a lente para examinar o interior do olho de Mike, foi isto exatamente o que o médico viu: dano extenso na córnea. Nenhuma surpresa. Então, estranhamente, depois de uma rápida avaliação, veio uma segunda pergunta:

— Você se importa se meu colega der uma olhada?

Confuso e curioso, Mike concordou. Ele pensou: "Mas o que é isto?". Mike ouviu uma conversa abafada no corredor.

Vários minutos depois, um segundo médico entra na sala de exame, se apresenta e se senta à frente do aparelho. Depois de examinar os olhos de Mike por um minuto ou dois, ele joga a bomba:

— Apesar do terrível ferimento, existe um bom potencial para visão em um de seus olhos. Penso que você pode se beneficiar de um transplante de células-tronco. Mike, creio que podemos fazer você enxergar.

Duas cirurgias depois, foi exatamente isso o que aconteceu.[1]

Incrível!

A impressionante cirurgia de Mike recebe o nome de reconstrução da superfície ocular, e ela se relaciona diretamente a nossa discussão sobre o Espírito Santo. Mas, primeiramente, aqui estão os fatos do procedimento. Destaquei as principais etapas:

1. Pegue de um *doador* células-tronco que ocorrem naturalmente no olho (ou seja, células de outra pessoa que não seja o paciente).
2. *Cultive* essas células em laboratório.
3. *Transplante-as* na superfície do olho.
4. Mantenha-as no lugar até que se *fundam* ao olho.
5. As novas células *iniciam a regeneração* da superfície danificada.
6. O reparo é realizado pelas *próprias células* do receptor.
7. O olho é permanentemente curado.

Foi assim que Mike recuperou a visão, mas os fatos do procedimento escondem os enormes riscos envolvidos, bem como os enormes ajustes fisiológicos e psicológicos que ele teve de enfrentar. Embora seu olho esteja permanentemente curado, o cérebro está traumatizado e é desafiado conforme tenta se lembrar de como processar a informação visual que passa a receber. E, mais do que o procedimento em si, essa é a verdadeira história da jornada de Mike May de volta à visão porque, ironicamente, a cegueira se tornou menos desafiadora e mais confortável para ele do que a visão. A dor emocional foi muito severa também, pois sua vida antiga, seu velho jeito de ser e sua antiga identidade como homem cego começavam a se tornar coisa do passado. Como isso o transformaria? Seu casamento sobreviveria? O sexo seria igual? Que novas tentações a visão lhe traria?

> ***Decolando***
> *Uma maneira totalmente nova de perceber a realidade é uma batalha da mente.*

"Quem sou eu agora?", pensava ele.

As grandes transições são desconfortáveis, e as informações novas são desafiadoras. Uma vez que a nova visão é recebida, não há como voltar atrás nem como desfazer o que foi feito. Um conjunto completamente novo de riscos e incertezas espera por nós.

"Acho que posso fazê-lo enxergar de novo"

Jesus chamou a si mesmo de médico, e ele adorava restaurar a vista aos cegos.

Em algumas ocasiões, os pacientes eram literalmente cegos, como o cego de nascença a quem Jesus curou fisicamente. Lama feita com a saliva de Jesus e um pouco de terra do chão assumiram o lugar das células-tronco, mas os resultados foram muito melhores. Dê uma olhada no filme do evangelho e descubra como "ver" é crer:

> Jesus ouviu que o haviam expulsado, e, ao encontrá-lo, disse: "Você crê no Filho do homem?".
>
> Perguntou o homem: "Quem é ele, Senhor, para que eu nele creia?".

> Disse Jesus: "Você já o tem visto. É aquele que está falando com você".
>
> Então o homem disse: "Senhor, eu creio". E o adorou.
>
> Disse Jesus: "Eu vim a este mundo para julgamento, a fim de que os cegos vejam e os que veem se tornem cegos".
>
> Alguns fariseus que estavam com ele ouviram-no dizer isso e perguntaram: "Acaso nós também somos cegos?".
>
> Disse Jesus: "Se vocês fossem cegos, não seriam culpados de pecado; mas agora que dizem que podem ver, a culpa de vocês permanece".
>
> João 9.35-41

Para Jesus, a etapa final de todo o episódio não foi a cura física, mas a percepção espiritual. Jesus curou o homem para que, no final, ele pudesse ver Jesus e ser espiritualmente curado através da *revelação de Deus* diante dele: "Você já o tem visto. É aquele que está falando com você" (v. 37).

Mas o propósito completo da revelação é integração e aplicação, como na frase "você crê no Filho do homem?" (v. 35). Sem uma decisão diante da nova revelação de Deus, o encontro como um todo teria sido uma perda para o homem. Jesus serviu a si mesmo numa bandeja de prata, e o resultado foi salvação: "Então o homem disse: 'Senhor, eu creio'. E o adorou" (v. 38).

Não se esqueça: para Jesus, visão era percepção dele mesmo.

Os sinais da cura foram grandes, mas a intenção da cura foi chamar atenção para o ato de crer e confiar em Jesus para obtenção de cura espiritual definitiva, salvação e transformação.

Não se esqueça: para Jesus, visão era percepção dele mesmo.

Os fariseus, cegos por suas inseguranças e seu orgulho, eram incapazes de ajustar-se e ver a revelação de Deus. Eles haviam se fechado ao ensino, e seu pensamento estagnou e apodreceu. Nesse processo, eles perderam a visão. Seu pecado era o orgulho, e seu destino era permanecer para sempre nas trevas. As escamas não iriam cair de seus olhos, mas aqueles que fossem suficientemente humildes para crer entrariam em um novo mundo de visão e percepção.

O processo de ver como um cristão é mais ou menos assim:

1. Nossas percepções da realidade se encontram com as revelações de Deus sobre a realidade.
2. As revelações de Deus se encontram com nossa disposição (humildade ou orgulho).
3. Nossa disposição produz uma decisão (aceitação ou rejeição).
4. Uma integração da revelação (aceitação) leva à conexão, salvação e transformação com Deus.
5. A rejeição da revelação leva à perda de conexão, à separação e à estagnação com Deus.

Essa história do homem cego e os fariseus — o encontro deles com Jesus e seus respectivos destinos — é a nossa história. Também é a história de todos os cristãos viventes e seu encontro com o Espírito Santo *agora*. Houve um momento no tempo em que, como o homem cego, a revelação foi dada para salvação. Jesus foi revelado. Nós cremos na revelação de sua pessoa e de sua obra em nosso favor sobre a cruz. Agora, Jesus diz a seus discípulos que o trabalho do Espírito Santo é prosseguir revelando a mente de Cristo ao cristão de maneira contínua. Marque estas palavras a ferro em seu cérebro para ter um relacionamento correto com o Espírito Santo:

> "Mas quando o Espírito da verdade vier, ele os guiará a toda a verdade. Não falará de si mesmo; falará apenas o que ouvir, e lhes anunciará o que está por vir. *Ele me glorificará, porque*

> *receberá do que é meu e o tornará conhecido a vocês.* Tudo o que pertence ao Pai é meu. *Por isso eu disse que o Espírito receberá do que é meu e o tornará conhecido a vocês*".
>
> João 16.13-15

Jesus não precisa se repetir, mas em relação ao período entre sua partida e sua volta, ele foi compelido a dizer isso duas vezes quase na mesma frase para os discípulos daquela época e de agora. Ele insiste para que eles entendam isto: o Espírito Santo vem para trazer verdade e para mudar a maneira como percebemos e processamos a realidade ao nos dar a mente de Cristo, de modo que em *todas* as coisas possamos viver de acordo com a vontade de Deus de *todas* as maneiras e por *todos* os nossos dias na terra. O que precisamos para viver de forma correta é a mente de Cristo, e o pensamento correto produz uma vida correta.

O nome disso é discernimento.

> Quem não tem o Espírito não aceita as coisas que vêm do Espírito de Deus, pois lhe são loucura; e não é capaz de entendê-las, porque elas são *discernidas espiritualmente. Mas quem é espiritual discerne todas as coisas*, e ele mesmo por ninguém é discernido; pois "quem conheceu a mente do Senhor para que possa instruí-lo?". *Nós, porém, temos a mente de Cristo.*
>
> 1Coríntios 2.14-16

Mais do que qualquer outra coisa, o que os discípulos de Jesus precisavam em sua ausência era sua mente em todos os assuntos. E essa ainda é a necessidade número um de um discípulo.

A verdadeira sabedoria é o domínio de Deus, e o agente dele para essa sabedoria é o Espírito Santo.

Três verdades inconfundíveis devem ser compreendidas. Primeiro, o Espírito Santo é o mecanismo de busca para todas as coisas relacionadas a Deus. Segundo, o Espírito Santo vive em você. Terceiro, Deus revela sua sabedoria aos cristãos através do Espírito Santo.

Por meio do Espírito Santo, um cristão se pega constantemente dizendo: "Ah, *agora* eu vejo", à medida que as revelações espirituais sobre como a vida deve funcionar mudam suas percepções e seus filtros para tomada de decisões. Você já tem a mente de Deus em relação a esse assunto. Tudo o que você precisa fazer é realizar uma busca de Deus através do Espírito Santo.

O processo de buscar a Deus (como se estivesse no Google) em todas as coisas ligadas a seu relacionamento com ele, seus relacionamentos com outras pessoas e sua vontade para sua vida recebe o nome de *discernimento espiritual*. De fato, a Bíblia declara que devemos buscar a mente de Deus e tomar decisões com base nas informações dele em "todas as coisas", mas um cristão ainda tem de escolher os mecanismos de busca de sabedoria que estão lá fora: você pode fazer uma busca no Google de sua mente, de sua cultura ou no Google de Deus. Essa escolha e as informações que são apresentadas determinam a maneira como você pensa e, por sua vez, determinarão a pessoa que você se torna: "Porque, como imagina em sua alma, assim ele é" (Pv 23.7, RA).

Células doadoras

O Espírito Santo está em você para mudar seu modo de pensar em relação a tudo. Ele está emprestando a você suas células doadoras de pensamento diretamente de Jesus, depois colocando-as sobre seus próprios pensamentos debilitados e ativando a regeneração de uma nova percepção, a qual promove a visão espiritual. Esses novos pensamentos terminam por se

> ***Decolando***
> *O Espírito Santo está em você para mudar seu modo de pensar em relação a tudo.*

fundir com seus pensamentos de modo a construir uma nova intuição. O reparo contínuo e constante de nosso pensamento é realizado com o passar do tempo através de nossa própria cooperação voluntária. Os resultados são liberdade e cura ou, como a Bíblia descreve o processo, "a serem *renovados no modo de pensar* e a revestir-se do novo homem, criado para ser semelhante a Deus em justiça e em santidade provenientes da verdade" (Ef 4.23-24).

Você pode reconhecer a obra do Espírito Santo em seu pensamento de cinco maneiras bastante específicas que refletem essas novas atitudes.

1. *O Espírito Santo muda minhas interpretações de situações negativas com o intuito de trazer clareza.*

> Meus irmãos, *considerem* motivo de grande alegria o fato de passarem por diversas provações, pois vocês sabem que a prova da sua fé produz perseverança. E a perseverança deve ter ação completa, *a fim de que vocês sejam maduros e íntegros*, sem lhes faltar coisa alguma.
>
> Tiago 1.2-4

Tradução: O Espírito Santo muda a maneira como vemos e filtramos nossas circunstâncias. Somente através do Espírito Santo é que os obstáculos podem se tornar oportunidades divinas. Somente através do Espírito Santo é que pedras de tropeço podem ser transformadas em plataformas rumo à maturidade e ao crescimento pessoal. Somente através do Espírito Santo é que Deus pode pegar um pecado que Satanás desejava usar para nos destruir e usá-lo para nos transformar nos

Somente através do Espírito Santo é que os obstáculos podem se tornar oportunidades divinas.

homens que obtêm vitória sobre o inimigo. O trabalho do Espírito Santo em sua vida é redimir sua mente ao reemoldurar suas situações através do filtro dos propósitos de Deus. Ele envia a sua mente e a seu coração a segurança de que "Deus *age em todas as coisas* para o bem daqueles que o amam, dos que foram chamados de acordo com o seu propósito" (Rm 8.28). O resultado: você supera todas as suas dificuldades.

2. *O Espírito Santo remolda as impressões de minhas emoções com o propósito de produzir realidade.*

Direi a Deus, minha Rocha:
Por que te esqueceste de mim?
Por que devo sair vagueando e pranteando,
oprimido pelo inimigo?
Até os meus ossos sofrem agonia mortal
quando os meus adversários zombam de mim,
perguntando-me o tempo todo:
"Onde está o seu Deus?"
Por que você está assim tão triste,
ó minha alma?
Por que está assim tão perturbada
dentro de mim?
Ponha a sua esperança em Deus!
Pois ainda o louvarei;
ele é o meu Salvador e o meu Deus.

Salmos 42.9-11

Tradução: O trabalho do Espírito Santo é nos relembrar que quando existe um Deus amoroso do nosso lado, nada jamais é fatal ou definitivo. As emoções são poderosas, e Deus sabe que, se não tomarmos cuidado, elas podem tomar posse de toda a nossa existência. Ele também sabe que Satanás adora explorar nossas emoções fora de controle com mentiras que nos levam a fazer coisas autodestrutivas e danosas. Mas o Espírito Santo não está à disposição apenas para os momentos tristes e ruins. Ele também está presente para temperar nosso sucesso de modo que não encontremos o perigoso abismo do orgulho e da autossuficiência.

> O trabalho do Espírito Santo é nos relembrar que quando existe um Deus amoroso do nosso lado, nada jamais é fatal ou definitivo.

3. O Espírito Santo simplifica minhas convicções, o que produz ações que geram a maior integração espiritual possível.

> Respondeu Jesus: "'Ame o Senhor, o seu Deus, de todo o seu coração, de toda a sua alma e de todo o seu entendimento'. Este é o primeiro e maior mandamento. E o segundo é semelhante a ele: 'Ame o seu próximo como a si mesmo'. Destes dois mandamentos dependem toda a Lei e os Profetas".
>
> Mateus 22.37-40

Tradução: O Espírito Santo sempre revela a mente de Cristo na tomada de decisões e nos move na simples direção de fazer aquilo que mostra amor por Deus e amor pelas pessoas. Os rastos do Espírito Santo são sinônimo de simplicidade espiritual, o que leva à clareza e à integridade.

4. O Espírito Santo me relembra da minha identidade, o que cria segurança interior.

> Pois vocês não receberam um espírito que os escravize para novamente temerem, mas receberam o Espírito que os torna filhos por adoção, por meio do qual clamamos: "Aba, Pai". O próprio Espírito testemunha ao nosso espírito que somos filhos de Deus.
>
> Romanos 8.15-16

Tradução: O Espírito Santo muda o modo de pensarmos em nós mesmos para criar um homem seguro e aprovado que busca agradar a Deus. O oposto disso? Um homem inseguro que batalha pela aceitação dos outros, que busca agradar as pessoas e que, enquanto faz isso, perde sua identidade. O Espírito Santo nos diz repetidas vezes: "Seu Papai ama você". E à medida que acolhemos a verdade sobre como Deus se sente em relação a nós, transformamo-nos e nos tornamos "mais que vencedores, por meio daquele que nos amou" (Rm 8.37).

5. *O Espírito Santo me relembra do meu futuro, o que me dá confiança no presente.*

> Pois aqueles que de antemão conheceu, também os predestinou para serem conformes à imagem de seu Filho, a fim de que ele seja o primogênito entre muitos irmãos. E aos que predestinou, também chamou; aos que chamou, também justificou; aos que justificou, também glorificou.
>
> Romanos 8.29-30

Tradução: Quando um homem se sente bem em relação à visão na direção da qual caminha, ele a busca com confiança. O Espírito Santo lembra todo cristão de que um processo bastante específico de tornar-se semelhante a Cristo (veja meu livro *Sonhe*) e um plano bastante específico para o futuro serão executados porque estamos *em Cristo*. Chamo isso de dança da linha de chegada. É um momento no tempo quando celebramos a vitória de Cristo e nossa própria parte nessa vitória. A linha de chegada está à vista, assim como a glória que a acompanha.

Atividade *com* percepção

Quando o Espírito Santo ilumina um homem, ele explica coisas e deixa claro qual é a vontade de Deus. Sua personalidade e sua missão estão intimamente ligadas para afetar nosso pensamento e, ao fazê-lo, ele influencia nossa vida. Seu conhecimento, poder, autoridade e proximidade do homem de Deus dá ao Espírito Santo o direito ao voto de minerva em todas as questões da vida. Quanto mais permitirmos que ele seja o principal definidor de nossos pensamentos, mais ele agirá, afetará, inspirará e mudará nossa vida.

O Espírito Santo cura ignorância, preconceito, imaturidade e superstição, e ele os substitui por uma compreensão sadia dos fatos pela perspectiva de Deus. O melhor uso do poder do Espírito Santo em sua vida — o mesmo poder que ressuscitou Cristo dos mortos e o coloca acima de todas as coisas — é dar a você um novo par de olhos.

O Espírito Santo cura ignorância, preconceito, imaturidade e superstição, e ele os substitui por uma compreensão sadia dos fatos pela perspectiva de Deus.

Aprendemos no capítulo 6 que o trabalho do Espírito é influenciar nosso pensamento por meio de *alertas* que levam à vida e à paz. Neste capítulo aprendemos como ele influencia por meio de uma *percepção* que leva a novas maneiras de processar e perceber a realidade. Ambos são manifestações de seu poder transformador. Mas essa maneira totalmente nova de perceber a realidade é uma batalha da mente. Existem identidades, vozes e impulsos concorrentes, todos em guerra para determinar como pensamos a realidade e como a percebemos.

Em aspectos similares àquilo que Mike May experimentou em sua jornada rumo à visão, nossas transições no caminho que leva a abraçar o papel do Espírito Santo em nossa vida são desconfortáveis e desafiadoras. Uma vez que recebemos novos olhos através da salvação e de uma nova revelação, não há como voltar atrás ou desfazer o implante. A obra da transformação mental está em andamento.

Ao dizer sim à visão do Espírito Santo, aceitamos conjuntos completamente novos de riscos e incertezas, os quais vão mudar para sempre a maneira como vivemos. A única pergunta é esta: qual resposta daremos a tudo isso? Será a humilde aceitação do homem cego ou a orgulhosa rejeição dos fariseus?

Vamos orar juntos:

Espírito Santo, tal como o homem cego curado por Jesus, quero que as obras de Deus sejam mostradas em minha vida. Quero que meus pensamentos sejam examinados e que a maneira como percebo as coisas receba nova vida. Quero que os tecidos cicatrizados da minha mente, os quais me impedem de ver as coisas da maneira que tu as vês, sejam curados. Quero visão espiritual através de tua percepção.

Ilumina os olhos do meu coração, Espírito Santo, ao revelar a mente de Cristo a mim em todas as coisas, especialmente naquelas maneiras de pensar que me mantêm cativo do medo, em vez de obediente à fé. Ajuda-me a tomar decisões sólidas e sadias baseadas em teu conselho. Ajuda-me a ver meus relacionamentos com Deus e com as pessoas através do filtro de tuas promessas e de teus mandamentos.

Rejeito outras vozes em minha vida que poluem teu conselho e inspiram o pecado. Submeto-me a tua autoridade amorosa e a tua voz amigável em meu dia a dia. Senhor, Espírito Santo, creio em ti e te adoro. Estou sedento por tua sabedoria e por tua Palavra. E estou ouvindo, em nome de Jesus. Amém.

8

Tudo é de vocês

Não é possível se opor e apoiar ao mesmo tempo.
JOHN KNOX

Não é de minha natureza distribuir abraços.

Meu pastor, por outro lado, é um "urso abraçador" e tem orgulho disso.

Sou privilegiado por ver a máquina do amor em ação diariamente pela Igreja Saddleback, saudando e apertando visitantes no pátio, espremendo (literalmente) a mão de pastores na coxia antes de subir ao púlpito e afagando publicamente os membros de sua equipe nos corredores da igreja. Ele é o mais intenso e oportuno doador de afeição do planeta. Mas há algo a destacar: ele não é assim apenas com pessoas da igreja que ele conhece; é assim com *todo mundo*. Pense num filhote de labrador fora de controle, balançando a cauda e pulando, e você começa a chegar perto.

No Every Man Ministries promovemos um curso chamado Ministério Intencional para Homens. Um grupo de dez a quinze pastores se reúne por dois dias de sessões intensas, comunhão e crescimento pessoal. Toda vez que recebo esses pastores fico apenas esperando "você sabe quem" irromper de repente à porta e começar a demonstrar amor a todos os participantes. Ninguém sabe o dia nem a hora; tudo o que você sabe é que isso vai acontecer se ele estiver na cidade. De repente, o que era um momento comum do dia vira de cabeça para baixo quando ele aparece, dando risada, abraçando, tirando fotos, sentando-se para conversar e contando piadas.

Isso me faz lembrar as entradas espetaculares que se tornaram marca registrada do personagem Kramer da série *Seinfeld*: dramático, bobalhão, inesperado e, acima de tudo, bem-vindo.

Suas primeiras palavras são sempre as mesmas: "Oi, pessoal!". Com base no volume da voz, você poderia jurar que ele tem 6 ou 7 anos.

Todos os homens da sala sorriem, porque estão na presença da plena aceitação de um homem que sabe que carrega 1 tonelada de influência ao redor do mundo.

Esse é o meu pastor, Rick Warren, um homem que sabe como demonstrar amor às pessoas. Ah, e todas as vezes que encerramos uma conversa, ele nunca deixa de dizer: "Amo você, Kenny". Sei o que você está pensando: "Você está de brincadeira!". No meio daquilo que deve ser uma das vidas mais loucas do planeta, você recebe a presença, o amor e os abraços de Rick.

As pessoas de fora ficam desapontadas se estiverem procurando algo sobre o que fazer uma fofoca, pois o homem é consistente. Não é encenação. Pergunte à esposa dele. Pergunte à equipe. Pergunte ao visitante de Saddleback que cruza com ele nos corredores. Ele é o mesmo cara tanto em público quanto em particular, no domingo ou na quarta-feira, pregando para 10 mil pessoas ou abraçando pessoalmente uma caravana de visitantes da Coreia. Ele é um homem livre.

Quando paro e olho para o meu pastor, vejo a profunda obra do Espírito Santo nele. Tenho certeza de que você, assim como eu, está à procura de obras mais profundas do Espírito Santo nas áreas de sua vida que são mais importantes *para Deus.* Essa é a disposição do meu pastor, e também a minha.

Sendo assim, nos próximos quatro capítulos analisaremos as principais transformações de caráter que o Espírito Santo quer realizar na vida de todo cristão. Essas quatro áreas são as obras do Espírito mais profundas, penetrantes e transformadoras que trazem liberdade, cura e influência ao seguidor cooperativo de Jesus. Elas também são as quatro áreas onde Satanás luta mais intensamente pelo controle — nenhuma surpresa aqui (veja meu livro *Lute*). Ele odeia ver um cristão livre, curado, cheio do Espírito e produtor do fruto do Espírito, colocando em risco seus planos malignos para um mundo em desespero. É uma coisa de controle para ele. Por que menciono isso? Porque, à medida que você interagir com o conteúdo dos próximos quatro capítulos, também sentirá Satanás vir atrás de você procurando briga.

A obra mais profunda

Profundos sentimentos internos surgem quando se trata de uma questão bastante pessoal e poderosa como a maneira com que você e eu amamos os outros, pois a primeira área de liberdade e cura que o Espírito Santo quer tratar em nosso caráter se relaciona com nossa capacidade de amar. Ao dizer isso, refiro-me a nossa capacidade pessoal de nos conectar, aceitar, servir, encorajar e resolver conflitos com outras pessoas *da maneira desejada pelo Espírito Santo.* Isso faz todo homem se contorcer um pouco.

Rick Warren me ajudou muito nesse tópico. Primeiro, ele é um homem forte com convicções intensas, toneladas de visão, conhecimento e habilidades que não estão no mapa. Mas entenda uma coisa: *ele é uma pessoa fácil de conviver.* Essa qualidade se destaca. Segundo, Rick é seguro de si mesmo. Ele não tenta impressionar as pessoas e se sente livre para se envolver com qualquer um com quem se encontra. Essa qualidade também se destaca. Terceiro (e posso dizer isso com base no conhecimento que tenho dele como amigo e pastor há cerca de vinte anos), ele opta por não revidar quando é atacado por cristãos e não cristãos. Ele ama seus inimigos ao se recusar a ficar irritado e a atacar de volta. Essa postura realmente se destaca, especialmente quando existem dezenas de milhares de pessoas em sua congregação que gostariam de dar uns tapas nos críticos, uma vez que Rick Warren foi aquele que as apresentou a Cristo. Mas ele não permite que as pessoas façam isso. Ele não permite que *eu* faça isso! Somente um homem seguro e cheio da liberdade do Espírito pode assumir uma postura dessa. Veja o que o apóstolo Paulo tinha a dizer sobre tais qualidades:

> Profundos sentimentos internos surgem quando se trata de uma questão bastante pessoal e poderosa como a maneira com que você e eu amamos os outros, pois a primeira área de liberdade e cura que o Espírito Santo quer tratar em nosso caráter se relaciona com nossa capacidade de amar.

> Irmãos, vocês foram *chamados para a liberdade*. Mas não usem a liberdade para dar ocasião à vontade da carne; ao contrário, *sirvam uns aos outros mediante o amor*. Toda a Lei se resume num só mandamento: "*Ame o seu próximo como a si mesmo*". Mas se vocês se mordem e se devoram uns aos outros, cuidado para não se destruírem mutuamente.
>
> Por isso digo: Vivam pelo Espírito, e de modo nenhum satisfarão os desejos da carne.
>
> Gálatas 5.13-16

Meus dentes caninos aparecem em meus relacionamentos com mais frequência do que eu gostaria e, para minha vergonha, já revidei alguns de meus críticos, em vez de orar por eles. Tenho dificuldades de amar da maneira descrita por Paulo. Mas quero uma obra mais profunda do Espírito Santo em meus relacionamentos, e creio que o Espírito Santo está batendo naquela porta chamada "amar os outros", convidando-me a entrar e avançar. Ele me quer livre. Ele quer que meus caninos fiquem guardados. Ele quer que minha cauda balance. Ele quer que eu subjugue os impulsos obscuros de revide. Ele me quer conectando, não competindo. Ele quer que eu edifique outras pessoas, não que as arraste para a lama. Ele quer bondade, em vez de contenda.

> Em todos os relacionamentos estamos deixando alguém um pouco melhor ou um pouco pior.

Não existe essa coisa de neutralidade nos relacionamentos humanos. Não existe essa coisa de "ninguém está sendo ferido" ou "ninguém precisa ficar sabendo". Em todos os relacionamentos estamos deixando alguém um pouco melhor ou um pouco pior. A missão do Espírito Santo em sua vida é ampliar seus relacionamentos, em vez de diminuí-los, livrando você do egocentrismo e o ajudando a se tornar livre no amor de Cristo, de modo que você possa amar melhor os outros.

Um homem liberto

Quero lhe contar uma história sobre um homem que, para sua própria surpresa, encontrou a liberdade.

Tudo começa atrás das grades.

A prisão transformou Billy Wilson numa sombra do que havia sido anteriormente. Durante anos, ele se deteriorou no confinamento solitário. Ele era muito mais do que havia se tornado, mas aquele lugar e aquela cela imprimiram profundamente sua identidade. Estava tão duro quanto as paredes de concreto para as quais olhava o dia inteiro. Havia anos ele não sabia o que era liberdade, e sua mente, corpo e espírito lutavam para permanecer vivos e sãos.

Num dia como qualquer outro, seu mal-estar solitário foi interrompido pelos sons distantes de grandes portas de aço se abrindo. Ele ficou surpreso, pois o jantar normalmente vinha às 17 horas em ponto, e eram apenas 3 horas da tarde. Os sons foram aumentando, o que significava que alguém estava se aproximando.

A grande porta que ficava mais próxima de sua cela foi aberta. Forte som de passos batendo no chão de concreto. Um par de sapatos pertencia certamente a um dos guardas, mas o segundo não era familiar a Billy. Chaves tilintavam, e a adrenalina começou a invadir seu corpo quanto ele viu as sombras de quatro pés diante de sua porta. Uma grande chave entrou na fechadura e, com uma virada e um puxão fortes, sua cela foi aberta. A luz quase o cegou, mas Billy ouviu claramente as palavras vindas de um rosto que ele mal podia ver: "Sua sentença foi revogada. Você é um homem livre".

A voz pertencia ao diretor da penitenciária, o sr. Simpson. Aqueles sapatos desconhecidos também eram dele.

Dessa forma, tudo mudou. Billy sabia que devia se sentir alegre, mas as incertezas do lado de fora dos muros da prisão o assustavam.

Viver e agir em liberdade leva tempo.

Billy foi examinado e solto no mesmo dia. Estava livre em termos legais e físicos, mas o processo de transição de Billy, o prisioneiro, para Billy, o homem livre, levaria muitos anos e experiências, bem como muito apoio e aconselhamento. Abandonar sua identidade e suas ligações com a vida anterior foi a parte mais difícil. Ele havia conhecido *apenas uma maneira* de ser por um tempo bem longo.

Ironicamente, muitas das novas oportunidades de sua liberdade eram intimidadoras. Embora ele quisesse aproveitá-las, as velhas vozes, vínculos, faces e maneiras de pensar pareciam impedi-lo de se tornar alguém diferente ou de assumir novos riscos. Todos os "e se", os rótulos e as dúvidas pessoais exigiam uma volta urgente para dentro dos muros de sua própria mente. Então, sua voz interior dizia: "Na prisão eu pelo menos sabia quem eu era". É bizarro, mas Billy se sentia mais inseguro em sua liberdade e mais seguro quando pensava em voltar para a prisão.

Sanford, o conselheiro do departamento de transição dos prisioneiros, encontrava-se toda semana com Billy para tomar um café. Ele sempre o incentivava a abraçar novas oportunidades. Por fim, Billy aceitou um emprego numa fábrica, fez alguns novos amigos no time da empresa e até mesmo começou a frequentar um grupo de homens na igreja que estava estudando sobre liberdade espiritual. Devagar, mas de modo contínuo, as velhas vozes cederam diante dos incentivos constantes de Sanford, e as novas experiências legitimavam o novo caminho de Billy. Levou algum tempo até as coisas se assentarem em sua cabeça, mas o fato da liberdade significava tornar-se responsável por arriscar novas escolhas.

Billy ainda se sente estranho quando outras pessoas lhe dizem: "Você é uma pessoa diferente". Hoje em dia ele ri e sorri com muito mais frequência. O sorriso enorme em seu rosto diz que ele está finalmente livre *para ser livre*.

* * *

Todos nós que já fomos libertos por Jesus somos de certo modo iguais a Billy. Estamos todos naquele processo de aprender o que significa *pensar* como um homem livre para que possamos finalmente *agir* como um homem livre. O Espírito Santo (o Conselheiro) foi-nos dado para incentivar esse processo, de modo que possamos dar o grande salto e seguir sua voz rumo à nova liberdade. Desde o século 1 até agora, cristãos têm feito a transição de serem libertos por Deus para serem livres com novas atitudes em relação a si mesmos e a Deus, até finalmente viver livres. Veja como o apóstolo Paulo incentivou alguns Billy Wilsons romanos do século 1 por meio do processo de aprender a caminhar em sua nova liberdade em Cristo:

> Portanto, *agora* já não há nenhuma condenação para *aqueles que pertencem a Cristo Jesus*. Portanto *o poder do Espírito doador da vida* — e eu recebo este poder por meio de Cristo Jesus — *livrou-me da lei do pecado e da morte*. Não estamos a salvo das garras do pecado só pelo fato de conhecermos os mandamentos de Deus, pois não podemos guardá-los, mas Deus pôs em ação um plano diferente a fim de nos salvar. Ele enviou seu próprio Filho, em corpo humano como o nosso, *a fim de destruir o controle do pecado sobre nós, dando-se a si mesmo como sacrifício por nossos pecados*. Assim, *agora podemos obedecer às leis divinas se seguirmos o Espírito Santo e não mais obedecermos à velha natureza pecaminosa* que está dentro de nós.
>
> Romanos 8.1-4, NBV

Eis o fato lamentável: muitos cristãos estão livres, mas ainda não caminham nessa liberdade e não experimentam a mudança verdadeira. Eles estão livres, mas não pensam como pessoas livres. A velha natureza, as velhas vozes e as velhas maneiras de ver a si mesmos parecem mais seguras e ainda têm força. Eles têm o Espírito Santo, mas o compartimentalizaram para longe da mudança verdadeira que ele procura fazer na vida deles. São livres, mas agem como se ainda fossem prisioneiros, confinados pelas paredes de pensamentos ruins sobre Deus e sobre si mesmos.

Diante disso, o que o Espírito Santo quer dizer àquela pessoa presa numa prisão construída por ela mesma?

Você não precisa mais ser prisioneiro.

Sim, é isso mesmo!

Seguro significa livre para amar

Portanto, o que há em comum entre o comportamento do pastor Rick, a história de Billy Wilson e uma maior liberdade do Espírito Santo em nossa vida e em nossos relacionamentos? Uma palavra: *segurança.*

Para correr riscos em qualquer relacionamento é preciso haver um senso de segurança em alguém ou em algo que nos mantém firmes no caso de sermos rejeitados, traídos, feridos ou abandonados. Jesus era livre para amar porque estava seguro no relacionamento que tinha com seu Pai. Foi desse poço de segurança que ele bebeu para amar as pessoas intensamente até a cruz. Tão segura era sua conexão que Jesus regularmente fazia o seguinte:

- Ele quebrou as regras da cultura para amar.
- Ele sacrificou seu próprio conforto para amar.
- Ele não se intimidou diante das pesquisas de opinião quando escolheu amar.
- Ele amou o moralmente inaceitável.
- Ele incomodou os líderes religiosos para poder amar.
- Ele amou os etnicamente inaceitáveis.
- Ele amou os fisicamente inaceitáveis.
- Ele amou os culturalmente inaceitáveis.

Jesus sabia, sem nenhuma dúvida, a quem ele pertencia e que estava destinado a retornar àquele relacionamento. Isso o tornou invencível.

Jesus sabia, sem nenhuma dúvida, a quem ele pertencia e que estava destinado a retornar àquele relacionamento. Isso o tornou invencível.

O Espírito Santo pode fazer a mesma coisa por nós... se nós permitirmos que ele o faça. Ele torna qualquer homem de Deus mais seguro em seu relacionamento com Deus, de modo que ele possa ser livre para amar as pessoas que Deus colocou em sua vida. O Espírito Santo se preocupa em eliminar as lacunas entre as pessoas. Acredite, ele está numa luta de boxe em favor de nossos relacionamentos. Não apenas o relacionamento entre nós e nossa esposa ou namorada, nossos filhos ou nossos amigos, mas o relacionamento entre nós e *todo mundo.*

Vamos nos aproximar do ringue e ouvir o apóstolo Paulo apresentando em alto e bom som os dois lutadores que disputam o controle de nossas conexões com outras pessoas:

> Por isso digo: Vivam pelo Espírito, e de modo nenhum satisfarão os desejos da carne. Pois a carne deseja o que é contrário ao Espírito; e o Espírito, o que é contrário à carne. *Eles estão em conflito um com o outro*, de modo que vocês não fazem o que desejam.
>
> Gálatas 5.17

Em um dos cantos do ringue de minha vida, está a autoproteção e o interesse próprio, também conhecido como carne ou natureza pecaminosa. É a velha e insegura versão de mim que está preocupada que minhas necessidades sejam satisfeitas, enquanto, ao mesmo tempo, se esquece de que Deus já satisfez todas as minhas necessidades. Esse cara gosta de fazer distinções, controlar, encontrar falhas e reclamar. Quando a Equipe Eu (proteção e interesse) tem o controle, meus relacionamentos são assolados por lixo mental e emocional, apegos infelizes ao controle, incapacidade de amar ou de ser amado, desavenças, tendência à pequenez, a encarar todo mundo como rival, afastamento, competição pelo controle, insatisfação, vontade de aparecer, golpes baixos, apatia, ameaças infantis, necessidades não satisfeitas, solidão, separação e soluções esquisitas e dolorosas sobre como posso me sentir melhor em relação a toda a dor que causei a outras pessoas.

Resumindo, sou uma pessoa infeliz, e as pessoas sofrem quando meu velho eu está dando as cartas. Ele é um menino, não um homem, um sujeito de 45 anos que parece ter 14, imaturo e que não se sente amado, de modo que está determinado a se proteger para poder conseguir aquilo que é seu.

Isso não é bom.

No outro canto do ringue está o campeão supremo de tudo o que é saudável e produtivo num relacionamento. Quando o Espírito Santo domina meu pensamento, ele me liberta para assumir riscos em nome de Deus com outras pessoas e desviar do panaca que acabei de descrever. Meus relacionamentos são abençoados por novas afeições pelos outros, mais paz, uma nova disposição de cumprir meus compromissos, preocupação com as pessoas que nem mesmo conheço, menos necessidade de fazer que as coisas saiam do meu jeito, amor real e lealdade, mais demonstrações públicas e particulares de afeto, menos estresse, novos relacionamentos, uma nova abertura para aprender com os outros e menos arrependimento. É um esquema maravilhoso, e é onde eu quero ficar. Sinto-me como alguém crescido, com todos os 45 anos, maduro e muito menos egoísta. Minha esposa, meus filhos e todo mundo que entra em contato comigo gostam muito mais deste cara.

> Quando o Espírito Santo domina meu pensamento, ele me liberta para assumir riscos em nome de Deus com outras pessoas.

O controle do Espírito Santo *es muy bueno*!

A perspectiva é poderosa

O truque é como se apegar a esse padrão e atiçar o fogo da obra do Espírito Santo em nossos relacionamentos. Aqui estão as principais percepções e interações que o Espírito Santo usa para fazer todos os cristãos se sentirem mais seguros, capazes de pensar além de suas próprias necessidades e livres para entrar na vida e nas necessidades dos outros. Todas as cinco perspectivas do Espírito Santo nos ajudam a amar melhor.

1. O Espírito Santo nos cobre com um senso de segurança.

> Portanto, ninguém se glorie em homens; porque *todas as coisas são de vocês*, seja Paulo, seja Apolo, seja Pedro, seja o mundo, a vida, a morte, o presente ou o futuro; *tudo é de vocês*, e *vocês são de Cristo*, e *Cristo, de Deus.*
>
> 1Coríntios 3.21-23

O Espírito Santo nos relembra que todo cristão é *possuidor de tudo* em Cristo. O homem que tem Deus como sua porção não tem falta de nada e tem tudo o que pode fazê-lo feliz. Não importa qual igreja frequentamos, quanto dinheiro ganhamos, se vivemos ou se morremos, ou quem está na presidência do país. Em Cristo possuímos eternidade, misericórdia, graça, cidadania no céu, filiação e aceitação total. Essa realidade nos liberta para amar as pessoas de nossa vida de forma mais intensa e sacrificial. O Espírito está dizendo: "Lembrem-se, tudo é de vocês".

2. O Espírito Santo nos cobre com um senso de humildade.

> Por isso, *pela graça que me foi dada* digo a todos vocês: *Ninguém tenha de si mesmo um conceito mais elevado do que deve ter*; mas, ao contrário, tenha um conceito equilibrado, de acordo com a medida da fé que Deus lhe concedeu [...]. Tenham uma mesma atitude uns para com os outros. *Não sejam orgulhosos*, mas estejam dispostos a associar-se a pessoas de posição inferior. *Não sejam sábios aos seus próprios olhos.*
>
> Romanos 12.3,16

O Espírito Santo nos lembra da grande medida de aceitação e afirmação que Deus nos concedeu para termos um relacionamento com ele. Entristecemos o Espírito Santo quando, deliberadamente, recebemos toda a graça de Deus, mas somos gananciosos com sua graça em nossos relacionamentos. Além de nos colocar num estado de espírito correto, é importante pensar em nos conectarmos com outras pessoas, perdoar os outros, dar desconto às falhas alheias e buscar a paz com os outros. O Espírito está dizendo: "Lembrem-se: se não fosse a graça de Deus em sua vida, onde vocês estariam?".

3. O Espírito Santo nos cobre com um senso de camaradagem.

> Assim como cada um de nós tem um corpo com muitos membros e esses membros não exercem todos a mesma função, assim também em Cristo nós, que somos muitos, formamos um corpo, e *cada membro está ligado a todos os outros.*
>
> Romanos 12.4-5

O Espírito Santo gosta de dizer: "Este é o seu irmão" e "Esta é a sua irmã". Como pai e filho, sei como isso funciona. Deus gosta que seus filhos sejam os maiores fãs uns dos outros, os maiores ajudadores e os maiores apoiadores — não seus maiores críticos. Ele também gosta de nos lembrar que, por desígnio, nossos irmãos e irmãs em Cristo não são como nós! Precisamos das habilidades singulares de todos para que o trabalho do reino seja realizado. Uma vez que conheço bastante de esportes e de desempenho no campo ou na quadra, entendo bem do assunto, e isso me faz amar minha família espiritual ainda mais. Começando por minha esposa, Chrissy, meus filhos, meus amigos, meu pequeno grupo e minha família da igreja local e global, minha missão é encorajar e apreciar a maneira como Deus dotou todos eles. Como resultado, o corpo de Cristo é mais unido. O Espírito está dizendo: "Lembrem-se: todos vocês estão no mesmo time!".

4. *O Espírito Santo nos cobre com um profundo senso de prestação de contas.*

> Pois nenhum de nós vive apenas para si, e nenhum de nós morre apenas para si. *Se vivemos, vivemos para o Senhor; e, se morremos, morremos para o Senhor. Assim, quer vivamos, quer morramos, pertencemos ao Senhor.* Por esta razão Cristo morreu e voltou a viver, para ser Senhor de vivos e de mortos. Portanto, você, por que julga seu irmão? E por que despreza seu irmão? Pois todos compareceremos diante do tribunal de Deus. Porque está escrito: "'Por mim mesmo jurei', diz o Senhor, 'diante de mim todo joelho se dobrará e toda língua confessará que sou Deus'". Assim, *cada um de nós prestará contas de si mesmo a Deus.*
>
> Romanos 14.7-12

Esse é um dos lembretes mais libertadores e poderosos que o Espírito Santo oferece aos cristãos em relação a seus relacionamentos. Está chegando o dia em que todos nós encontraremos Deus face a face e lhe prestaremos contas. No final, a opinião e a aprovação dele são as únicas coisas que vão importar naquele dia. Isso significa que o homem de Deus pode amar, se conectar e mudar agressivamente para tornar seus relacionamentos saudáveis, pois ele vive para uma plateia de uma única pessoa. Esta foi a abordagem de Jesus enquanto esteve aqui na terra: destemido diante dos homens, ao mesmo tempo que amava sacrificialmente as pessoas e agradava ao Pai para quem ele estava retornando. O Espírito diz: "Lembrem-se: vocês existem para agradar apenas a Deus; portanto, vivam para essa plateia de um só".

5. O Espírito Santo nos cobre com um senso de urgência.

> O amor não pratica o mal contra o próximo. Portanto, o amor é o cumprimento da Lei. Façam isso, compreendendo o tempo em que vivemos. Chegou a hora de vocês despertarem do sono, porque agora a nossa salvação está mais próxima do que cremos. A noite está quase acabando; o dia logo vem. Portanto, deixemos de lado as obras das trevas e revistamo-nos da armadura da luz.
>
> Romanos 13.10-12

O Espírito Santo nos lembra que nossa maior prioridade na terra é sermos sensíveis ao tempo. O tempo está diminuindo a cada dia. Essa realidade reveste de maior significado cada interação, cada encontro e cada relacionamento. Saber disso nos liberta para amar como nunca, com foco e atenção, as pessoas que Deus coloca em nossa vida. Não tardamos a oferecer perdão, dizemos "sinto muito" mais rápido, assumimos mais riscos para nos conectar com um estranho, ministramos com mais atenção e ensinamos com mais urgência. O Espírito diz: "Lembrem-se: o tempo de vocês é curto!".

O Espírito Santo nos lembra que nossa maior prioridade na terra é sermos sensíveis ao tempo.

Quando se trata de amar os outros, a Bíblia não revela um amor emocional como o que vemos nos filmes ou sobre o qual lemos em romances. O amor bíblico normalmente se relaciona à disposição. Jesus disse: "O meu mandamento é este: Amem-se uns aos outros como eu os amei" (Jo 15.12). Com esse fim, os evangelhos mostram um Salvador suando sangue num jardim, confrontando suas emoções e aceitando o desconforto para amar *sacrificialmente*. Os que estão do lado do recebimento desse amor experimentam uma profunda gratidão porque o amor sacrificial desperta emoções profundas. Isso acontece com você e comigo.

Experimentamos e sentimos esse amor maravilhoso de Deus através da presença e da obra do Espírito Santo em nossa vida, de modo que, em resposta, de repente tomamos nossa cruz, fazemos nosso sacrifício e morremos para nós mesmos.

Tudo é nosso!

Espírito Santo, entrego a ti todos os meus relacionamentos. Quero que todo o teu amor e toda a tua paz venham. Quero que toda a tua bondade e gentileza brotem em mim e se derramem sobre as pessoas da minha vida. Ajuda-me a encontrar minha segurança em meu relacionamento e em meu destino com o Pai, como fez Jesus.

Cobre-me, Espírito Santo, com um espírito renovado de humildade diante das pessoas, um espírito de camaradagem para com outros cristãos, um espírito de segurança como um possuidor de todas as coisas significativas em Cristo, um espírito de prestação de contas enquanto vivo diante da plateia de um só, e um espírito de urgência à medida que reconheço que existe apenas um curto período de tempo na terra para amar meu próximo como a mim mesmo. Ajuda-me a pensar e a agir livremente em Cristo. Amém.

9

Profundamente satisfeito

Os descontentes nunca são ricos; os contentes nunca são pobres.
GEORGE ELIOT

"Kenny, estou no hospital. Haley está na UTI e..."

O pai do outro lado da linha era meu amigo Rob. As palavras assustadoras vinham através de um fone de ouvido enquanto Chrissy e eu levávamos nossa filha Cara e seu par para o baile de formatura da escola. Suas palavras se chocaram contra meu cérebro como uma carreta, torcendo e entortando meus pensamentos e emoções além da compreensão. Espero jamais ter de ouvir palavras assim outra vez.

Rob estava sendo esmagado pelo desespero enquanto a vida de sua filha se esvaía diante de seus olhos. Todos os sinais vitais dela apontavam na direção errada. Era algo paralisante para mim, como pai, olhando para minha filha toda embonecada e deslumbrante em seu vestido de formatura. O tempo quase parou. Eu estava perdido em minha perplexidade até que o pedido de Rob perfurou audivelmente meu mal-estar.

— Você pode vir até o hospital?

— Estamos orando neste momento por Haley — respondi. — Chrissy e eu estaremos aí daqui a pouco.

Encerrei a ligação no fone e fiz uma leitura rápida das faces presentes no carro, e todas diziam: "E então, o que está acontecendo?".

Cara foi a primeira a perguntar:

— Papai, o que há de errado?

Olhei para os olhos de minha filha brilhante e linda, 17 anos (a mesma idade de Haley), tão cheia de esperança e vida, e disse sem rodeios:

— A filha do meu amigo está na UTI do Mission Hospital, e seu estado não é bom. Precisamos orar *agora mesmo*.

Foi exatamente isso que todos nós fizemos até chegar à escola. Depois de deixarmos Cara e seu par, Chrissy e eu começamos a entrar no pior inferno que um pai pode presenciar.

As portas da UTI se abriram, e vimos uma cena surreal, com enfermeiras ao telefone, amigos chorando com as mãos cruzadas sobre o peito e, um pouco à frente disso tudo, uma sala repleta de especialistas em emergência médica e enfermeiras trabalhando sobre Haley. Rob e Deborah, sua esposa, assistiam desesperados. Passei pela mesa da enfermaria e segui até o pesadelo vivo daquela família. Sua linda menina estava deitada na maca, sem vida, entubada, pupilas dilatadas, sem reação, com seis agulhas intravenosas perfurando sua pela macia e escura. Nenhuma palavra, um abraço rápido em meu amigo, e virei-me para olhar, tocar e pedir a Jesus que enviasse vida para aquele corpo jovem.

Nunca duvidei de sua cura — imediata ou derradeira —, mas, como pai de uma filha com exatamente a mesma idade e quase a mesma aparência, entrei nessa de cabeça, orando com urgência, fervor e firmeza por quatro horas. Era uma montanha-russa ditada por números verdes piscando em monitores para nos dizer se nossos esforços eram bem-sucedidos. Em três diferentes ocasiões o coração dela precisou ser reiniciado por meio de compressões no peito.

Finalmente, às 11h30 daquela noite, o médico chamou a família para um pequeno consultório e fez "o discurso". Em termos médicos, não havia mais nada a fazer. Haley havia partido em termos neurológicos, e todos os seus sistemas haviam se desligado. Era o fim. Fui com meu amigo Rob e sua família até a sala onde estava Haley e assisti enquanto eles se despediam de sua filha e irmã. A pequena menina de Rob e Deborah, apelidada de Teaspoon ("colher de chá"), havia partido e, para eles, o pesadelo estava só começando.

A sarça ardente

Seis dias depois, eu estava com a família mais uma vez, atrás do palco de nossa igreja, para o próximo momento difícil de sua provação. Mais de mil estudantes, amigos, vizinhos e familiares se reuniram para o culto memorial de Haley. A mensagem que tive de pregar, a que mais me exigiu em termos emocionais, começou assim:

> Jesus disse "Eu sou a ressurreição e a vida. Aquele que crê em mim, ainda que morra, viverá; e quem vive e crê em mim não morrerá eternamente".
>
> O culto memorial de hoje sem dúvida terá um gosto agridoce. Amargo porque todos estão entristecidos e chocados com o falecimento de Haley. Triste porque muitos não tiveram chance de dizer adeus. Mas também há doçura por causa das doces lembranças que temos de uma filha, uma neta, uma irmã, uma amiga, uma prima, uma colega de classe, divertida, trabalhadora e ajudadora.

Olhando para Rob e Deborah e segurando as lágrimas, prossegui com meus comentários de abertura:

> Rob e Deborah [...], simplesmente não existe maneira de, em um culto, em um dia ou em uma vida inteira, prestar a homenagem adequada a sua filha preciosa ou de confortar sua família. As palavras são unidimensionais, e a vida de Haley era tão plena e complexa. Mas podemos dar o nosso melhor para fazer três coisas hoje. E se conseguirmos fazer essas três coisas, será o suficiente para hoje.
>
> Rob e Deborah [...], nossa primeira prioridade é confortar vocês e sua família. Nossa segunda responsabilidade é honrar e relembrar sua filha e seu lugar em nossa vida. E, por fim, queremos nos levantar com vocês e olhar adiante para o futuro [...] dando alguns pequenos passos de bebê juntos.

Então, erguendo os olhos de nossa conversa quase particular, dirigi-me às mais de mil pessoas reunidas no centro de adoração e falei a elas da mesma maneira como gostaria de falar com você agora:

> Para o restante de nós aqui presentes, a Bíblia diz que é bom estarmos aqui hoje [...]. "É melhor ir a uma casa onde há luto do que a uma casa em festa." O autor de Eclesiastes disse: "Pois a morte é o destino de todos; os vivos devem levar isso a sério! A tristeza é melhor do que o riso, porque o rosto triste melhora o coração. O coração do sábio está na casa onde há luto, mas o do tolo, na casa da alegria" [Ec 7.2-4].
>
> A Bíblia diz que dias como hoje funcionam como um limpa-vidros, removendo tudo o que é desnecessário e periférico, e clarificando para nós aquilo em que realmente devemos nos concentrar e como devemos viver. O presente final de Haley para todos nós é uma chance de pensar sobre o tempo que ainda temos e como vamos investir nele agora quando todos nos preparamos para a eternidade. Você deseja orar comigo e dedicar a si mesmo e a este culto a Deus?

Depois de concluir minha oração, olhei para os olhos das pessoas que estavam diante de mim. A sala estava completamente estática. Todas as faces estavam atentas e fixas em meu rosto, quietas e prontas para ouvir minha voz falando em nome de Deus. Era irreal, como se cada pessoa tivesse se tornado um sem-teto emocional que havia recebido uma tigela e esperava pacientemente na fila para receber uma refeição da equipe de resgate de Deus. O Espírito Santo estava sobre a grande e fumegante panela da verdade de Deus, e eu era a concha em sua mão que colocaria para cada pessoa uma palavra pessoal do Senhor.

Todo orgulho se foi. Toda superficialidade se vaporizou. Toda reclamação foi vencida. Todas as preocupações mesquinhas foram incineradas. Toda ênfase em si mesmo foi derrotada. Todas as divisões foram deixadas de lado. Toda cobiça e comparação se foram. Tudo o que restava diante de mim era quebrantamento e abertura. Todos os presentes estavam vulneráveis e acessíveis ao Espírito Santo para uma inspeção de vida e uma revelação pessoal.

O que o Espírito disse naqueles momentos seguintes? Três coisas bastante específicas que ele também quer nos dizer neste momento:

- Pare de buscar contentamento nos lugares errados.
- Seja grato pelas bênçãos de Deus que você ainda possui.
- Conserte seus relacionamentos com Deus e com as pessoas enquanto há tempo.

Depois do culto de Haley, relatos de encontros junto à sarça ardente com o Espírito Santo começaram a surgir. O relato mais autêntico de um encontro com o Espírito Santo veio de um homem que contou o que aconteceu do seu próprio jeito: "Todos os EQ deixaram a sala". Palavras dele, não minhas.

Quando perguntei a ele o que significava aquilo, ele disse: "Está brincando? Depois disso, estou indo direto para casa, para minha esposa e minha filha, para abraçá-las, beijá-las e agradecer a Deus!".

As palavras de Eclesiastes se mostraram um arauto profético da realidade que atingiu o espírito das pessoas. A observação de Salomão sobre a casa onde há luto como um lugar de transformação ganhou vida bem diante de meus olhos. Tristeza e dor foram os professores, o Espírito Santo estava aconselhando e todos "os vivos" estavam recebendo a lição em seu coração. Ele deu a todos nós os óculos de Deus à medida que penetramos na dor do falecimento de Haley e nos fez olhar para a vida da perspectiva de Deus. E, desse ângulo, surgiu uma poderosa percepção sobre o que está errado em nós, quais bênçãos desprezamos e qual é nossa responsabilidade para com Deus e as pessoas sobre a terra.

O sábio guarda momentos como esse em seu coração.

Um espírito quebrantado

Um espírito quebrantado (o "EQ" que meu amigo citou) é aquele que abre espaço para a poderosa presença e ministério do Espírito Santo em nossa vida. De fato, quando Deus vê que fomos humilhados por uma circunstância ou uma situação, ele fica animado para saber como aquilo pode ser usado para criar humildade e uma nova porta para adoração significativa. Veja a descrição que Davi faz dessa situação:

> Não te deleitas em sacrifícios
> nem te agradas em holocaustos,
> senão eu os traria.
> Os sacrifícios que agradam a Deus
> são um espírito quebrantado;

um coração quebrantado e contrito,
ó Deus, não desprezarás.

Salmos 51.16-17

Uma experiência de humilhação cria uma nova abertura; nova abertura dá boas-vindas a uma nova revelação e a uma nova intimidade com Deus; uma nova intimidade com Deus gera temor e deslumbre diante daquilo que está acontecendo.

O temor é nossa resposta à obra do Espírito Santo em nos ajudar a ver e a perceber a realidade. Deslumbre é o sentimento que brota de dentro de nós diante das possibilidades de um futuro cheio das bênçãos de novas escolhas que emanam dessa nova percepção.

> Um espírito quebrantado é aquele que abre espaço para a poderosa presença e o ministério do Espírito Santo em nossa vida.

Como estamos aprendendo, esse fenômeno poderoso do Espírito Santo recebe o nome de transcendência, e ele atua na transformação de nossa maneira de pensar e viver. À medida que aprendemos a abraçar sua liderança pessoalmente, a confiar em sua voz e a agir com obediência, vemo-nos superando os obstáculos dentro e fora de nós. Chame isso do que quiser, mas eu chamo de vitória!

A primeira obra de transformação do Espírito Santo depois da salvação é misturar o amor de Deus em toda parte de nosso fardo e de nossa ferida, criando uma nova segurança de alma. Depois disso, ele faz explodir essa liberdade e cura para dentro e fora de nossas conexões com outras pessoas.

A segunda missão de transformação do Espírito Santo é nos livrar do desejo de procurar outras fontes de satisfação que não Deus ensinando-nos a aceitar, a ser gratos e a viver contentes na vida concedida por Deus, como ela é. (O oposto disso? A vida como ela não é.)

Todo ser humano luta para conciliar sua realidade com suas expectativas. Lá está a vida que pensávamos que poderíamos viver e, então, lá está a vida que Deus propôs e nos chamou a viver. Uma das visões e versões de vida satisfaz nossas necessidades de segurança, conforto e assistência, enquanto a outra faz crescer nosso caráter e nossa fé. Essa batalha espiritual é mundial, transcende a cultura e é um processo profundamente pessoal para cada cristão.

O Espírito Santo encoraja os crentes a confiar que Deus está agindo em sua vida atual e a confiar que os propósitos de Deus para eles estão sendo realizados. As vozes sombrias da carne e do Diabo encorajam os cristãos a abandonar a fé em Deus e a conduzir a realidade adotando realidades alternativas fora da vontade de Deus como soluções. Ficamos vulneráveis às vozes obscuras quando nosso caráter enfrenta dificuldades para satisfazer as exigências e as pressões que nossa realidade coloca sobre nós. Ou seja, o mais fácil começa a parecer muito melhor do que seguir pelo processo de Deus.

Aqui entra a gratidão.

Em meu relato do culto memorial de Haley você viu o Espírito Santo dar o golpe final em um homem que mal podia esperar para responder à revelação de Deus. C. S. Lewis escreveu sobre o que acontece quando o Espírito Santo faz isso: "Os momentos mais felizes são aqueles em que nos esquecemos de nosso precioso eu [...], mas, no lugar disso, temos tudo o mais (Deus, amigos humanos, animais, o jardim e o céu)".[1]

Em contrapartida, conhecemos os sentimentos interiores, as atitudes e as percepções sobre nossa vida quando as vozes mais sombrias, menos maduras e mais egoístas estão vencendo a batalha. O nome disso é comparação, ciúme e inveja. Lá no fundo, nossos pensamentos gravitam poderosamente na direção dos "se eu..." que tornariam nossa vida melhor. Dê uma olhada:

- Se eu tivesse uma esposa como a do John.
- Se eu não vivesse nesta parte do mundo.
- Se eu tivesse um emprego como o dele.
- Se eu pudesse dirigir um carro como aquele.
- Se eu trabalhasse para aquela empresa.
- Se eu fosse respeitado pelas pessoas como ele é.
- Se as coisas fossem mais fáceis para mim.
- Se eu tivesse um corpo como o daquele cara.
- Se eu não tivesse feito aquela lambança.
- Se eu tivesse uma situação familiar normal.
- Se eu estivesse pastoreando *aquela* igreja.
- Se eu...

E assim por diante. Quando damos ouvidos àquilo que o lado sombrio está jogando sobre nós, terminamos sendo e nos sentindo infelizes com nossa vida, além de invejar as vantagens, a sorte ou os bens materiais de outras pessoas. O resultado disso? Começo a ficar cego para as bênçãos da vida. Um espírito de ingratidão e reclamação logo permeia minha existência. A comparação constante mata meu contentamento. Em meu subconsciente, fico irritado diante da providência de Deus em minha vida. Meu espírito de ingratidão passa o bastão para o espírito de reclamação, que corre junto do descontentamento para as profundezas do meu ser. Então minha ira extravasa em minhas atitudes, tornando-me exigente, irritável e confrontador. Em pouco tempo, à medida que minhas atitudes e minhas ações criam separação entre a razão e eu, entre Deus e eu, entre as pessoas mais próximas de mim e eu e entre a realidade e eu, sou uma pessoa difícil de conviver. A única coisa segura que restou a fazer é correr na direção das mentiras que são sussurradas em meu ouvido.

Satanás tem muito a ver com meu descontentamento.

As emoções negativas dão a ele as ferramentas necessárias para me controlar. Sempre que você encontrar ingratidão, descontentamento, ciúme, inveja, ira, ressentimento, cobiça, reclamação constante e as fraturas relacionais que essas coisas provocam, não é preciso ir muito longe para procurar o vilão. Basta dizer: "Oi, Satanás". Ele sabe que, se eu for ingrato em qualquer área da vida, terei dificuldade para crer em Deus nessa mesma área. Portanto, o descontentamento é apenas a abertura de que Satanás precisa, pois continuarei emperrado, frustrado e procurarei soluções fora de Deus naquela área. Mais uma vez parece que há um menino no corpo de um homem em pé de guerra, causando todo tipo de dano.

> Satanás tem muito a ver com meu descontentamento.

Nos tempos do Antigo Testamento, o povo de Israel era mestre em converter "temor e deslumbre" em "comum e esquecível". Observe o padrão destrutivo da nação sendo contado pelo salmista:

> Ele fez milagres diante dos seus antepassados,
> na terra do Egito, na região de Zoã.
> Dividiu o mar para que pudessem passar;
> fez a água erguer-se como um muro.
> Ele os guiou com a nuvem de dia
> e com a luz do fogo de noite.
> Fendeu as rochas no deserto
> e deu-lhes tanta água
> como a que flui das profundezas;
> da pedra fez sair regatos
> e fluir água como um rio.
> Mas contra ele continuaram a pecar,
> revoltando-se no deserto contra o Altíssimo.
> Deliberadamente puseram Deus à prova,
> exigindo o que desejavam comer.

Duvidaram de Deus, dizendo:
"Poderá Deus preparar uma mesa no deserto?"

Salmos 78.12-19

Israel recebeu múltiplas bênçãos de Deus durante o êxodo e, ainda assim, conforme Deus abençoava, as pessoas se tornavam mais difíceis de agradar, exigentes, descontentes e ingratas. O apóstolo Paulo disse aos cristãos de Corinto que o exemplo de Israel nos foi dado como uma lição objetiva sobre como não trabalhar com Deus. A chave para vencer essa batalha hoje é a mesma daquela época: refletir, lembrar e dizer "obrigado" continuamente.

> "O SENHOR, o seu Deus, os conduzirá à terra que jurou aos seus antepassados, Abraão, Isaque e Jacó, dar a vocês, terra com grandes e boas cidades que vocês não construíram, com casas cheias de tudo o que há de melhor, de coisas que vocês não produziram, com cisternas que vocês não cavaram, com vinhas e oliveiras que vocês não plantaram. Quando isso acontecer, e vocês comerem e ficarem satisfeitos, *tenham cuidado! Não esqueçam o* SENHOR que os tirou do Egito, da terra da escravidão".
>
> Deuteronômio 6.10-12

O povo de Deus vivia num padrão bastante elevado de vida e de bênçãos, algo que aquelas pessoas não haviam conquistado. Deus lhes dera tudo aquilo. Tudo o que lhes pedia era que, em meio a sua abundância, não se esquecessem dele ou desejassem o estilo de vida ou os costumes dos povos a seu redor. Esse mandamento ajudaria a cumprir o outro.

Infelizmente, não deram importância às bênçãos de Deus, tornaram-se pessoas difíceis de agradar e colocaram a si mesmos diante da vara que quebraria sua ingratidão. Você vê essa atitude insensata repetidas vezes e, sendo Pai, isso deixou Deus maluco. (Se você é pai, sabe exatamente do que estou falando quando se trata de filhos ingratos.) O miraculoso tornou-se trivial. A indiferença substituiu a gratidão. O temor ao Senhor e a prestação de contas a Deus foram substituídos por presunção e direito de posse, o que resultou numa atitude de negligência para com os mandamentos de Deus.

Em sua vida, reclamar sobre as coisas e lamentar sua sorte pode parecer inofensivo, mas Deus leva isso para um lado bastante pessoal. Nada provoca mais a ira do Pai do que a ingratidão.

O defensor do temor e do deslumbre em sua vida é o Espírito Santo, e, quando ele está dominando essa luta de boxe da mente, faz você *lembrar e reconhecer com gratidão a providência de Deus em sua vida, especialmente em momentos de mudança e desafio*. O nome disso é contentamento, alegria, paz e felicidade. Lá no fundo o Espírito Santo me leva a ver todas as coisas que possuo, em vez de olhar para as que não tenho. Meus pensamentos de gratidão viajam na direção das bênçãos de Deus, começando por sua graça e sua misericórdia para comigo em Cristo.

Nada provoca mais a ira do Pai do que a ingratidão.

O Espírito Santo me diz: "Escolha a bênção que você quiser desta lista. Seus pecados foram perdoados. Você tem uma razão para viver. Você tem um futuro no céu. Você tem as bênçãos da Palavra de Deus em sua vida e, como ela tem sido uma lâmpada para seus pés, você tem se livrado de cair em inúmeros buracos. Você tem a bênção da vida e do fôlego. Você tem a bênção da comida em sua geladeira. Você tem a bênção de um salário no final do mês. Você tem a bênção de ser marido de uma mulher maravilhosa. Você tem a bênção de ser pai para seus filhos. Você tem a bênção de ser capaz de servir ao Deus vivo de alguma maneira. Você tem a bênção de ter capacidade de ensinar a Palavra dele e de influenciar pessoas. E você tem a bênção de poder se sentar em seu quintal numa noite fresca e contemplar as estrelas". Tudo isso é apenas a ponta do *iceberg* em minha vida, apenas um aperitivo das obras miraculosas de Deus em meu favor.

Para cada bênção, um muito obrigado é adequado. E quais são os resultados de dizer obrigado diariamente? *Começo a ver ainda mais bênçãos.* Começo a aceitar e a apreciar minha vida como ela é. Paro de comparar e de sentir ciúme da vida que os outros levam. Começo a solucionar os mistérios relacionados a minha inquietação. Alcanço níveis cada vez maiores de contentamento. Fico mais disposto a aceitar e a trabalhar dentro de circunstâncias difíceis que entram em minha vida, em vez de fugir ou de me afastar. Sinto mais alegria, paz e satisfação. Sinto-me mais livre em minha adoração. Passo a ser mais receptivo e paciente. Fico mais amoroso e bondoso. Passo a ser uma pessoa mais fácil de lidar, bem como menos julgador. Sou menos confrontador. Não é surpresa que meus relacionamentos com Deus e com as pessoas fiquem infinitamente melhores! E, mais uma vez, sinto-me como um homem, crescido, com meus 45 anos, maduro e menos egoísta.

Impressionante e maravilhoso.

Um homem satisfeito

A mensagem constante do Espírito Santo para todo cristão é encontrar satisfação em Deus: "Pois o Reino de Deus não é comida nem bebida, *mas justiça, paz e alegria no Espírito Santo*" (Rm 14.17). Paz e alegria são os produtos resultantes do contentamento e da gratidão pela vida que Deus reservou para você. Quando

> Uma das mais elevadas formas de batalha espiritual é também a mais simples: permanecer agradecido e contente.

aceito diariamente minha situação na vida, os dias bons e os maus, as possibilidades de paz e alegria se tornam realidades. Não existe um homem alegre e pacificamente descontente. Mas quando aprendo a estar contente, a tomar posse desse contentamento e a lutar para preservar seu poder em minha vida, todos os frutos do Espírito Santo passam a ser meus.

Uma das mais elevadas formas de batalha espiritual é também a mais simples: permanecer agradecido e contente. Veja como.

Atitude agressiva: "Portanto, já que estamos recebendo um Reino inabalável, *sejamos agradecidos* e, assim, adoremos a Deus de modo aceitável, com reverência e temor" (Hb 12.28). Você permanece num lugar de temor e deslumbre diante da presença, do propósito e dos planos de Deus que se desdobram em sua vida por meio da disciplina da gratidão. Perceba a linguagem: sejamos agradecidos. O texto não diz "aja de maneira agradecida"; isso nos diz que a missão do Espírito Santo em sua vida é desenvolver um espírito de gratidão como estilo de vida. Significa ter uma consciência de sua dívida ("já que estamos recebendo um Reino inabalável"), reconhecer que Deus é bom em tudo o que faz ("adoremos a Deus de modo aceitável, com reverência e temor") e afirmar sua bondade com uma vida de gratidão ("sejamos agradecidos"). Para permanecer satisfeitos em Deus, precisamos praticar o agradecimento a Deus diariamente e em todas as circunstâncias. Lembre-se: em Cristo sempre há muito pelo que ser grato. Se você se vir lutando para obter coisas, é um sinal certo de que as vozes obscuras da carne e o Diabo estão tramando opções de desobediência para você. Considere-se alertado!

Piedade agressiva: Isto é o que chamamos de o clássico golpe um-dois que colocará a ingratidão e a comparação na lona.

> De fato, a *piedade com contentamento é grande fonte de lucro*, pois nada trouxemos para este mundo e dele nada podemos levar; por isso, tendo o que comer e com que vestir-nos, *estejamos com isso satisfeitos*. Os que querem ficar ricos caem em tentação, em armadilhas e em muitos desejos descontrolados e nocivos, que levam os homens a mergulharem na ruína e na destruição, pois o amor ao dinheiro é a raiz de todos os males. Algumas pessoas, por cobiçarem o dinheiro, desviaram-se da fé e se atormentaram com muitos sofrimentos. Você, porém, homem de Deus, fuja de tudo isso e busque a justiça, a piedade, a fé, o amor, a perseverança e a mansidão.
>
> 1Timóteo 6.6-11

O golpe letal que um homem pode dar no descontentamento é um forte propósito de vida. É por isso que parte da missão do Espírito Santo em sua vida é manter você buscando os propósitos de Deus. Não há como pedir melhor orientação. Paulo conta a Timóteo o segredo do golpe um-dois, alerta-o a não buscar contentamento fora de Deus (nesse caso, correr atrás de grana) e então lhe diz para substituir essa busca por aquela outra busca que é consistente com sua identidade.

> O golpe letal que um homem pode dar no descontentamento é um forte propósito de vida.

Contribuição agressiva: "Em tudo o que fiz, mostrei-lhes que mediante trabalho árduo *devemos ajudar os fracos*, lembrando as palavras do próprio Senhor Jesus, que disse: '*Há maior felicidade em dar* do que em receber'" (At 20.35). A doação sacrificial de tempo, recursos e habilidades para ajudar os outros e fomentar os propósitos de Deus no mundo quebra o poder do materialismo e nos coloca em contato com nossos irmãos e com nós mesmos.

Paulo tinha o hábito de não negligenciar o pobre fazendo coletas e *entregando-as pessoalmente*. Isso era parte da obra do Espírito Santo em sua vida, de ensiná-lo a estar contente em todas as circunstâncias, porque o pobre ensinou-lhe a responder à pergunta: do que eu realmente preciso?

Deus sempre foi amigo do pobre, e não existe essa coisa de um homem de Deus que se distancia dos irmãos em necessidade.

> "Dê-lhe generosamente, *e sem relutância no coração*; pois, por isso, o SENHOR, o seu Deus, *o abençoará em todo o seu trabalho* e em tudo o que você fizer. Sempre haverá pobres na terra. Portanto, eu lhe ordeno que *abra o coração para o seu irmão israelita, tanto para o pobre* como para o necessitado de sua terra".
>
> Deuteronômio 15.10-11

O Espírito Santo quer ver você no meio dos pobres, para ajudar você a ver a face de Jesus e para dar uma forte percepção de suas verdadeiras necessidades à medida que você ajuda pessoas.

Gratidão. Piedade. Doação.

Esses são os objetivos do Espírito Santo em sua vida. Não é preciso haver uma tragédia ou um trauma para possuí-los — apenas humildade, temor e deslumbre diante do grande amor de Deus por você... agora mesmo, neste instante.

> *Espírito Santo, perdoa-me por todas as vezes em que resmunguei e reclamei de minha vida. Sei que o Pai fica desgostoso quando tento encontrar satisfação fora dele ao desejar a vida de outra pessoa, em vez daquela que ele me chama a viver.*
>
> *Preciso que me lembres a cada dia das múltiplas bênçãos de Deus — grandes e pequenas — em minha vida, a começar, neste momento, pelo fôlego que tenho para fazer esta oração. Ajuda-me a ver todas as bênçãos, a reconhecê-las e a louvar a Deus por elas cada vez*

mais. Abre meus olhos para a bondade de Deus em minha vida, e abre meu coração para o plano de Deus em minha vida hoje.

Obrigado por me guiares na direção da busca dos propósitos de Deus não importa onde eu esteja. Agradeço porque, contigo em minha vida, o aborrecimento não está presente. Tu sempre tens algo em que eu possa trabalhar ou um lugar para servir a outra pessoa em nome de Jesus. Abre meus olhos para os pobres a meu redor, porque quero encontrar-te mais profundamente entre eles. Obrigado por trazeres tua alegria e tua paz à medida que encontro minha satisfação somente em Deus. Amém.

10

Parou de chupar o dedo?

Quando a luta começa dentro de si mesmo,
o homem vale alguma coisa.
ROBERT BROWNING

"Tudo bem. *Chega! Você*, venha aqui agora!"

Já ouviu essas palavras? Eu já. Ouvi de meu pai. Ouvi de meu professor da sexta série, o sr. Sievert. E agora meu filho Ryan estava ouvindo aquelas palavras vindas do lado oposto da mesa da cozinha.

Você precisa visualizar o preâmbulo de comportamento que amplificou emocionalmente meu grunhido em dez vezes. Primeiro, imagine o barulho alto de uma cadeira sendo arrastada com força para fora da mesa de jantar enquanto eu me levanto.

Imaginou?

Agora, imagine a batida simultânea de meus dois punhos sobre a mesa, dando início ao conhecido movimento que diz "basta!" ou do urso pardo que se ergue nas patas de trás. Num instante, o pai sai da postura branda, cabeça inclinada na direção de seu prato, para a posição em que está ereto, em pé, dominando a cena aos rosnados, grunhidos e rugidos. Tudo isso é um comportamento paterno instintivo, reativo e normal quando alguém erradamente presume que as regras familiares não mais se aplicam a ele. Uma demonstração típica de um macho alfa.

O sr. Barulhento e Tempestuoso de repente ficou mortalmente estático.

O restante da família ficou com aquela cara de "não olhe para o papai agora... Ryan está enrascado". Mas o olhar na face deles não era nada em comparação ao do campista distraído que agora se via à distância do bafo do ameaçador urso que mostra suas presas.

Além de Ryan, nenhuma pessoa à mesa estava totalmente chocada. Meu comportamento digno de receber um Oscar surgiu depois de um mês das peripécias de Ryan. O fato é que deixei as coisas caminharem de propósito com o objetivo de ter esse pequeno momento de ritual de passagem na frente da família com meu filho de 14 anos.

Para resumir, digamos simplesmente que Ryan parecia ter bicho no corpo inteiro à mesa de jantar. Um menino normal, certo? Ele termina primeiro, fica entediado, se esquece das boas maneiras, começa a perturbar sua irmã menor, ouve que deve ficar quieto e então aperta o botão "repetir".

Entendo isso. Lembro-me de alguém que conheço (*ahã*) que, por motivos similares, nessa idade era regularmente puxado pelas orelhas pelo corredor.

Nas semanas que antecederam o momento "ataque do papai", Ryan havia intensificado suas ações, por assim dizer. Ao fazê-lo, a escala emocional saiu de controlável e tolerável para perturbador e desrespeitoso. Isso se traduziu em advertências mais frequentes, interjeições e animadas discussões à mesa.

Chrissy e eu também intensificamos nossas ações visando preservar nossa condição de adultos e evitar dar uns tabefes em nosso filho. Esse esforço envolveu argumentar com Ryan que "ir mais devagar com o jantar, comer com mais calma, participar das conversas, ser cortês e não jogar bolinhas de guardanapo de papel no copo de suco das outras pessoas era o comportamento *de um homem* à mesa".

E como a *pièce de résistance* da criação de filhos, apresentamos a Ryan o cenário no qual ele está prestes a ser um genro em potencial, sentado à mesa dos sogros num futuro próximo e ganhando um voto de desconfiança com base em seus modos ruins à mesa.

Tudo isso para dizer que a "emenda de modos à mesa" a ser feita à constituição pessoal de Ryan foi frequentemente discutida nas semanas anteriores que levaram àquele momento másculo. Todos os presentes sabiam exatamente por que ele estava sendo levado para a cela.

Depois de fechar a porta atrás de mim, virei-me e encarei meu filho, que estava sentado na cama, ciente de que as próximas palavras a sair da minha boca precisavam ser sinceras, firmes e desafiadoras. Assim, dei um daqueles longos e profundos suspiros, expirei com força e mordi com força suficiente para deixar uma marca.

— Chega de agir como um menino à mesa de jantar. Eu amo você, filho, mas você precisa decidir por si mesmo se quer permanecer um menino ou se tornar um homem que sabe como se controlar ao lado de outras pessoas e mostrar respeito. Isso acaba aqui.

Ele concordou com a cabeça.

— Agora, fiquei esperando para ver se você acredita em mim, observando, dando a você várias chances para mudar as coisas. Mas vejo pelo seu comportamento que você não me respeita o suficiente para simplesmente aceitar o que digo. Portanto, agora eu preciso falar com você não como um instrutor ou um homem, que é o que eu quero, mas tenho de falar com você na posição de um pai responsável e irritado que ama seu filho o suficiente para puxá-lo de lado e aplicar-lhe alguma disciplina. Como isso lhe parece?

— Nada bom — ele deixou escapar.

— Também não é bom para mim. Quer que eu fale com você como o pai de um menino de 6 anos que precisa de um lembrete de quem está no comando? Ou quer que eu fale com você como um técnico esportivo, fazendo uma parceria na qual você ouve de modo que possa se tornar um grande homem?

— Um técnico e um parceiro.

A opção A nunca foi de fato uma opção.

— Tudo bem, olhe para mim — disse eu, diminuindo minha energia verbal e física. Caminhei até ele, segurei seu rosto vermelho em minhas mãos, lágrimas se formaram nos olhos dele. Olhei para ele bem nos olhos, puxei-o até meu peito e continuei falando.

— Você é cristão e é um Luck. Deus colocou você nesta família por uma razão, e uma delas é para que você aprenda o que significa ser um homem de Deus. Isso é o que fazem os homens que se amam. Nós nos importamos o suficiente para chegar junto e falar a verdade com alguém que está agindo como um menino e que precisa agir como um homem. Você tem minha permissão para fazer isso comigo se eu sair da linha. Tenho a sua permissão?

— Sim, pai.

— Ótimo. Vamos voltar para a cozinha, e você e eu vamos lavar a louça juntos. Vamos lá.

Ryan consegue contar nos dedos de uma mão o número de vezes em que levantei meu nível de energia daquela forma. Ele me ama mais do que mereço, e estamos nos tornando melhores amigos à medida que ele entra na Zona de Homem. Mas era tempo: tempo para Ryan perceber que uma luta deve começar dentro dele mesmo para obter controle sobre seu comportamento, tempo de começar a assumir responsabilidade por esse aspecto de seu crescimento, tempo de aprender que às vezes preocupar-se com um problema não é melhor do que evitá-lo totalmente, e tempo para Ryan começar a ter algumas vitórias sobre Ryan!

> A vitória mais difícil é a vitória sobre si mesmo.

Aristóteles disse certa vez: "Considero mais corajoso aquele que vence seus desejos do que aquele que conquista seus inimigos; a vitória mais difícil é a vitória sobre si mesmo".

Sim, meu sábio irmão grego, muito difícil!

Criando problemas

Os meninos criam problemas para si mesmos.

Esse é o momento em que Ryan está vivendo agora. Também é um estágio em nossa própria maturidade espiritual pelo qual o Espírito Santo quer nos guiar de forma bem-sucedida antes que causemos danos a nós mesmos e a nossos relacionamentos com Deus e com as pessoas. Como pastor de homens servindo 7 mil homens conectados em grupos, acredite em mim quando digo que a idade (cronológica) ou as realizações não têm nada a ver com maturidade emocional ou espiritual. A toda semana há uma nova ligação telefônica, um novo *e-mail*, uma nova situação que se apresenta envolvendo um homem que age como adolescente em relação a questões que exigem maturidade de adulto. Esses homens são bem-sucedidos em muitas outras áreas, exceto nos aspectos mais importantes. Pense em Tiger Woods.

Por que razão um cara com QI elevado, muito dinheiro, acessórios de vida corretos e até mesmo forte motivação espiritual se tornaria secretamente escravo de um comportamento ou de uma maneira de pensar a ponto de perder todo o sucesso externo para poder manter um hábito destrutivo?

Tendo conduzido muitos caras pelo processo de cura, creio que, de modo geral, a raiz da luta é um aspecto não curado de sua masculinidade: uma mágoa, uma ferida, um fracasso, uma profunda necessidade de ter controle sobre alguma coisa, um relacionamento rompido, um trauma do passado ou uma fonte de vergonha que diminui a capacidade de vencer certos comportamentos. Em outras palavras, seja por qual razão for, o menino parou de crescer e de se transformar num homem em termos emocionais, relacionais ou espirituais, ou ainda os três combinados. Como consequência, o homem age como um menino em determinada questão, incapaz de controlar seu comportamento ou de mudar, justificando suas ações e criando problemas para si mesmo. Quanto mais velho o homem fica, mais tolo se parece seu comportamento. Com o passar dos anos, o preço a pagar é muito maior. Pense em pornografia, casos, ira, comida, álcool, gastos excessivos ou um mundo de outras questões relacionadas ao controle de impulsos que parece que não conseguimos vencer. Um homem adulto deveria ser capaz de dizer *não* a si mesmo, mas ele não tem o poder *em si mesmo*. Patético.

Em um dos lados de sua vida está a voz impulsiva. Você a conhece. Na metade das vezes, você já se enfiou até os joelhos num comportamento antes de perceber que provavelmente não é a melhor coisa a fazer. Essa voz é uma força potente em nossa vida e nos conhece muito bem. Quer saber por quê? *Essa voz é você!* É o "velho homem", que trabalha dentro da organização para sabotar suas melhores intenções de derrotar um comportamento ou hábito que você sabe que não é saudável para seu relacionamento com o Espírito Santo ou com aqueles a quem você ama. Ele é um oportunista e, tão logo uma ideia de gratificação pessoal aparece, parar para analisar, fazer perguntas ou considerar as consequências não é uma opção. O menino — outro nome para nossa velha natureza pecaminosa — não gosta de pensar muito sobre qualquer coisa, especialmente se ela se encaixa na categoria de autogratificação. Ele sabe que o inimigo da autogratificação é *pensar antecipadamente sobre uma ação.*

Naquele momento, quando talvez você queira pensar sobre uma decisão, o menino liga o grande telão luminoso de alta definição em seu cérebro e joga imagens como estas: "Ei, você merece isso!", "É isso o que os homens fazem!", "Só mais uma vez, em nome dos velhos tempos!", "Por que não?", "Ninguém se importa com isso!", "Você pode fechar a janela se alguém aparecer!", "Deus vai perdoar você!", "Você fez um ótimo negócio!", "Você precisa disto!", e o meu favorito: "Deus quer que você seja feliz, certo?".

Chamo essa voz de o Pequeno Advogado. Ele tem uma lógica incontestável para cada decisão ruim que tomo e é a inspiração para os jogos mentais que pratico para racionalizar as coisas erradas que faço ou digo. O menino, o Pequeno Advogado, e a natureza pecaminosa são exatamente a mesma coisa, e eles nunca pedem para você fazer uma pausa antes de decidir, nem jamais lhe contam os fatos relacionados a uma decisão ruim que você está considerando. Esses caras e Satanás são amigos desde o jardim do Éden. (Mais uma vez, veja meu livro *Lute* para saber mais sobre esse eixo do mal e como vencê-lo.)

Chamo essa voz de o Pequeno Advogado. Ele tem uma lógica incontestável para cada decisão ruim.

O resumo é este: esses terroristas infiltrados não querem que você se torne *um homem*.

Como resultado, anseios, impulsos e ansiedades vencem o momento com armas como inconsistência e integridade questionável. Quando se vê diante de provocação, pressão, isolamento ou estresse, o menino faz que nossa tentação número um se transforme em nossa solução número um. Nossa capacidade de suportar a espera ou de postergar a autogratificação sem ficarmos entediados, insanos ou chateados é severamente diminuída. Ficamos irritados, sentimos culpa e passamos a confrontar.

A razão principal de degenerarmos emocionalmente é que somos atraídos como uma prostituta por seu cafetão: recebemos a promessa de que fazer uma coisa em particular vai satisfazer nossa necessidade. Sendo assim, mordemos a isca dessa mentira como um bagre e oferecemos nosso corpo como um escravo para o comportamento, a atitude ou a ação. Então, depois de termos mordido a isca e de agirmos de maneira destrutiva, somos jogados fora para lidar com a vergonha, a baixeza ou as consequências de ter de reparar nosso relacionamento com Deus e com as pessoas.

Essa prática de ouvir o menino dentro de mim aprofunda meu desespero e o nojo que sinto por mim mesmo. Como sei disso? Eu mesmo já fui atraído algumas vezes. O pior de tudo é que o cafetão sou eu mesmo!

É claro que o adversário do cafetão é o Espírito Santo. Quando se trata da questão do autocontrole, mais uma vez a missão do Espírito da Verdade é intervir, puxar-nos para o lado, chamar-nos para fora, encorajar-nos e nos capacitar a vencer a batalha da autonomia.

A maneira como o Espírito Santo faz isso inicialmente é igual àquilo que fiz com Ryan, a mesma maneira como um bom pai cria um filho: "Antes, seguindo a verdade em amor, cresçamos *em tudo* naquele que é a cabeça, Cristo" (Ef 4.15). Em outras palavras, o Espírito diz: "Sabe aquele comportamento que você tem? Sim, aquele que faz você parecer e se sentir pequeno, imaturo e fora de controle? Aquele que você tenta justificar através de todos os truques mentais? Aquele que convenientemente faz você não lidar com o homem que vê no espelho? Aquele que você reserva para seu controle particular longe da minha lei? Sim, *aquele!* Bem, quero que você saiba que não é isso o que um homem faz, e é hora de crescer. Você tem de decidir que isso é o que *você* quer".

> Pense nisto: a primeira coisa que uma criança não tem é autocontrole.

Todo homem de Deus que avança em Cristo já teve muitas conversas de puxão de orelhas como essa com o Espírito Santo. O Espírito Santo está à procura de maturidade em todos os aspectos e em todas as áreas da sua vida. O apóstolo Paulo, um grande exemplo dessa obra constante na vida do homem, refletiu sobre o processo: "Quando eu era menino, *falava* como menino, *pensava* como menino e *raciocinava* como menino. *Quando me tornei homem, deixei para trás as coisas de menino*" (1Co 13.11). Ele foi menino durante um período. Seu processo de transformar-se num homem envolveu uma forte decisão de seguir em frente rumo à maturidade ao pensar e agir de maneira diferente. E agora, como homem de Deus, ele está reiniciando esse processo espiritualmente.

Pense nisto: a primeira coisa que uma criança não tem é autocontrole. Já viu aqueles ataques de pirraça de se jogar no chão? Já viu seu filho fazer cena na fila da padaria? Já viu um menino dar um soco em sua irmã por ela ter pego um brinquedo? Já viu uma criança fugir de seu pai ou de sua mãe e bater direto na parede? Você entendeu. Impulsos sem controle.

> ***Decolando***
> *Quando você está cheio do Espírito Santo, cooperando com ele e aceitando sua verdade, a capacidade que você tem de controlar seu comportamento efetua de maneira radical a mudança na direção da masculinidade.*

O defensor do autocontrole em sua vida é o Espírito Santo, e, quando ele tem o controle de sua mente, ele o faz ser paciente, parar e considerar as consequências das ações.

Quando um homem é capaz de parar e dizer: "Eu não preciso ter isso, não preciso fazer aquilo, não preciso dizer isso, não preciso pensar assim, não preciso comer isso, não preciso beber aquilo, não preciso clicar aqui, não preciso ver isso, não preciso tocar naquilo, não tenho de comprar isso, ou não tenho de ouvir aquilo", ele está crescendo em todos os aspectos em Cristo através do poder e do processo do Espírito Santo em sua vida. "Que processo?", você pergunta. O processo que deveria ser familiar a todo homem de Deus.

O Espírito Santo muda a maneira como tomamos decisões ao intervir nos pontos exatos que o cafetão (a natureza pecaminosa) convenientemente pula quando confrontado com uma tentação. O cafetão diz: "Não reflita nisso antes nem faça um plano para evitá-lo". O Espírito Santo diz: "Reflita no que você vai fazer se for confrontado com essa tentação outra vez, e faça um plano". O cafetão é o rei do estímulo seguido de resposta.

O Espírito Santo é o defensor do "estímulo... pausa... *nova* resposta" que honra a Deus e mostra amor pelas pessoas. Seu objetivo é conseguir uma pausa para que você possa considerar as consequências ou sair correndo dali! A nova percepção e a nova verdade concedida pelo Espírito Santo por meio da Palavra de Deus alimentam uma santa intuição, o que fortalece sua capacidade de parar e a capacidade de ser disciplinado no momento.

É por isso que os atiçadores de fogo que jogam mais Bíblia em seu relacionamento com o Espírito Santo constroem um fogo enorme da influência do Espírito e obtêm mais autocontrole. O processo de atração do cafetão leva a comportamentos compulsivos, impulsivos e fora de controle que dominam, escravizam e arruínam, pois se baseiam em dizer sim a uma mentira. O processo do Espírito Santo, que produz uma pausa entre o estímulo e a resposta, ganha a guerra pela liberdade por meio de ampla consideração e uma sábia escolha baseada na verdade. "Mim querer" começa a perder terreno para "mim vai pensar mais sobre isso".

> "O homem forte é aquele que é capaz de interceptar à vontade a comunicação entre seus sentidos e sua mente."

Esse conflito entre fazer uma pausa ou não é a chave para vencer as batalhas que você enfrenta em relação a reações e comportamentos impulsivos. Lembre-se: pausar é sinônimo de ter força, como Napoleão Bonaparte observou: "O homem forte é aquele que é capaz de interceptar à vontade a comunicação entre seus sentidos e sua mente".

Oui, monsieur. Napoleão não poderia estar mais certo. A única coisa que faltou foi atiçar o fogo do Espírito Santo nessa questão ao obter alguns pensamentos simples vindos dele que nos ajudam a vencer a guerra pela liberdade das escolhas destrutivas por meio do autocontrole.

A vontade dele é o seu poder

Uma lealdade mais elevada é sinônimo de níveis mais elevados de disciplina.

No fim, todo homem vai se disciplinar na direção de sua esperança mais forte. Para conquistar a garota, nós nos disciplinamos a comprar flores, escrever cartões bobos e nos concentramos em ouvir. Por quê? Esperamos conquistar sua afeição. Para conseguir contratos para nosso negócio, usamos nossa rede, sorrimos, telefonamos e acompanhamos os resultados. Por quê? Esperamos ser remunerados. Para conseguir aquela barriga de tanquinho (estou fora), nós nos disciplinamos a comer corretamente e a sofrer por trinta minutos na academia. Por quê? Esperamos ter a aparência do cara que saiu na capa da *Men's Health*.

A Bíblia diz que o segredo do autocontrole e da disciplina é ter uma esperança que transcende todos os outros desejos e tentações para ceder ou desistir. Vemos esse princípio nas Escrituras, quando um homem de Deus ensina outro a permanecer disciplinado na fé:

> *Suporte comigo os meus sofrimentos*, como bom soldado de Cristo Jesus. Nenhum soldado se deixa envolver pelos negócios da vida civil, já que deseja *agradar aquele que o alistou*. Semelhantemente, nenhum *atleta* é *coroado como vencedor*, se não competir de acordo com as regras. O *lavrador* que trabalha arduamente deve ser *o primeiro a participar dos frutos* da colheita. *Reflita* no que estou dizendo, pois *o Senhor lhe dará entendimento* em tudo.

O soldado, o atleta e o lavrador são todos tentados a cair numa tentação. O soldado é tentado pela vida civil. O atleta é tentado a seguir por um atalho (esteroides). O lavrador é tentado a dormir. Mas cada um deles tem uma forte esperança à espera que é mais forte do que a tentação e o faz se disciplinar e praticar o autocontrole. A esperança do soldado é obter a aprovação de seu comandante, de modo que se concentra em seus afazeres militares. A esperança do atleta é a medalha de ouro, de modo que ele segue as regras da competição. A esperança do lavrador é a colheita vindoura, de modo que ele acorda cedo e caminha atrás de um boi malcheiroso enquanto ara o campo. Quando o estímulo da tentação chega a esses homens, a esperança deles intervém, e eles dizem não à tentação e sim à esperança.

> No fim, todo homem vai se disciplinar na direção de sua esperança mais forte.

Esperança é poder. E a missão do Espírito Santo em nossa vida é nos lembrar de nossa maior esperança:

- A pessoa de Jesus Cristo
- A cruz de Jesus Cristo
- A eternidade com Jesus Cristo

Além disso, o próprio Jesus nos deu sua garantia pessoal de que, se disciplinarmos a nós mesmos e a nossas escolhas em favor dele, ele nos dará exatamente a coisa, o sentimento, o conforto ou o objeto do qual abrimos mão. De maneira bem específica, ele disse: "*Busquem*, pois, *em primeiro lugar* o Reino de Deus e a sua justiça, *e todas essas coisas lhes serão acrescentadas*" (Mt 6.33). Através de sua presença em nós por meio do Espírito Santo, Jesus continua a dizer diariamente "busque o reino em primeiro lugar" ao homem de Deus na encruzilhada da tentação. O cafetão diz o oposto: "Busque a autogratificação, senão você vai perder todas essas coisas. Corra!". A primeira é a forte esperança na pessoa e na promessa de Jesus Cristo. A segunda oferece a promessa de um relacionamento rompido com o Espírito Santo e a escravidão.

Jesus diz que a vontade de Deus é o seu poder. O autocontrole é sinônimo da forte esperança do reino de Deus e sua vontade sendo feita em e através de você. O autocontrole é a diferença entre um espírito disposto e uma carne fraca, boas intenções para com Deus e ações consistentes para Deus. A diferença entre reações de impulso e intuição que faz uma pausa é simples assim: quem está no centro de sua esperança? E quem está fazendo a promessa? Jesus disse: "Pois *quem* faz a *vontade* de meu Pai que está nos céus, este é meu irmão" (Mt 12.50).

> Esperança é poder. E a missão do Espírito Santo em nossa vida é nos lembrar de nossa maior esperança.

Armado com a forte esperança da vontade de Deus em sua mente, o homem de Deus se coloca acima de toda tentação. Declaramos diretamente nossa esperança para a tentação, tal como Jesus fez, ao dizer "está escrito..." durante sua tentação no deserto (cf. Lc 4). Satanás e o cafetão são derrotados pela proclamação da vontade de Deus sob liderança do Espírito Santo. O menino não existe mais, e um homem se levanta para assumir seu lugar como guarda daquele domínio da vida para sempre:

- Um homem pensando em seu propósito.
- Um homem pensando humildemente em suas tentações e não criando problemas para si.
- Um homem pensando antecipadamente para remover pressões de si mesmo.
- Um homem que está pronto para correr quando for emboscado pela oportunidade.
- Um homem preparado para seu momento na história.

> Façam isso, compreendendo o tempo em que vivemos. Chegou a hora de vocês despertarem do sono, porque agora a nossa salvação está mais próxima do que quando cremos. A noite está quase acabando; o dia logo vem. Portanto, deixemos de lado as obras das trevas e revistamo-nos da armadura da luz. Comportemo-nos com decência, como quem age à luz do dia, não em orgias e bebedeiras, não em imoralidade sexual e depravação, não em desavença e inveja. Ao contrário, revistam-se do Senhor Jesus Cristo, e não fiquem premeditando como satisfazer os desejos da carne.
>
> Romanos 13.11-14

Os homens de Deus estão vestindo armaduras, caminhando na luz e sufocando os impulsos contrários a sua esperança em Cristo. O Espírito Santo está fazendo, de meninos, homens para o Senhor Jesus em todas as épocas, de modo que a vontade de Deus possa seguir adiante em toda a história. E assim como seria ridículo ver um homem crescido chupando seu dedo em público, escravo de um comportamento infantil, assim o inimigo zomba dos homens de Deus ao escravizá-los a hábitos de meninos. Juntos, com uma voz firme e única, devemos pronunciar as palavras de guerra a nosso antigo adversário: “Acabou aqui!”.

Espírito Santo, que comece dentro de mim a luta para crescer em todos os aspectos da minha fé. Deixo de agir como um menino e aceito teu chamado ao autocontrole. Ajuda-me a respeitar tua voz que está me dando oportunidades de crescer rumo à semelhança com Cristo que esperas de mim. Quero trabalhar contigo. Quero ser maduro e completo. Quero abandonar as maneiras infantis de pensar e agir que dizem "menino", não "homem" de Deus. Dou-te permissão para me confrontar como um homem. Ajuda-me a obter controle sobre meu comportamento através do teu controle sobre minhas ações. Não quero mais criar problemas para mim mesmo. Tudo acaba aqui e agora.

Retarda meu ritmo, Espírito Santo, o suficiente para eu fazer uma pausa e considerar minhas ações. Ajuda-me a rejeitar todos os pensamentos que justifiquem o impulso à custa da minha fé. Chega de ser atiçado pela natureza pecaminosa dentro de mim. Rejeito essa voz em nome de Jesus, e aceito tua voz como a única que manda de agora em diante. Sufoca todos os impulsos que não honrem a ti. Ajuda-me a aumentar o volume de tua vontade e de tua voz ao imergir minha mente em tua Palavra todos os dias. Obrigado por me lembrares de meu futuro e de minha esperança em Jesus, que é mais forte do que qualquer tentação. Mantém-me buscando isso em primeiro lugar, momento após momento, hoje e todos os dias. Amém.

11

A rocha *versus* o lugar difícil

Para que sua eficiência seja incrementada, submeta suas emoções a seus compromissos.
BRIAN KOSLOW

Foi um momento único.

O barulho na classe estava alcançando níveis elevados e, como professor, Kevin teria de fazer o papel de vilão de novo. Seu tamanho físico e sua reputação facilitavam a tarefa e camuflavam o bom coração por trás da aparência ameaçadora. Tatuagens tribais num professor do ensino médio? É, sim.

Isso é que era trabalhar com uma classe difícil. Era preciso ter uma mentalidade diferente e bastante estômago para trabalhar naquele fim de mundo. Tratava-se de uma classe para adolescentes que já haviam provado que não queriam saber de escola.

"Muito bem... muito bem... muito bem", berrou Kevin enquanto se levantava para assumir o controle dos desajustados, como eram afetuosamente rotulados entre os professores. Enquanto Kevin caminhava pelos corredores, entregando a folha com a revisão para a prova de história na sexta-feira, ele explicava: "Esta prova vale metade da sua nota e, se você quiser ser aprovado nesta disciplina, então é melhor prestar atenção *já*". Esse disparo foi seguido por um comentário de entortar o pescoço: quem não tirasse nota ficaria de recuperação nas férias de verão. Agora todos estavam quietos e começaram a tentar ouvir.

Kevin notou dois desobedientes no fundo da sala mandando torpedos pelo celular, completamente alheios a ele, aos acontecimentos em volta e à aproximação do professor grandalhão. Ele interrompeu a conversa digital, declarando: "Vou ficar com isso, por favor. Muito obrigado". Então, sem interrupção, concluiu o pensamento que havia começado a expressar: "E 80% desta prova será sobre a Guerra Civil Americana, de modo que vocês devem conhecer as principais batalhas, os personagens mais importantes e sua relevância para as causas do Norte e do Sul. Sendo assim, vou deixar que vocês usem o tempo da aula para começar a escrever respostas para as perguntas na folha de revisão. Peguem os livros e comecem a trabalhar. Se tiverem alguma dúvida, venham a minha mesa".

Enquanto se sentava, respirou profundamente e espirou agradecido pela pausa que a revisão em sala de aula lhe havia concedido. Os incessantes desafios de sua classe, os problemas dos alunos e as pressões em casa se acumulavam sobre seu peito como um gorila de 400 quilos sentado sobre ele. Ainda mais importante, ele podia sentir que estava voltando aos velhos hábitos e modos destrutivos de pensar por causa do estresse. Eram coisas pequenas. Ele estava menos paciente e mais defensivo em casa com sua esposa e sua filha. Seu pavio andava bem mais curto com os garotos da sala de aula, e ele se pegava silenciosamente se ressentindo da falta de apreço e de respeito dos alunos pelos professores.

Ele gostava especialmente das novas orientações recém-aprovadas pela direção da escola quanto ao envio de torpedos e uso de celulares, o que lhe concedia plena autoridade para confiscar telefones. Ora, *isso* era divertido. Algo dentro dele, algo obscuro, gostava de fazer isso quando surgia a oportunidade. Ele não tinha controle sobre muitas coisas em seu mundo, mas, pelo menos nesse ponto, ele podia puxar o gatilho e exercer poder na situação.

Sua imagem de vilão era de fato apoiada pelas regras que serviam para obscurecer a linha entre um professor consciencioso e um maníaco por controle. O que não era apoiado era tomar a autoridade nas próprias mãos e abusar dela. O que não era apoiado era comprometer sua ética como professor e suas convicções como cristão em nome de uma piada.

Um momento singular mudou tudo aquilo e ele próprio para sempre.

Ter algum espaço em sua agenda durante o dia foi ao mesmo tempo bom e ruim. Ele tinha uma hora livre, nenhum trabalho para corrigir e uma classe cheia de alunos trabalhando na revisão da matéria (ou fazendo seus melhores rabiscos). Ele também tinha aqueles dois celulares a sua frente, um dos quais agora vibrando sobre a mesa com uma tela brilhante piscando, na qual se lia "Nova mensagem", com um nome logo abaixo, revelando a identidade da pessoa que estava mandando o torpedo para sua aluna.

Em vez de simplesmente jogar os telefones na gaveta superior da direita, como ele sempre fazia, Kevin os deixou sobre sua mesa e, ao fazê-lo, permitiu-se uma tentação: espiar a vida particular de um aluno. Ele olhou para a tela mais uma vez e pensou sobre como seria prudente por parte de um professor ler a mensagem particular de uma aluna. Seu pensamento distorcido foi mais ou menos assim: "No caso de acontecer alguma coisa, eu poderia dizer que estava ensinando à menina a importância da mensagem (o que seria infantil) *versus* a importância de estudar para passar numa prova". Isso parecia realmente bom, e Kevin pressionou o botão "ler" no telefone.

Agora, ele já havia passado pela porta. Não havia como voltar atrás.

O que Kevin viu na tela foi uma mensagem altamente pessoal do objeto amoroso de sua aluna. Embora estivesse alarmado diante do que estava fazendo, a oportunidade voyeurística de espiar a vida particular de outra pessoa parecia boa demais para ser desperdiçada. Diante disso, Kevin continuou lendo, e a cada palavra ele se sentia sujo, estúpido e intrigado — tudo ao mesmo tempo. Os sonhos e as paixões do amor juvenil o fizeram lembrar-se de tempos mais felizes, livres das responsabilidades da vida adulta. Agora Kevin estava clicando nas mensagens anteriores da caixa de entrada de sua aluna a fim de entender a mensagem daquele dia. A cada segundo o momento se revelava ainda mais mortífero, à medida que a primeira transgressão e a excitação emocional de violar a privacidade de alguém geraram uma ideia ainda mais horripilante: responder à mensagem!

Depois de exatos um minuto e quarenta segundos, um respeitado professor, sem uma mancha sequer em sua ficha, estava prestes a entrar no mundo de uma aluna de 16 anos e aplicar uma pegadinha nela e em seu namorado! Esqueça o fato de que haveria apenas uma pessoa em quem colocar a culpa por essa brincadeira. Esqueça a questão ética envolvida. Esqueça o fato de Deus aprovar isso ou não. Esqueça a ideia de ser um homem de Deus.

Responda, Kevin!

Uma semana depois, após a aluna ter registrado uma reclamação formal e de Kevin ter sido dispensado de sua função, posto sobre licença administrativa não remunerada e se colocar debaixo de uma investigação formal para determinar se conservaria sua licença para lecionar, cruzei por acaso com ele. Eu estava acompanhando sua jornada como homem, marido e pai havia três anos, aconselhando-o a aceitar a responsabilidade por sua vida, casamento e família para fazer *o que um homem faz*. Sua disposição de assumir responsabilidade e controle, bem como de aplicar meu conselho extraído das Escrituras, foram atos corajosos e imediatos. Em Kevin pude testemunhar uma sólida transformação e a doação de incontáveis horas para servir às pessoas menos afortunadas. Ele estava no caminho certo em muitos aspectos.

Então, com Kevin em um vale emocional, o inimigo apareceu para provar o homem de Deus. Trabalhando com o transgressor (a natureza pecaminosa), Satanás fez o laço de uma forca (a inocente mensagem de texto) se parecer com uma inocente corda para brincar de pular e disse: "É fácil. Venha até aqui e brinque". Kevin deixou a razão de lado, violou sua própria identidade e tornou-se infiel a suas convicções profundas pelo poder *de uma mudança de humor.*

Foi um momento do qual ele jamais se esquecerá.

O teste de nossa lealdade

Kevin se transformou.

Ele passou de homem de Deus que por acaso era professor para o Homem Professor que se achava merecedor de uma "inocente" diversão e retribuição. Chamo isso de "mudança de identidade". É quando, num momento, somos persuadidos a nos despir de nossa identidade em Cristo com o objetivo de gratificar os desejos de nossa natureza pecaminosa, de ganhar a aceitação dos homens, de satisfazer uma necessidade fora da vontade de Deus ou de comportar-se de maneira inconsistente com nossa fé. Alguns de nós acabam vencendo essa disputa, enquanto outros não.

Deus permite que momentos assim aconteçam para nos testar e nos desenvolver ou para nos expor e disciplinar em nossa caminhada com Cristo. Kevin estava em boa companhia. Pense em Jó e Pedro, José e Daniel, Davi e o apóstolo Paulo. Os dois últimos de fato tiveram seus pensamentos pessoais sobre a prova e o programa de desenvolvimento de Deus registrados permanentemente nas Escrituras.

Davi disse: "Sei, ó meu Deus, que sondas o coração e que te agradas com a integridade" (1Cr 29.17). Ele também registrou uma oração na qual reconhece a tensão de aprender por meio da prova e a necessidade de poder no momento decisivo: "Ensina-me o teu caminho, Senhor, para que eu ande na tua verdade; dá-me um coração inteiramente fiel, para que eu tema o teu nome" (Sl 86.11). Davi soube de imediato qual era a diferença entre informação ("Ensina-me o teu caminho") e aplicação ("para que eu ande na tua verdade"). Ele também sabia que fidelidade no momento decisivo exigia ajuda sobrenatural ("dá-me um coração inteiramente fiel") e um alto senso de responsabilidade em razão de sua identidade como homem de Deus ("para que eu tema o teu nome"). Davi queria ser encontrado fiel em seus momentos de provação.

Paulo também estava em contato com a realidade espiritual de que esta vida apresenta provações patrocinadas por Deus que "comprovam" nossa fidelidade a ele. De fato, ele usou o processo de provação de Deus para ajudar a reforçar sua credibilidade diante daqueles a quem ele procurava influenciar para Cristo. Apenas um homem severamente testado poderia ser corajoso assim:

> Apesar de termos sido *maltratados* e insultados em Filipos, *como vocês sabem, com a ajuda de nosso Deus tivemos coragem de anunciar-lhes* o evangelho de Deus, em meio a *muita luta*. Pois nossa exortação não tem origem no erro nem em *motivos impuros*, nem temos intenção de enganá-los; ao contrário, como homens *aprovados por Deus* para nos *confiar* o evangelho, não falamos para agradar pessoas, mas a Deus, que *prova o nosso coração*.
>
> 1Tessalonicenses 2.2-4

O que Paulo está querendo destacar? Enfrentamos alguns momentos de provação severa e fomos aprovados! Portanto, quando você olhar para nós e nos ouvir, lembre-se de que não estamos neste negócio para causar uma impressão ou para tirar vantagem de quem quer que seja. Para garantir isso, Deus nos coloca no fogo para testar nosso compromisso e nossa motivação, a fim de ver se conseguimos viver para uma plateia de uma única pessoa. Deus está em nós a cada passo do caminho, testando nossa fidelidade.

Um homem deve ser provado ao ser colocado em situações que exigem coragem.

Paulo sabia que os homens respeitam outros homens que estão dispostos a ser testados, que são testados e que saem da prova sem comprometimentos ou sem se entregar às circunstâncias, às várias pressões ou a seus sentimentos. Um homem deve ser provado ao ser colocado em situações que exigem coragem ou, no caso de Paulo, fidelidade a Cristo debaixo de pressão.

Também chamamos essas coisas de ritos de passagem. Deus não promove líderes sem esse tipo de análise, prova ou avaliação de como tratamos a nós mesmos em particular, longe dos holofotes, nos recantos de nosso coração. Os exames que Deus realiza em seus homens são intencionalmente rigorosos e específicos, mas, ao mesmo tempo, todos os testes têm o propósito de eliminar impureza de compromisso, expor a substância da fé e desenvolver esperança e testemunho mais resistentes.

O Espírito Santo está em você para ajudá-lo a passar nesses testes. O objetivo dele? Fidelidade de vida em você e através de você, à medida que você busca viver a vida que Deus o chamou a viver momento a momento. O oposto disso? A vida que você acha que tem o direito de viver, sem planejamento, baseada nas mudanças das circunstâncias, do humor ou do acaso. O Espírito Santo sabe quão tentador e fácil é para os homens compartimentalizarem o comportamento de um instante com base num estado de espírito prevalecente, num clima, numa atmosfera ou numa necessidade de nossa vida. É por isso que a mais importante missão do Espírito Santo é desenvolver sua forte *identidade* como homem de Deus, aumentar sua *responsabilidade* para com a vontade de Deus e desenvolver sua *habilidade* de viver segundo essa vontade quando estiver sob pressão.

O nome disso é fidelidade, e é o fruto do Espírito mais apreciado, comemorado e contestado da cesta. Por que isso acontece? O oposto de fidelidade é infidelidade, mais conhecida para Deus como idolatria.

Sentimentos em troca de fé

A identidade é para a fidelidade aquilo que os sentimentos são para a idolatria. Deixe-me explicar. A fidelidade é a única qualidade de caráter forte suficiente para derrotar nossos humores ou sentimentos nos momentos de crise e de prova. É a única coisa exigida quando deparamos com um mandamento ou uma prioridade de Deus e *não queremos realizá*-la. Sim, você leu certo. Os melhores homens de Deus às vezes se veem *sem vontade* de fazer a vontade de Deus, mas, ainda assim, vão além de seus sentimentos e pressões por causa da fidelidade. No final, você vê a autoridade que eles têm em Deus levando-os além de seus sentimentos, rumo à fidelidade.

Pense em Jesus no jardim de Getsêmani, a perspectiva da cruz diante dele e a agitação emocional na qual ele se viu. Ele não *queria* fazer aquilo, mas foi fiel.

Pense em Moisés sendo chamado para resolver as diferenças com o faraó. Ele certamente não *queria* fazer aquilo, mas foi fiel.

Pense em Oseias ouvindo de Deus que deveria se reconciliar com sua esposa adúltera e amá-la "como o SENHOR ama os israelitas, apesar de eles se voltarem para outros deuses" (Os 3.1). Toda fibra de seu ser não *queria* fazer isso (especialmente naquela cultura), mas ele foi fiel a Deus ao resgatar Gômer de volta e amá-la como Deus havia ordenado.

> A identidade é para a fidelidade aquilo que os sentimentos são para a idolatria.

Onze dos doze discípulos foram chamados por Deus para enfrentar a morte por meio do martírio. O mesmo aconteceu com o apóstolo Paulo e muitos dos primeiros convertidos da igreja. Eles queriam isso? De jeito nenhum. Fiéis? É claro que sim. É por isso que damos a nossos filhos nomes como Mateus, Marcos, Lucas, João, Pedro, Tiago, Estêvão, Paulo, André, Timóteo, Filipe e Tomé. Até o derradeiro fim, pelo poder do Espírito Santo, nenhum deles violou sua identidade como homem de Deus por meio de algum comprometimento.

O mesmo Espírito Santo vive em você e quer construir a mesma história de fidelidade para seu testemunho diante de Deus e dos homens. *Todos* os homens de Deus são testados em sua fidelidade.

O nome disso é senso saudável de dever para com sua identidade.

Isso significa que você terá de considerar duas coisas em todos os momentos de prova que vier a enfrentar. Primeiro, o Espírito Santo vai levá-lo a se lembrar de sua identidade como filho de Deus e insistirá na fidelidade a sua filiação. O Espírito Santo dirá enfaticamente: "Você é cristão! Você é um seguidor de Jesus. Você é um filho do Deus vivo".

Segundo, ele lhe pedirá que sacrifique alguma coisa que você quer naquele momento em favor de algo de maior valor ligado a sua fé — uma ação que exige fé! Na maior parte do tempo, isso envolve sacrificar seu direito a algum sentimento que seria produzido para você por meio da infidelidade a Deus. Escolha uma destas sensações favoritas:

- Aceitação pelos outros
- Gratificação física
- Vingança
- Estar no comando
- Estar certo
- Merecer mais
- Estar livre de restrições
- Poder sobre outras pessoas
- Querer justiça

Dizer não a esses sentimentos é o material que compõe um legítimo guerreiro do Espírito Santo. Em todas as situações, a escolha de sacrificar é um risco, em que o Espírito Santo oferece um retorno posterior do investimento de sua obediência fiel ao mandamento de Deus. É por isso que Deus promete recompensas escandalosas no céu para aqueles que forem fiéis na obediência a ele na terra. Isso nos custa muito.

Veja o que alguns caras fiéis fazem:

- Larry sacrifica a competição pelo poder no relacionamento com sua esposa em favor de conexão e união.
- Bill sacrifica o relaxamento nas noites de quinta-feira na frente da televisão para que possa liderar o grupo de estudo bíblico de seu filho e de seus colegas da sexta série.
- Tim sacrifica um arrepio abaixo da cintura na frente do computador para amar a Deus com sua mente e amar sua futura esposa.
- Doug sacrifica uma nova televisão de plasma para que possa apoiar financeiramente um ministério aos órfãos de sua comunidade.
- Pete sacrifica o prazer de uma cerveja com os amigos pela proteção e incentivo de Ted, que está sóbrio há cinco dias, mas ainda vulnerável.

- Jeff sacrifica seu final de semana por um ministério aos sem-teto.
- Gary sacrifica sua zona de conforto e se arrisca a convidar um vizinho para ir à igreja.
- Meu pastor se sacrifica em termos financeiros e materiais para gerar mais credibilidade e integridade a seu ministério.

Todos esses são homens reais que fazem escolhas reais para dizer a Deus: "Vou me relacionar contigo em minha vida comum *nos teus termos*, a despeito de como eu me sinta no momento ou nos momentos de fraqueza".

> ***Decolando***
> *Fidelidade é sinônimo de sacrifício. Quando o homem de Deus se vê num momento de decisão, sacrificando a si mesmo, seus sentimentos ou seus planos, o Espírito Santo está trabalhando intensamente.*

O Espírito Santo está levando todo homem de Deus a afirmar sua fé à custa de seus sentimentos ao arriscar-se a seguir na direção de Deus de maneira mais intensa e agressiva. Onde quer que você esteja, seja qual for seu contexto, com quem você está e de que maneira isso precisa ser feito, se *perceber ou souber* que algo é da vontade de Deus naquela situação, então sacrifique-se por isso da maneira que o Espírito Santo orientar. Em termos práticos, isso significa aprender a desenvolver uma disciplina de confiança na voz amigável do Espírito Santo que chama você à fidelidade diversas vezes por dia em seus domínios público ou privado.

Confiar na voz do Espírito Santo é sinônimo de:

- Confiar no exemplo do próprio Jesus.
- Confiar implicitamente nos mandamentos de Deus.
- Confiar em sua consciência.
- Confiar em sua intuição e experiência como homem de Deus.

- Confiar em seu entendimento da Bíblia.
- Confiar na abordagem conservadora de situações ou de tomada de decisões que preserve sua integridade com Deus e com as pessoas.
- Confiar nas ameaças ligadas às consequências de se desobedecer a Deus em sua vida.
- Confiar no conselho de um parceiro espiritual de prestação de contas.
- Confiar nas promessas de Deus.
- Confiar em todas as orientações que levam a mais liberdade e cura em sua vida.

Em contrapartida, o Espírito Santo diz para *nunca* confiarmos num pensamento espiritualmente comprometedor *patrocinado por um sentimento*. Ainda que esse sentimento seja acompanhado por todo tipo de lógica insensata e autogratificante, não comprometa sua fé para ganhar uma sensação de vida curta.

A missão do Espírito Santo em sua vida é causar fervor espiritual espontâneo ou contínuo em relação às coisas que importam para Deus. Os itens a seguir são todos sinais de que o Espírito Santo está trabalhando em sua vida em um assunto específico:

- Você tem conflitos internos.
- Você pensa duas vezes sobre suas decisões.
- Você é lembrado das consequências de ações similares do passado.
- Você tem sonhos de alerta ou fluxos consistentes de pensamento que o advertem em relação a certas ações.
- Seu radar interno acende uma luz vermelha em relação a certas pessoas ou situações.
- Você se sente incomumente perturbado em certos ambientes.

- Você está recebendo conselhos não solicitados mas pessoais vindos de várias fontes (por exemplo, você ouviu um sermão na semana passada, um amigo diz a mesma coisa e, então, o texto bíblico que você lê naquele dia finca o último prego no caixão).

Essas coisas recebem o nome de direcionamentos. É o equivalente a ouvir um "Psiu!" de um amigo visando chamar sua atenção, seguir em certa direção e dar ouvidos sem necessariamente entender todos os porquês daquilo que está acontecendo. Tudo o que você sabe é que alguém em quem confia faz o pedido, você muda seu curso ou linha de pensamento no meio da ação e se contenta em obter mais tarde a explicação ou as razões para aquilo.

O Espírito Santo está em você para produzir *um homem fiel a Deus.*

Agora e depois

A fidelidade *agora* é a garantia do Espírito Santo *depois*. Ouça com atenção ao ministério "agora e depois" do Espírito Santo em sua vida:

> *Ora*, é Deus que *faz que nós e vocês permaneçamos firmes em Cristo*. Ele nos ungiu, nos selou como sua propriedade e *pôs o seu Espírito em nossos corações* como garantia do que está por vir.
>
> 2Coríntios 1.21-22

O Espírito Santo diz a todo cristão: "Estou em você para garantir a fidelidade e a integridade de sua conduta na terra ao ajudar você a vencer dificuldades, a permanecer firme e a ser fiel. Também confirmo seu chamado ao comissioná-lo e ungi-lo para derrotar o pecado e o mal a seu redor. E estou marcando sua alma com o brasão vermelho-vivo do fogo de Deus *agora* para que não haja dúvidas em relação a quem você pertence *depois* diante de Deus".

Este é o quadro: permanecer firme agora através do poder do Espírito Santo, capacitado agora para obter fidelidade no poder do Espírito Santo, agendado para uma chegada segura mais tarde no céu, marcado e selado pelo Espírito Santo. Todas as pontas estão seguras.

> Ou minhas emoções estarão subordinadas a meu compromisso com Deus, ou meu compromisso com Deus estará subordinado a minhas emoções.

Quando sou colocado entre a rocha de meu compromisso com Cristo e um difícil local de provação, uma de duas coisas acontecerá: serei fiel ou terei algum comprometimento. Esses são os únicos resultados possíveis. Ou minhas emoções estarão subordinadas a meu compromisso com Deus, ou meu compromisso com Deus estará subordinado a minhas emoções. Escolherei o autossacrifício, ou escolherei a autopreservação. Serei um homem de Deus, ou serei homem de mim mesmo. Estarei mais confiante e seguro de minha salvação futura, ou, por meio de meu comprometimento, estarei menos seguro e inclinado a temer.

> ***Decolando***
> *O homem de Deus luta para ser fiel a sua identidade agora, porque é impulsionado pela forte esperança da recompensa posterior.*

A fidelidade produz medidas cada vez maiores de satisfação, contentamento e paz em minha vida. O comprometimento produz mais arrependimento, descontentamento e ansiedade. Qual comportamento e consequências você quer neste momento? Exato! É por isso que uma cooperação fiel, consistente, harmônica e imediata com o Espírito Santo envia uma mensagem a Deus, dizendo: "Viverei de acordo com as suas condições". A resistência infiel ao Espírito Santo, por sua vez, envia uma mensagem a Deus, dizendo: "Tu precisas te relacionar comigo de acordo com as minhas condições".

Tanto o agora quanto o depois são o domínio do Espírito Santo na vida de um homem. Ele não pode manter a fé separada da obra do Espírito Santo. A fidelidade vem de laços fortes, de comunicação forte e de uma sensibilidade forte à liderança do Espírito Santo à medida que o homem de Deus combate o bom combate agora na esperança das recompensas que virão depois. Ele quer que você receba a coroa!

> Combati o bom combate, terminei a corrida, *guardei a fé*. Agora me está reservada a coroa da justiça, que o Senhor, justo Juiz, me dará naquele dia; e não somente a mim, mas também a todos os que amam a sua vinda.
>
> 2Timóteo 4.7-8

Esmagar o comprometimento é o desejo do Espírito Santo para todos os seus homens lutadores. Como temos aprendido, ele está profundamente envolvido e ativo na luta contra o comprometedor dentro de nós, conquistando mais fidelidade para os cristãos a cada dia que passa. Ele lhe diz para se levantar com mais coragem. Ele está se movendo em seu interior para que você aja com mais lealdade. Ele está levando você a viver de forma mais consciente como homem de Deus. Ele está ajudando você a ver em si mesmo a diferença entre estar interessado em Deus e ser fiel a Deus. Ele está mostrando a você que o homem interessado em si mesmo faz coisas somente quando as circunstâncias ou os sentimentos corretos lhe permitem. Isso se chama ser um menino.

Ao mesmo tempo, o Espírito Santo está chamando você a uma versão mais elevada de si mesmo que se coloca acima das circunstâncias e dos sentimentos para ser fiel a Deus *no meio da pressão*. Isso se chama ser um homem.

Mudanças de sorte não podem mudar o compromisso do homem cheio do Espírito, e o sofrimento é considerado o fruto de nossa fidelidade maior. Repito, um homem e um guerreiro pensam dessa maneira. Pequenos atos de fidelidade se somam, e é nas pequenas coisas que nossa luta se inicia. Pois é nos pequenos atos de obediência que a verdadeira força espiritual reside e a maior preparação é feita para as lutas maiores que virão.

A mentalidade do Espírito Santo em relação a sua fidelidade durante seus momentos de provação é bastante clara: lembre-se de quem você é!

> Por isso, não abram mão da confiança que vocês têm; ela será ricamente recompensada. Vocês precisam perseverar, de modo que, *quando tiverem feito a vontade de Deus*, recebam o que ele prometeu; pois em breve, muito em breve "aquele que vem virá, e não demorará. *Mas o meu justo viverá pela fé*. E, se retroceder, não me agradarei dele". Nós, porém, *não somos dos que retrocedem* e são destruídos, mas dos que creem e são salvos.
>
> Hebreus 10.35-39

> O Espírito Santo está chamando você a uma versão mais elevada de si mesmo que se coloca acima das circunstâncias e dos sentimentos para ser fiel a Deus *no meio da pressão*. Isso se chama ser um homem.

Nossa maior fonte de confiança espiritual consiste em relembrarmos nossa identidade como filhos de Deus. Quando um Pai diz "este é o meu Filho amado, de quem me agrado" (Mt 3.17), a luta pela fidelidade é vencida. A filiação vence disputas espirituais na vida dos homens de Deus. Jogue essa identidade fora, e sua confiança no momento de dificuldade irá junto com ela. Você, como homem de si mesmo, simplesmente não é forte o suficiente para resistir aos sentimentos poderosos que levam ao comprometimento de sua fé.

É por isso que a missão do Espírito Santo em sua vida é socar essa identidade no fundo do seu espírito:

> Portanto, irmãos, *estamos em dívida*, não para com a carne, para vivermos sujeitos a ela. Pois se vocês viverem de acordo com a carne, morrerão; mas, *se pelo Espírito fizerem morrer os atos do corpo*, viverão, porque *todos os que são guiados pelo Espírito de Deus são filhos de Deus*. Pois vocês não receberam um espírito que os escravize para novamente temerem, *mas receberam o Espírito que os torna filhos por adoção*, por meio do qual clamamos: "*Aba, Pai*". *O próprio Espírito testemunha ao nosso espírito que somos filhos de Deus*. Se somos filhos, então somos herdeiros; herdeiros de Deus e co-herdeiros com Cristo, *se de fato participamos dos seus sofrimentos*, para que também participemos da sua glória.
>
> Romanos 8.12-17

A filiação por adoção é nossa irmandade patrocinada pelo Espírito Santo. Veja o que a filiação envolve:

- A tarefa de representar o Pai.
- Uma fidelidade maior nos momentos de provação.
- Uma missão mortal contra o pecado.
- Uma disposição de ser conduzido pelo Espírito de Deus.
- Uma confiança no Pai e maior proximidade dele.
- Um testemunho interno contínuo do Espírito Santo quanto a nossa identidade.
- Um compromisso de sacrificar ou sofrer perda visando permanecer fiel agora com a esperança de uma glória posterior como filho.

Agora e depois seremos filhos.

Espírito Santo, obrigado por tua missão de filiação em minha vida. Continua testemunhando essa identidade a mim, que sou um filho de Deus chamado à fidelidade. Quero vencer todo encontro que tiver com o permissivo dentro de mim, e não posso fazer isso sem a tua forte presença em mim. Ajuda-me a me concentrar na fidelidade nas pequenas batalhas que enfrento hoje, e ajuda-me a lembrar que é aqui que a verdadeira força espiritual se desenvolve. Prepara-me para minhas provas de fidelidade. Recebo essas provações porque quero crescer e ser mais semelhante a Cristo. Quero passar em mais provas para a tua glória. Usa as provas que estou vivendo hoje para eliminar o menino, juntamente com qualquer impureza prejudicial, e a desenvolver um testemunho mais forte de Deus.

Espírito Santo, ajuda-me a deixar os sentimentos de lado e a me comprometer contigo diariamente. Obrigado porque não esperas que eu aprecie as escolhas difíceis para ser fiel hoje, mas também espero ansiosamente a recompensa que darás mais tarde por essas mesmas escolhas. Obrigado por tua forte promessa que me ajuda a responder a tuas orientações em minha vida. Continua a chamar minha atenção. Meus ouvidos estão abertos a tua voz e a teu testemunho hoje em mim.

Sou um filho e te amo. Amém.

PARTE 3

Transações

12

Poder peculiar

O mundo ainda está para ver o que Deus pode fazer junto, em favor, através e dentro do homem que esteja total e plenamente consagrado a ele. Tentarei com todas as forças ser esse homem.

D. L. Moody

Uma estrondosa liberação de poder.

O som da explosão foi ouvido a quase cinco mil quilômetros de distância. Essa foi a informação confirmada depois da erupção de 1883 do vulcão Krakatoa, na Indonésia. Cientificamente falando, o índice de explosividade vulcânica (ou IEV) foi seis, o que caracteriza a explosão como "colossal" ou incomum e impressionantemente grande.

Em termos de poder bruto, esse bebê foi tão imponente quanto inspirador. A escala do impacto, o alcance do impacto e o grau em que esse vulcão afetou o globo nunca foram alcançados nos tempos modernos.

Eis alguns fatos alucinantes que cercam tamanha explosão de poder:

• Cinzas vulcânicas da explosão caíram no convés de navios localizados a mais de 2,5 mil quilômetros dali.

• A explosão em si foi ouvida em mais de um terço da superfície da terra, começando na Indonésia e ecoando por toda a superfície do planeta em lugares tão distantes quanto a Austrália e a ilha Rodrigues, que está a cerca de 1,5 mil quilômetros a leste de Madagascar. A população local descreveu o som como um "distante rugir de canhões".

- As ondas de choque atmosféricas (registradas por barógrafos por todo o mundo) circundaram a Terra nos cinco dias seguintes.
- As cinzas chegaram à altura de 80 quilômetros na atmosfera.
- Espetaculares pores do sol avermelhados foram relatados nos Estados Unidos e na Europa durante os três anos seguintes, devido à reflexão da luz solar nas partículas de cinza.
- Um véu de poeira vulcânica agiu como um filtro da radiação solar que causou a queda das temperaturas globais e mudou o clima mundial durante os cinco anos seguintes.
- A energia explosiva do evento de Krakatoa foi equivalente a 150 megatons de TNT (150 milhões de toneladas).[1]

Minha mãe tinha uma expressão para esse tipo de coisa: "Ai, caramba!".

O mundo teve de lidar com as repercussões de um evento 150 vezes mais poderoso do que a bomba atômica lançada sobre Hiroshima em 1945! A realidade científica por trás de todos os efeitos do vulcão está conectada ao volume de deslocamento de um evento explosivo. Em termos mais comuns, podemos nos referir a isso como uma zona de impacto. A zona de impacto do Krakatoa foi tão incomumente grande devido a um evento singular dentro do vulcão ocorrido durante a explosão "normal".

Resumindo, *alguma coisa entrou nele.*

Conforme as paredes do vulcão começaram a se romper depois das duas primeiras explosões, a água do oceano entrou nas câmaras magmáticas criando as condições para um evento freatomagmático (uma erupção vulcânica causada pelo contato entre o magma e a água subterrânea, no qual água, gases e vapor se combinam para criar uma explosão). Esse foi o poder secreto por trás da força incomum do Krakatoa e de seu poder de deslocamento. A mãe de todas as panelas de pressão foi criada, contida e então carregada para fora no momento em que *o poder de dentro superou a pressão de fora.*

O resultado foi uma superexplosão que literalmente abalou o mundo.

O que entrou em você?

O que o evento freatomagmático, o Krakatoa, o Espírito Santo e o tremor mundial têm a ver com o homem de Deus hoje?

Tudo.

Já falei sobre isso, mas vamos revisar. Ao fazermos *transições* em nosso modo de pensar sobre o Espírito Santo, saindo do etéreo e impessoal para o pessoal e prático (parte 1), conforme cooperamos com ele nas transformações específicas que ele deseja realizar em nós ao subjugar a natureza pecaminosa (o menino) e criar um homem que tem o caráter de Cristo (parte 2), e conforme nos concentramos nas poderosas obras que o Espírito Santo procura realizar através de nós, devemos refletir seriamente sobre a natureza e o poder das transações explosivas que surgem da sinergia entre seu poder e nossa fé.

O que entendemos biblicamente é que, quando corretamente recebida, a obra do Espírito Santo não é uma explosão comum do poder de Deus. Veja mais uma vez como o próprio Jesus predisse o fator de deslocamento dos homens sob a influência do Espírito Santo, conforme dito no livro de Atos:

> "Vocês vão receber o Espírito Santo, e, *quando ele vier, vocês serão minhas testemunhas* em Jerusalém, por toda a Judeia e Samaria e *até mesmo nos confins da terra*".

> Essas foram suas últimas palavras. Enquanto observavam, ele foi levado e desapareceu numa nuvem. Eles ficaram ali, olhando para o céu vazio. De repente, dois homens vestidos de branco apareceram e disseram: "Galileus! *Por que estão parados, olhando para o céu*? Este mesmo Jesus que vocês viram ser levado para o céu voltará, tão certa e misteriosamente quanto partiu".
>
> Atos 1.8-11, MSG

Um momento de transição na História se aproximava. Estava prestes a acontecer algo que reverberaria para fora de Jerusalém e seria sentido no mundo inteiro. A partida de Jesus foi a primeira e necessária explosão que os discípulos *tinham de sentir*. As paredes de suas expectativas pessoais (a esperança de que Jesus construiria um reino físico na terra) finalmente desabariam em razão de sua ascensão, abrindo caminho para uma entrada inundante do Espírito Santo. Em outras palavras, um vale emocional dos discípulos e um poder do alto estavam prestes a se juntar, estabelecendo as condições perfeitas para uma explosão de poder induzida pelo Espírito que enviaria ondas de choque por todo o Planeta pelos séculos seguintes.

> Estava prestes a acontecer algo que reverberaria para fora de Jerusalém e seria sentido no mundo inteiro.

As esperanças ferventes, as expectativas magmáticas e as poderosas conexões dos discípulos no decorrer dos últimos três anos foram rompidas *intencionalmente* por Deus, deixando um enorme vazio de oportunidade dentro *deles*. Em pouco tempo, as comportas se abriram e o Espírito Santo entrou e inundou cada cavidade da alma deles com a garantia e a unção do Espírito para o ministério. Enquanto esperavam naquele cenáculo em Jerusalém, água viva repentinamente inundou-lhes a alma, misturando-se depressa e fazendo perfeito sentido com todas as suas esperanças, perspectivas e probabilidades ligadas ao relacionamento que tinham com Jesus. Todos os pontos foram ligados, e a tampa de sua disposição de serem usados para os propósitos de Deus foi arrancada. Tão poderosa foi a explosão inicial de energia espiritual criada pelo Espírito Santo que aqueles que a testemunharam sentiram-se completamente perdidos. Estava claro que algo havia entrado, possuído e assumido plenamente o controle do corpo e da mente daqueles homens. Mas o que era? Alguém precisou explicar esse espetáculo de homens em explosão.

> Apoiado pelos outros onze apóstolos, Pedro tomou a palavra e fez este ousado pronunciamento: "Irmãos judeus, vocês que estão visitando Jerusalém, ouçam com atenção e procurem entender. Ninguém está bêbado aqui, como alguns estão pensando. Elas não tiveram tempo de se embebedar, porque ainda são nove horas da manhã. O que está acontecendo é o que o profeta Joel anunciou:
>
> 'Nos últimos dias', Deus diz:
> 'Vou derramar meu Espírito
> sobre todo tipo de gente.
> Seus filhos vão profetizar,
> e também suas filhas.
> Seus jovens terão visões,
> seus velhos terão sonhos.
> Quando chegar a hora,
> vou derramar meu Espírito
> sobre todos os que me servem, homens e mulheres de igual modo,
> e eles vão profetizar.
> Mostrarei maravilhas no céu
> e sinais na terra,
> sangue, fogo e fumaça,
> o Sol ficará escuro; e a Lua, vermelha,

antes que chegue o dia do Senhor,
o dia tremendo e maravilhoso.
E quem pedir ajuda
a mim, Deus, será salvo'".

Atos 2.14-21, MSG

Pedro descreveu um movimento espiritual causado pelo poder do Espírito Santo — explosivo, visível e capaz de mudar o mundo — que invadiu a alma daqueles 120 homens para fazer avançar o reino de Deus.

Esta é a etapa final do Espírito Santo e o movimento que estamos construindo em nossa jornada conjunta em *Decole*. A mensagem de Pedro naquele dia e a minha agora é que o Espírito Santo tem planos para seu momento atual, seu contexto pessoal, para suas zonas explosivas de influência, e ele quer trabalhar através de você de *maneiras culturalmente poderosas* para fazer diferença.

No Pentecoste, a coisa mais significativa que poderia acontecer *naquele contexto* foi o fato de os homens falarem línguas desconhecidas, louvando a Deus de maneiras que surpreenderam as pessoas visitantes de todo o mundo. Veja o filme:

> Havia em Jerusalém judeus, devotos a Deus, vindos de todas as nações do mundo. *Ouvindo-se o som*, ajuntou-se uma multidão que ficou perplexa, pois cada um os ouvia falar em sua própria língua. Atônitos e maravilhados, eles perguntavam: "Acaso não são galileus todos estes homens que estão falando? Então, como os ouvimos, cada um de nós, em nossa própria língua materna?".
>
> Atos 2.5-8

Espanto total.

Ora, minha pergunta para você e para mim é: qual obra do Espírito Santo em mim e no grupo de homens com quem tenho comunhão provocaria um choque absoluto nas pessoas da minha cultura, ajudando outros a ver Deus e disseminando um senso de maravilha diante do poder responsável por isso?

Nossos tempos não conhecem precedentes na história humana. De maneira muito semelhante a nossos irmãos discípulos do século 1, a comunidade global dos homens de Deus espalhada pelo planeta está sendo virada de cabeça para baixo por eventos fora do nosso controle. A terra por baixo dos pés do mundo está tremendo à medida que economias desabam e países inteiros explodem. Sonhos pessoais são rompidos. Expectativas de futuro são alteradas. A realidade é perturbadora. E, por causa da tecnologia, o quintal de qualquer pessoa está a uma tela de celular de distância, e *nós podemos assistir ao que está acontecendo com qualquer pessoa!*

Pense nas eleições no Irã em 2009. Até mesmo num país fechado como o Irã, o que antes era um movimento invisível para o restante do mundo foi visto e percebido pelo mundo inteiro em tempo real. O benefício do Pentecoste foi a capacidade de um mundo visitante enxergar um movimento em tempo real. O local de encontro de hoje não é um ambiente onde se reúnem milhares numa cidade, mas de bilhões de usuários de tecnologia que podem ver e ouvir exatamente o que está acontecendo em qualquer dia e em qualquer parte do planeta. A dinâmica situacional daquele primeiro Pentecoste e a zona de impacto inicial do reino nos pertencem agora, nestes últimos dias. Mas será que os gigantes adormecidos — os homens de Deus — vão se levantar, esperar no Espírito Santo, ser cheios e explodir em seu mundo?

Tal como os discípulos, muitos homens de Deus estão desiludidos, olhando para o céu, esperando pela vida que eles querem que apareça. E embora eu não seja um anjo vestido de branco, sou seu irmão e estou aqui para dizer a todos os homens que se chamam pelo nome dele no mundo inteiro:

Homens de Deus! Por que vocês estão em pé olhando para o céu? Deixem o ontem para trás. Jesus está voltando! Não é hora de ficar parado. É hora de envolver-se em oração com seus irmãos, de esperar com avidez e expectativa, de ser inundado pelo Espírito Santo e de liberar o poder dentro de vocês para o mundo que os espera e lhes assiste!

Assim como no século 1 o mundo estava pronto para uma explosão de poder através de homens cheios de Deus, capacitados e equipados pelo Espírito Santo, a dinâmica global de mudança e desafio está permeando uma colheita culturalmente transcendente e inclusiva do Espírito nunca vista desde os dias do Pentecoste. Alguma coisa aconteceu naquele cenáculo que mudou o panorama do mundo espiritual para sempre, motivando homens a fazer coisas nunca vistas até então. Uma cultura masculina cheia do Espírito mostrou o caminho, gerando movimentos transculturais de evangelismo, crescimento da igreja, ministério local e missões que atravessaram o mundo. A missão do Espírito foi preparada *por Deus* e *para Deus* para aquela hora, exatamente como Jesus predisse.

Qual era essa missão? Abalar o mundo deles.

Abale o seu mundo

A imagem era de água — algo bem familiar. Para um cristão judeu do século 1, o batismo significava a mesma coisa que significa hoje: ser ensopado. Uma cobertura completa e total de água representava fisicamente a união espiritual com qualquer mensagem que chamasse ao batismo. A mensagem de João era de arrependimento. Assim, ser batizado por João significava que você queria mudar seu estilo de vida.

> Entenda uma coisa: alguém está esperando por suas explosões pessoais do Espírito Santo.

Quando Jesus disse que o batismo *exterior* de João Batista seria equiparado a um batismo *interior* pelo Espírito Santo, os homens da Galileia ficaram sabendo de duas coisas: *nenhuma parte de sua vida seria poupada e, como resultado, uma mudança fundamental de sua natureza aconteceria.* Uma identificação mais plena e mais profunda com a pessoa e a mensagem dele estava à vista no horizonte. Uma poderosa obra interior estava chegando, a qual seria seguida por uma explosão igualmente poderosa do Espírito Santo através deles para ser publicamente testemunhada e experimentada por um mundo à espera.

Conforme aprendemos na parte 2 deste livro, a mesma coisa está acontecendo a nós neste exato momento por meio da obra transformadora do Espírito Santo, que nos faz crescer em todos os aspectos dele. Essa é a poderosa obra interior, mas não a etapa final dessa transformação. O Espírito Santo tem uma audiência esperando por nossa erupção neste exato momento.

Entenda uma coisa: alguém está esperando por suas explosões pessoais do Espírito Santo. O batismo e a plenitude do Espírito *em sua vida* têm o propósito de produzir um testemunho *em seu mundo*. Vamos nos aprofundar em expressões práticas do que isso significa nestes capítulos finais. Contudo, por ora, devemos simplesmente entender e aceitar a responsabilidade de sermos usados pelo Espírito Santo para criar uma zona de impacto na Jerusalém, na Judeia, na Samaria e nos confins da terra que o Espírito escolher. O livro de Atos ainda está sendo escrito, *e você faz parte dele*, pois o Espírito Santo não mudou seu modo de agir. Todos os dons do Espírito Santo ainda estão disponíveis a ele para atribuí-los quando, onde e a quem desejar neste planeta, tal como ele fez com os primeiros discípulos.

Sem entrar numa discussão maior, podemos todos concordar com uma coisa: ele decide quem recebe quais dons para seus propósitos. E nós também sabemos que, para garantir nossa unidade, nenhum homem recebe *todos os dons* em seu batismo no Espírito. Recebemos *alguns* dos dons do Espírito com o objetivo de nos tornar dependentes do corpo de Cristo, interdependentes e necessitados uns dos outros para experimentar a plenitude de Deus. *Essa diversidade de dons é uma coisa boa e nos mantém conectados.*

> ***Decolando***
> *O Espírito Santo nunca é depositado dentro de um homem com o propósito único de permanecer ali. Sua missão é envolver o mundo através de homens entregues e dotados prontos a sacrificar seu sonho pessoal em favor da vontade revelada de Deus.*

Por ora, um lembrete é suficiente: *você recebeu dons do Espírito Santo que outras pessoas não possuem*, o que o torna bastante importante, mano! Você foi moldado de maneira singular para um impacto específico hoje, e é sua responsabilidade discernir e determinar quais dons espirituais o Espírito Santo depositou em você e, então, colocá-los em ação neste momento em seu mundo:

> Há diferentes tipos de dons, mas o Espírito é o mesmo. Há diferentes tipos de ministérios, mas o Senhor é o mesmo. Há diferentes formas de atuação, mas é o mesmo Deus quem efetua tudo em todos.
>
> A cada um, porém, é dada a manifestação do Espírito, visando ao bem comum.
>
> 1Coríntios 12.4-7

O livro de Atos cataloga os momentos de ignição quando homens se tornaram agentes perigosamente eficientes do poder do Espírito Santo ao usar os dons que haviam recebido dele. Ombro a ombro, diante dos mesmos milhares de pessoas de quem haviam se escondido apenas algumas semanas antes, esses caras vieram a público por Jesus inúmeras vezes. Através do poder do Espírito Santo, eles...

- Tocaram o intocável e curaram muitos.
- Envolveram-se na luta e aceitaram o custo de ser mensageiros das boas-novas.
- Permaneceram fiéis, a despeito de forte oposição de homens em sua cultura que queriam deter a causa de Cristo.
- Lideraram milhares de pessoas na igreja.
- Ensinaram, organizaram, serviram, encorajaram e equiparam cristãos.
- Identificaram necessidades e apontaram outros homens para cuidar das necessidades de viúvas e órfãos.
- Levantaram homens "cheios do Espírito e de sabedoria" (At 6.3) e entregaram novos ministérios a esses homens.
- Morreram pela causa do evangelho.
- Plantaram igrejas por todo o mundo de sua época.
- Foram homens de Deus em todo lugar, de todo modo e sob quaisquer circunstâncias, até o último suspiro.

Todas essas proezas vieram depois de uma temporada de desilusão, desânimo e derrota. Então, o Espírito Santo chegou, batizou-os e os encheu e, de maneira belíssima, entregou-os a um mundo que estava à espera.

Foi o som ouvido por todo o mundo espiritual.

Zonas de impacto

Um homem transformado transforma muitas coisas:

> Se pela transgressão de um só a morte reinou por meio dele, muito mais aqueles que recebem de Deus a imensa provisão da graça e a dádiva da justiça reinarão em vida por meio de um único homem, Jesus Cristo.

> Consequentemente, assim como uma só transgressão resultou na condenação de todos os homens, assim também um só ato de justiça resultou na justificação que traz vida a todos os homens. Logo, assim como por meio da desobediência de um só homem muitos foram feitos pecadores, assim também, por meio da obediência de um único homem muitos serão feitos justos.
>
> Romanos 5.17-19

A história humana deriva diretamente do caráter e da conduta de dois homens: Adão e Jesus Cristo. A história deles é a nossa história, e ela ainda está se desenrolando hoje. Todos os homens do mundo estão ou em Adão ou em Jesus Cristo. Consequentemente, homens são desobedientes ou obedientes a Deus. Homens estão produzindo sofrimento ou estão produzindo vida para outros. Ou a morte está reinando, ou a vida e a saúde estão sendo criadas.

Pegue um jornal e acompanhe o sofrimento que você vê no mundo inteiro. É uma questão de liderança: o caráter de Adão ou o caráter de Cristo é quem está prevalecendo nas culturas ao redor do Globo, produzindo condutas e escolhas que tocam pessoas na zona de impacto de sua liderança.

Um estudo rápido das manchetes nos conta uma história trágica de liderança e impacto masculinos destruídos. Ausência de pai, violência doméstica, estupro, divórcio, corrupção política, tráfico sexual, prostituição, exploração de vulneráveis, tribalismo, ganância, materialismo e uma pletora de lutas por poder são apenas algumas das questões que têm origem no caráter masculino ímpio que deu errado. A cultura e os estilos de liderança masculinos influenciam toda a infraestrutura social, política, doméstica, econômica e religiosa no mundo inteiro. Infelizmente, milhões de homens de Deus *contribuem* para as ondas de sofrimento, em vez de servir para *aliviar* o sofrimento em suas zonas de impacto de influência. Eles estão se mesclando com a cultura. O menino está ganhando, e a voz do Espírito Santo está muda na vida deles.

O Espírito Santo é entristecido à medida que os seguidores de Cristo perdem batalhas importantes e a injustiça reina absoluta sobre milhões ao redor do mundo. As pessoas estão sofrendo, e Deus está assistindo a seus meninos causando dano:

> Pois bem,
> a vinha do SENHOR dos Exércitos
> é a nação de Israel,
> e os homens de Judá
> são a plantação que ele amava.
> Ele esperava justiça,
> mas houve derramamento de sangue;
> esperava retidão,
> mas ouviu gritos de aflição.
>
> Isaías 5.7

Naquela época e agora.

- Deus está acompanhando o caráter e a conduta de seus homens.
- Deus está tentando encontrar seu caráter (justiça, compaixão e retidão) reproduzido em seus homens.
- Deus sabe que o caráter é expresso na conduta que produzirá saúde ou dano àqueles que se conectarem a seus homens.
- Deus está acompanhando a influência de homens em favor do seu nome e daqueles que são feridos pelo caráter e a conduta deles.
- Deus julgará seus filhos com severidade pela maneira como eles tratam as pessoas (cf. Is 5.8-30).
- Deus é um Pai desapontado que não deseja mas precisa castigar e disciplinar seus filhos.

Para o bem ou para o mal, você e eu recebemos a capacidade de produzir vida e morte através de nosso caráter e conduta. O Espírito Santo tomou um grupo de homens no Pentecoste, salvou-os, encheu-os, transformou-os por dentro e os liberou para que levassem a saúde e a vida dele para um mundo à espera. Foi um movimento na hora certa realizado por homens dedicados. Foi um movimento renovado, não da letra ou da religião estagnada, mas do Espírito, que trouxe refrigério para aqueles que entraram em sua zona de impacto e que gerou vida. Os homens de Deus sabiam que aquele movimento viera de dentro para fora: "Ele nos capacitou para sermos ministros de uma nova aliança, não da letra, mas do Espírito; pois a letra mata, mas o Espírito vivifica" (2Coríntios 3.6).

> ***Decolando***
> *Todo homem criado tem uma zona de impacto de influência.*

Como aconteceu com os homens que fizeram parte da primeira explosão maciça do Espírito no livro de Atos, não é solicitado de você que faça em seu mundo aquilo que o Espírito Santo não lhe deu o caráter e o poder para realizar. O Espírito quer que seu mundo seja abalado e ele o dotará de poder e lhe mostrará exatamente como usá-lo.

Alguma coisa entrou em você, algo que está crescendo em seu interior. E é apenas uma questão de tempo até que a erupção ocorra. Você tem estado dormente, mas a transição para ativo já começou. O mundo está à espera.

Você está pronto para receber e liberar o poder?

Espírito Santo, obrigado por vires até mim através de Cristo, habitando em mim e enchendo minha vida de novos dons e um novo propósito, de modo a substituir os velhos caminhos e os velhos hábitos que não glorificavam a Deus.

Quero que batizes minhas esperanças e sonhos novamente com teu poder. Quero inflamar de vida e saúde o mundo a meu redor no caráter de Cristo. Quero uma zona de impacto que faça os outros se perguntarem por que alguém como eu está fazendo as coisas que quero fazer para ti. Quero ser tua testemunha em minha Jerusalém, Judeia, Samaria e aonde escolheres me mandar.

Dá-me teus olhos para que eu possa ver todas as oportunidades diante de mim, momento após momento, grandes ou pequenas. Esta oração é a minha fagulha, minha rendição a tua obra em mim e, mais importante, através de mim agora. Derrama teu Espírito sobre mim, em mim e através de mim. Espírito Santo, tens a minha permissão e cooperação para criar um espetáculo através de mim para a glória global de Deus. Sou teu servo. Peço isso em nome do meu Salvador Jesus. Amém.

13

Libertação dos cativos

Se o seu evangelho não está tocando outras
pessoas, então não tocou você!
Curry R. Blake

Todo homem tem os seus "Egitos".

Eu os chamo de Egitos agora, mas, antes de eu ser cristão, eles eram simplesmente circunstâncias, relacionamentos, sentimentos, ações e maneiras de ver a mim mesmo e aos outros que faziam parte da minha vida sem Deus. Quando era jovem, sentia-me como um verdadeiro desastre.

Meu pai era deprimido, distante e muito viciado. Mamãe lutava para conseguir dar conta de um marido alcoólico e sete filhos.

Eu estava sob os cuidados da escola e dos amigos.

Eu não tinha autoridade nem responsabilidade.

Estava numa busca desesperada por identidade e conexão.

Encontrei outros meninos perdidos, e nos reunimos no Egito.

Nossa cultura egípcia era formada por festas, bebida e escapadas para promover vandalismo em nome da diversão.

Deus tornou-se um desmancha-prazeres que não se podia levar a sério.

O pecado era minha maior fonte de identidade, relacionamento, conforto e prazer, de modo que o buscava agressivamente em todas as suas formas agradáveis.

Chamava isso de "ter bons momentos".

Mas no silêncio, normalmente quando me deitava para dormir, havia aquela sensação irritante, um sussurro baixinho, que dizia que isso não era o que eu realmente era, não era o que eu realmente queria estar fazendo e não era a maneira como eu queria realmente viver. Culpa, vergonha, dor, vício, mentiras, dores de cabeça, feridas, olhos roxos, medos e ferimentos que causei às pessoas ligadas a minha vida no Egito me levavam a questionar meu curso — mas, de modo geral, não por muito tempo. Até mesmo pensar em outra vida significaria abdicar de uma identidade conseguida a duras penas e abrir mão da aceitação dos outros que eu tanto queria, bem como rejeitar um estilo de vida que incluía todos os meus relacionamentos mais importantes. Além disso, ninguém jamais me havia explicado por que eu sentia essa batalha interior, ou me dito o que estava envolvido ou mostrado uma forma de escapar daquilo. Como um homem salva a si mesmo da única vida que ele conhece?

Ele não se salva.

Mas numa fatídica noite de verão em julho de 1982, logo depois de uma festa pesada com amigos, decidi dar alguma liberdade àquela voz dentro de mim e deixei-a explorar comigo a possibilidade de vida fora do Egito. Decidi ver se havia outra identidade para mim, outra maneira de ser, outro mundo com outras conexões com Deus e com as pessoas lá de fora. Mas aonde eu deveria ir com minhas perguntas? Quem poderia me dar as respostas? Quem tinha o conhecimento?

Surpreendentemente, sem muita reflexão e com inocente ousadia, comecei a bater à porta de Jesus e pedir uma audiência pessoal. Nenhuma resposta. Então, bati mais uma vez, dizendo: "Quero ver você". Nenhuma resposta. Sem recuar, continuei falando isso até que uma presença bastante cordial e incomum cobriu meu corpo e permeou meu quarto. Imagine a sensação de água morna escorrendo por sua cabeça, pescoço e ombros depois de ter estado numa piscina fria. Aquilo foi maravilhoso, tanto assim que me vi chorando incontrolavelmente. Era o sentimento de liberdade.

Jesus atendeu à porta, mas, em retrospecto, a verdade é que era ele quem estava batendo na minha porta! Só levei muito tempo para abri-la. De uma só vez, clamei para que Jesus entrasse na minha sala, dei boas-vindas à presença dele na minha vida e fui batizado no Espírito Santo. Não foi o cenáculo dos discípulos; foi o quarto dos fundos da casa de meus pais. O que exatamente aconteceu? Jesus Cristo carimbou meu passaporte, sinalizando uma passagem pela fronteira rumo a um novo país. Adeus, Egito. Olá, reino de Deus.

Aquela noite foi minha sarça ardente, meu êxodo pessoal e meu Pentecoste.

No dia seguinte eu estava brilhando de dentro para fora, e as pessoas não sabiam o que fazer comigo, especialmente meus amigos mais próximos. A coisa mais difícil de eles engolirem foi o fato de que meu desejo por drogas, festas e as coisas relacionadas havia sido incinerado sem uma explicação lógica.

> Aquela noite foi minha sarça ardente, meu êxodo pessoal e meu Pentecoste.

Não fui a um culto na igreja, a uma reunião de reavivamento nem a uma cruzada do Billy Graham. Simplesmente saí do quarto dos fundos como um homem diferente, contando uma história similar ao cego que disse singelamente àqueles que perguntaram: “Uma coisa sei: eu era cego e agora vejo!” (Jo 9.25).

Já contei a milhares de pessoas a história que acabei de relatar a você com pouca ou nenhuma alteração. A comporta do Espírito

Santo havia sido aberta, e água viva estava correndo por minha mente e por minha vida a uma taxa de 1 milhão de metros cúbicos de água santa por segundo. Era uma corredeira espiritual nível 5, e isso era tudo o que eu podia fazer para me segurar diante de tanto propósito, sabedoria, segurança, identidade, família, visão, perdão, aceitação, amor, afirmação e uma liberdade renovada sem chorar ou testemunhar ou ambos.

Os detalhes de sua história pessoal de libertação podem variar, mas todos os seguidores de Jesus compartilham uma história comum de libertação das trevas espirituais e do pecado rumo à luz de Cristo, ao reino de Deus e à vida no Espírito. Seja qual for a sua tapeçaria espiritual, este é o fio de esperança que conecta todos nós ao sombrio pano de fundo da transgressão de Adão, à maldição humana e à pandemia espiritual que infectou toda a criação. Toda dor que o homem já vivenciou, toda enfermidade do mal que já o tocou tem suas raízes no Adão cromossômico e espiritual.

Biblicamente falando, o Egito é sinônimo de dor.

O primeiro Egito não se situava ao longo do rio Nilo; ele foi criado proposital e espiritualmente no jardim. Esse lugar de separação, isolamento e opressão foi criado quando o homem acreditou na mentira de que poderia discernir o bem do mal por si próprio, em vez de deixar que Deus o definisse.

O Egito histórico e todos os Egitos simbólicos desde então exigem um denominador comum para o povo de Deus: uma condição de cativeiro que traz dor a si e aos outros. Portanto, quando digo que todo ser humano tem o seu Egito, estou dizendo que o cristão tem uma identidade anterior no Egito espiritual de seu mundo passado que estava separada de Cristo, contida e controlada por suas antigas parcerias com sua cultura, sua natureza pecaminosa e o Diabo.

Um não cristão, conscientemente ou não, vive nesse Egito espiritual, incapaz de experimentar o amor e o plano de Deus para sua vida. O faraó deste mundo e seu eixo do mal ainda mantêm bilhões de reféns, e deseja mantê-los todos assim (veja meu livro *Lute*). Ele também está insistentemente caçando cristãos aos milhões, muito irritado por ser humilhado. Ele tenta enganar os libertos para que voltem ao Egito ao manipular suas inseguranças e descontentamentos. Essa é a luta real, a história verdadeira que se desenrola, e onde a verdadeira obra do Espírito Santo *em* e *através* do homem de Deus começa de maneiras poderosas.

O faraó deste mundo e seu eixo do mal ainda mantêm bilhões de reféns, e deseja mantê-los todos assim.

O nome disso é libertação.

Perto de casa

A luta por sua libertação é obra do Espírito Santo.

Tal como a libertação literal de Israel, essa primeira e constante obra espiritual de libertação promovida por Deus sobre nossa vida é *o* encontro definidor da maneira como nos relacionamos com Deus. Mais especificamente, como veremos, ela forma a base da vida formada pelo Espírito, cheia do Espírito e usada pelo Espírito. De pouca consequência para Deus é a natureza de suas libertações pessoais. De enorme importância para Deus, porém, é a sua percepção daquelas experiências com ele que *libertam você*: como essas libertações moldam sua identidade nele e como o Espírito Santo busca usar homens libertos e cheios dele na vida de outros. Como veremos, quando Deus faz um grande esforço para libertar seu povo de qualquer Egito, ele deseja que o povo traduza sua libertação num serviço significativo a Deus.

Fazer o povo de Deus seguir adiante em sua missão terrena não é um dilema novo. Como pastor, estou sempre buscando as melhores maneiras de tirar as pessoas de sua "segurança bendita" e levá-las para a missão que o Espírito Santo lhes aponta aqui na terra. O pastor pioneiro de Deus, porém, foi Moisés. Ele precisou recalibrar espiritualmente suas tropas logo no início e com frequência. De fato, quando precisava acender um fogo embaixo dos pés dos filhos de Deus, ele tinha uma fórmula testada e comprovada para motivar, relembrar e ensinar o povo sobre seu propósito na terra. Era inegavelmente o lembrete mais forte possível do caráter do seu Deus e do amor que ele tinha por aquelas pessoas, e uma maneira simples de pensar em seu propósito como representantes escolhidos de Deus sobre a terra. Ouça a voz do Espírito Santo durante um desses momentos de ensino com os filhos e filhas de Deus, enquanto Moisés lança duas bombas destruidoras de orgulho, planejadas para explodir qualquer ideia de merecimento e criar saudáveis doses de humildade e abertura aos propósitos de Deus para elas.

> Quando Deus faz um grande esforço para libertar seu povo de qualquer Egito, ele deseja que o povo traduza sua libertação num serviço significativo a Deus.

O primeiro míssil verdade-coração concentrava-se na seleção exclusiva feita por Deus para que eles fossem seu povo. Esse fato, quando absorvido adequadamente, produz uma enorme quantidade de ajuste em qualquer pessoa. Quão enorme? Confie em mim: quando um homem usa a metáfora da circuncisão para fazer-se claro, ele não está blefando! *Aquele* tom era coisa séria, e Moisés certamente fez os homens se contorcerem e prestarem atenção. Ouça:

> "Eis que os céus e os céus dos céus são do SENHOR, teu Deus, a terra e tudo o que nela há. Tão somente o SENHOR se afeiçoou

> a teus pais para os amar; a vós outros, descendentes deles, escolheu de todos os povos, como hoje se vê. Circuncidai, pois, o vosso coração e não mais endureçais a vossa cerviz".
>
> Deuteronômio 10.14-16, RA

O segundo míssil guiado a *laser* que Moisés disparou tinha uma carga e uma força motivacional completamente diferentes do primeiro. Enquanto a primeira bomba era factual, teológica e espiritual, esta outra belezinha se baseava em algo muito mais pessoal, muito mais significativo, muito mais emocional e importante para a força do relacionamento que o povo tinha com Deus: *sua libertação.*

> "Pois o SENHOR, o seu Deus, é o Deus dos deuses e o Soberano dos soberanos, o grande Deus, poderoso e temível, que não age com parcialidade nem aceita suborno. Ele defende a causa do órfão e da viúva e ama o estrangeiro, dando-lhe alimento e roupa. Amem os estrangeiros, *pois vocês mesmos foram estrangeiros no Egito.* Temam o SENHOR, o seu Deus, e sirvam-no. Apeguem-se a ele e façam os seus juramentos somente em nome dele. Seja ele o motivo do seu louvor, pois ele é o seu Deus, que por vocês fez aquelas grandes e temíveis maravilhas que vocês viram com os próprios olhos".
>
> Deuteronômio 10.17-21

Se ainda havia algum orgulho depois da explosão da bomba número um, ele foi incinerado com precisão cirúrgica pela bomba número dois. Nada como uma boa dose de realidade em relação a nossa condição desesperadora, a poderosa intervenção de Deus e nossa salvação pela mão dele para nos endireitar! Isso funcionou na época, funciona hoje e continuará funcionando como o mais eficiente antígeno contra o orgulho e a rebeldia entre as criaturas de Deus.

Por que esse foco na libertação do povo? Isso é inabalavelmente pessoal, altamente emocional, vividamente memorável e profundamente central para o relacionamento. Essas lembranças produtoras de adrenalina são inegáveis e silenciam toda resistência. É mediante essa história de libertação emocional e espiritual que Moisés guia o povo para percepções renovadas de Deus, de si mesmo e de sua missão. A libertação daquelas pessoas oferece a elas um novo par de lentes através das quais podem visualizar seu propósito sobre a terra.

Foi um momento "venha a Javé".

Através de Moisés, Deus queria que *não houvesse confusão* sobre

- Sua pessoa e seu caráter.
- Seu interesse pelos outros.
- Como seu povo deveria ver a si mesmo.
- Quem seu povo precisava amar.
- Como seu povo estabelece compromissos.

O Espírito Santo também não quer nenhuma confusão.

Nosso libertador

As libertações (ou seja, nossa salvação e as transformações subsequentes) são planejadas pelo Espírito Santo para mudar a maneira como vemos Deus, a maneira como percebemos a nós mesmos, a maneira como vemos os outros e a maneira como representamos Deus no mundo. Ao procurarmos liberar o poder do Espírito Santo em nós na direção de um mundo à espera, devemos considerar a natureza da intervenção de Deus em nossa vida se quisermos confiantemente alcançar outros em nossa zona de influência.

O que devemos enxergar?

Um Deus forte que luta por nossa liberdade

"Pois o SENHOR, o seu Deus, é o Deus dos deuses e o Soberano dos soberanos, o grande Deus, poderoso e temível, que não age com parcialidade nem aceita suborno" (Dt 10.17). O Espírito Santo quer que sempre tenhamos uma visão correta de Deus, porque, sem ela, nossa responsabilidade diante dele (o temor do Senhor) e a confiança na missão que se mostra diante de nós são destruídos. Ele quer que entendamos plenamente uma coisa: "o *seu* Deus" não tem igual, não tem paralelo, não tem rival e é incontestável em força e integridade. O termo mais especial para isso é *forte*! Fomos libertos e levados a ter um relacionamento com um Deus poderoso e maravilhoso que luta para libertar seu povo. Ele é nosso guerreiro campeão. Isso também se assemelha a uma família, e o Espírito Santo tem a tarefa de reproduzir sua confiança nos filhos que creem.

Por toda a Bíblia vemos repetidamente a afeição de Deus pelo marginalizado, traumatizado, negligenciado, solitário, abusado e explorado.

Um Deus terno que ama todos os cativos

"Ele defende a causa do órfão e da viúva e ama o estrangeiro, dando-lhe alimento e roupa" (Dt 10.18). O Espírito Santo também deseja que tenhamos essa semelhança familiar com nosso Deus, aquele que defende o vulnerável, aqueles que são mantidos cativos por suas circunstâncias e os que precisam de um defensor. Por toda a Bíblia vemos repetidamente a afeição de Deus pelo marginalizado, traumatizado, negligenciado, solitário, abusado e explorado. O denominador comum é que essas pessoas estão desconectadas e alijadas do sistema porque não se encaixam nas normas culturais. Como resultado, elas estão desesperadamente sozinhas em suas circunstâncias, e Deus adora satisfazer as necessidades delas. Numa cultura que adora fazer distinções, julgar pelas aparências e dar tratamento preferencial, isso seria um grande salto para o povo de Deus — se não para sua própria história de libertação.

Um Deus forte e terno que libertou este estrangeiro

"Pois vocês mesmos foram estrangeiros no Egito" (Dt 10.19). Os cativos sabem como é ser preso contra a vontade por alguém, por algo ou por alguma circunstância além de seu controle. De acordo com a Bíblia, todos os cristãos eram cativos, reféns do pecado, isolados de Deus e destinados a passar a eternidade longe de sua presença. Mas então Deus nos libertou espiritualmente desse Egito espiritual, não parando nesse ato, mas seguindo adiante para nos libertar de nós mesmos progressivamente até o dia de hoje. O Espírito Santo realizou não apenas a nossa salvação, mas também toda transformação de caráter e conduta. Ele nos defende. Ele nos sustenta. Ele nos preenche. Ele garante a nossa paz. Ele restaura nosso valor.

Um Deus que me comissiona a libertar estrangeiros

"Amem os estrangeiros" (Dt 10.19). Os homens se tornam aquilo que adoram. Se você ama coisas, você se torna materialista. Se ama agradar a si mesmo e adorar sentimentos e sensações, você se torna um hedonista. Se ama sua imagem mais do que ama a Deus e as pessoas, você se torna um narcisista. Se adora "o Deus dos deuses e o Soberano dos soberanos" que defende o vulnerável, você se torna um guerreiro terno. Isso significa

> ***Decolando***
> *Esta missão do Espírito Santo se torna um comissionamento em nosso contexto para libertar os cativos — todos os que estão cativos por todos os meios — através do poder dele.*

revestir-se do caráter, da conduta e da causa dele para com os estrangeiros.

Quando Jesus comissionou os discípulos a uma missão dizendo "vão e façam discípulos", essa ordenança tinha também o sentido de "vão lutar pelos cativos", porque a liberdade do pecado e da morte através do Espírito seria o resultado. A missão do Espírito Santo em nossa vida é nos conformar ao Deus a quem adoramos. E ele é apaixonado por libertar pessoas.

Um Deus que quer que eu assuma compromissos alinhados com seu caráter

> "Temam o SENHOR, o seu Deus, e sirvam-no. Apeguem-se a ele e façam os seus juramentos somente em nome dele. Seja ele o motivo do seu louvor, pois ele é o seu Deus, que por vocês fez aquelas grandes e temíveis maravilhas que vocês viram com os próprios olhos".
>
> Deuteronômio 10.20-21

Através do Espírito Santo, o homem de Deus compartilha o coração de Deus. Assumir compromissos no nome dele é sinônimo de agir fielmente de acordo com o caráter. Não se engane: o caráter dele é defender o vulnerável, o cativo, o marginalizado, o perseguido, o oprimido, o solitário, o abandonado e o deixado para trás. Se ouvirmos o Espírito Santo, nossas mãos e nossos pés terminarão nos levando na direção dos estrangeiros entre nós. Estrangeiros — pessoas que estão fora das fronteiras da família de Deus, mas dentro do domínio do seu povo, prontas para serem abraçadas, envolvidas e adotadas no meio de sua jornada. Pode levar algum tempo, exigir algum amadurecimento e algumas mudanças dentro de nós, mas por fim o Espírito Santo nos levantará como ternos guerreiros destemidos que, por sua vez, se levantam por aqueles que precisam de um campeão espiritual que lute por eles.

A única pergunta é esta: onde é o seu campo de batalha?

O coração do evangelho

O coração de Deus está no coração do evangelho.

Em nossa discussão sobre o Espírito Santo, o eixo para entendermos nosso relacionamento e nossa responsabilidade para com ele em nosso mundo significa enxergar com clareza que nossa história pessoal de libertação como cristãos é uma expressão do coração de Deus. Seu movimento em direção a nós e em nosso favor é a imagem exata de qual deveria ser nosso movimento na direção de outros em nome dele. Quando vemos claramente nossa libertação...

- Vemos Deus com mais clareza.
- Percebemos nossa condição e nosso caráter com mais clareza.
- Compreendemos a missão de Cristo na terra de maneira mais significativa.
- Entendemos a obra do Espírito Santo através de nós mais plenamente.
- Percebemos os objetivos do nosso ministério de modo mais proveitoso.
- Identificamo-nos mais prontamente com aqueles a quem somos chamados a alcançar.
- Identificamo-nos mais visivelmente com Cristo como o guerreiro terno.

Jesus definiu para nós como o coração de Deus estaria no coração do evangelho quando anunciou a maneira com que o reino se introduziria:

"O Espírito do Senhor
está sobre mim,
porque ele me ungiu
para pregar boas-novas
aos pobres.
Ele me enviou
para proclamar liberdade
aos presos
e recuperação da vista
aos cegos,
para libertar os oprimidos
e proclamar o ano da graça
do Senhor".

Então ele fechou o livro, devolveu-o ao assistente e assentou-se. Na sinagoga todos tinham os olhos fitos nele; e ele começou a dizer-lhes: "Hoje se cumpriu a Escritura que vocês acabaram de ouvir".

Lucas 4.18-21

Pobres. Presos. Cegos. Oprimidos. Essas categorias retratam as *condições espirituais* do espírito humano, bem como os tipos de pessoas com quem Jesus procurava se envolver, a quem desejava salvar e libertar em termos espirituais, físicos e emocionais. Pobres, presos, cegos e oprimidos relatam as condições da alma, o estado de espírito, os níveis de percepção e os graus de escravidão contra os quais o Espírito Santo está comissionado a lutar com o objetivo de trazer liberdade emocional e espiritual. Todos eles exigem libertação de seus Egitos, de seus faraós e de sua escravidão.

> Onde você estiver, o Espírito Santo está presente. E onde o Espírito Santo está, existe a missão de libertar pessoas.

Em termos práticos, eles definem e descrevem o público-alvo para o qual o Espírito Santo está apontando — *usando-nos!* Isso inclui todas as idades e raças, em todos os locais para onde os guerreiros ternos de Cristo são enviados.

Os pobres de espírito se tornam ricos. Os famintos são alimentados e ficam satisfeitos. Os solitários são confortados e incluídos. Aqueles que não têm percepção de Deus agora o veem claramente. Os cansados são reanimados. Em todas as maneiras e formas, Jesus continua a libertar o solitário, o excluído, o deixado para trás e o marginalizado, todos esses carecendo de um defensor. O Espírito Santo estava sobre Cristo e agora está sobre o homem de Deus para efetuar numa escala global a mesma missão de resgate ungida e ordenada. Onde você estiver, o Espírito Santo está presente. E onde o Espírito Santo está, existe a missão de libertar pessoas.

> Ora, o Senhor é o Espírito e, onde está o Espírito do Senhor, ali há liberdade. E todos nós, que com a face descoberta contemplamos a glória do Senhor, segundo a sua imagem estamos sendo transformados com glória cada vez maior, a qual vem do Senhor, que é o Espírito.
>
> 2Coríntios 3.17-18

> Jesus disse que seriamos suas testemunhas: homens que dão prova depois de ver, experimentar e se encontrar com o Espírito Santo.

O Espírito Santo faz que homens que são iguais a Jesus — destemidos, centrados e cheios do poder de Deus — concedam liberdade a almas à espera. Vemos o Espírito Santo assumindo a missão no Pentecoste, levantando 120 guerreiros ternos prontos para fazer sua vontade e ser entregues à morte se necessário. Aqueles homens, sob a influência do Espírito Santo, nos mostram exatamente como continuar a expressar o coração de

Deus pelos cativos espirituais. Nestes últimos capítulos, veremos como o Espírito Santo quer trabalhar através de você para:

- Aliviar a dor de alguém.
- Reduzir a carga de alguém.
- Elevar o espírito de alguém.
- Alcançar a alma de alguém.

Jesus disse que seríamos suas testemunhas: homens que dão prova depois de ver, experimentar e se encontrar com o Espírito Santo, o qual leva a mais encontros com seu poder libertador. Homens que, em seu caráter, estão prontos para lutar pela liberdade de todo aquele que está cativo.

É hora de correr para a batalha.

Espírito Santo, obrigado por me buscares e me libertares. Lembro-me de minha libertação. Lembro-me de meus Egitos e da condição de minha alma e de meu coração sem Deus. Lembro-me da alegria de minha salvação e de teu poder curador em mim com o passar dos anos, transformando-me e dando-me vitória sobre meus pontos mais escuros. Reflito sobre a guerra contínua por liberdade dentro de mim e a meu redor, e preciso de teu poder em minha vida para essas lutas. Preciso de tua obra contínua de libertação e cura em minha vida. Eu te louvo porque és meu forte e poderoso libertador.

Espírito Santo, reconheço teu desejo de libertar pessoas usando-me como teu instrumento. Eu aceito. Assim como Jesus lutou por minha liberdade espiritual, aceito a missão de lutar pela liberdade de outros, com tua presença dando-me segurança e ungindo-me para a obra. Dá-me teus olhos para o estrangeiro, o pobre, o cego, o preso e o oprimido. Ao vê-los, ajuda-me a orar. Enquanto oro, torna-me disposto a falar, levantar-me, apresentar-me e defender aqueles a quem Jesus ama e pelos quais morreu. Ajuda-me a esquecer-me de mim e de minhas necessidades, de modo que eu possa entrar na vida deles e em suas necessidades de conhecer seu libertador e experimentar nova liberdade.

Faze discípulos através de mim. Em nome de Jesus. Amém.

14

Alivie a dor de alguém

Enquanto mulheres chorarem, como o fazem agora,
eu lutarei; enquanto crianças tiverem fome, como têm
agora, eu lutarei; enquanto homens forem para a prisão,
entrando e saindo, entrando e saindo, eu lutarei; enquanto
restar um bêbado, enquanto houver uma pobre menina
perdida nas ruas, enquanto houver uma alma na escuridão,
sem a luz de Deus, eu lutarei — lutarei até o final!
WILLIAM BOOTH

No final de novembro enviei uma nota a um amigo: "Oi, Rick. Minha família está orando por alguma mãe solteira com filhos que possamos ajudar como fizemos no Natal passado. Algum de vocês conhece alguma mãe solteira que esteja passando por dificuldades?".

A resposta dele foi: "Sim, tenho a pessoa certa".

Um mês depois, meu filho e eu estávamos num enorme conjunto habitacional de apartamentos. Era uma noite chuvosa de inverno, em dezembro, e a temperatura estava baixa além do normal para o sul da Califórnia. Nosso carro estava repleto de sacolas coloridas cheias de presentes, e havia algo de alegre e arriscado em relação àquilo que estávamos fazendo. Brincamos dizendo que estávamos numa "missão de Deus" para encontrar a zona de desembarque, entregar os pacotes e retornar à "base de operações".

Enquanto passávamos por outra rua, olhei pelo para-brisa, apertando os olhos para poder enxergar por entre os riscos do limpador e procurando o número de um prédio. Eu murmurava comigo mesmo e com Deus ao mesmo tempo. "Vamos lá, 86... cadê você, meu bem? Preciso encontrar o prédio 86. Senhor, mostra-me o prédio 86."

Encontramos a área dos 30 e dos 50 dentro do conjunto habitacional, mas não fazia a menor ideia de onde estavam os números dos apartamentos. Ao perceber que estava em outro beco sem saída, engatei a ré da picape de novo, resmunguei um pouco mais e desci uma rua diferente, na esperança de encontrar a providência divina. Na nova rua, os números dos prédios à direita eram "80", depois "82" e assim por diante, até que parei em frente do prédio 86. Aleluia! A resposta a minha oração pareceu-se um pouco com pura sorte, mas fiquei muito contente e aliviado.

— Muito bem, rapaz — eu disse a meu filho. — *Você* vai levar todas essas coisas para a porta.

— Eu? Por que eu? — replicou ele.

— Porque ela pode me reconhecer. Mas ela não faz a menor ideia de quem é você, e é melhor assim. O apartamento 25 está exatamente do outro lado do pátio. Você pode ver daqui. Olhe...

Não creio que Ryan tivesse hesitado caso não houvesse uma silhueta sombria fumando na chuva do lado de fora do prédio. O homem estava com um agasalho com capuz colocado sobre a cabeça, e parecia ameaçador na escuridão. Estava posicionado na entrada do pátio, agindo como uma sentinela. Ryan teria de passar por ele para chegar à porta do apartamento, que eu podia ver pelo vão entre as construções.

Olhando para Ryan, expliquei a ele.

— Estou bem aqui, observando você o caminho todo. Você precisa fazer isso. Não temos o número de telefone dela, e não podemos deixar as coisas na frente da porta com essa chuva. Além disso, temos o Darth Vader cuidando de nós ali, portanto não há a menor possibilidade de simplesmente tocar a campainha e correr. Consigo ver você por todo o caminho. Estou *bem aqui.*

— Tá bom. O que eu digo?

Mordi os lábios por alguns segundos, olhando para a porta com o número "25" dourado nela e pensei na pergunta dele. Com o motor da picape ligado, o som da chuva batendo no teto e a figura ameaçadora dando outra tragada em seu cigarro, nossa missão estava num ponto decisivo. Ajudar um menino de 13 anos a falar com uma mulher adulta e entregar um monte de presentes de maneira anônima — sendo cortês e não ameaçador — não é tão fácil quanto possa parecer.

— Muito bem, diga "Você é a Terrie?", para confirmar que estamos no lugar certo. Então diga: "Tenho alguns presentes para você e para sua filha". Entregue os presentes e diga: "Feliz Natal". É tudo o que você precisa fazer. Entendeu?

Ryan concordou com um aceno de cabeça, saiu da picape, pegou todas as sacolas do banco de trás e rumou para o número 25. Passou muito bem pelo bicho-papão, caminhou lentamente na chuva pelo pátio, chegou à porta verde, bateu e esperou. Depois de cerca de trinta segundos, tive a sensação ruim de que ninguém iria atender à porta. Nosso serviço de inteligência havia informado que essa seria a melhor hora para fazer a entrega. Vi Ryan bater de novo e, depois de cerca de cinco segundos, a porta se abriu. Enquanto Ryan examinava a pequena mulher asiática à porta, ela parecia um pouco perplexa. O sinal que ela fez com a cabeça confirmou que tínhamos o contato correto da Operação Mamãe Solo. Então vi a mulher olhar para baixo rapidamente na direção de sua perna esquerda, onde uma criança de pijama se agarrava a suas calças, curiosa diante do menino grande que segurava alguns pacotes.

Sem conseguir ouvir diálogo nenhum, vi Terrie encolher os ombros, apertar as mãos no peito e engolfar meu filho naquilo que sei que, para ele, foi um abraço de urso *desconfortavelmente longo*. Foi então que, para mim, o tempo quase parou e o momento ficou suspenso no ar. Para mim, como pai, a imagem de meu filho e aquela mãe solteira na porta do apartamento, na chuva, é algo que vai durar para toda a eternidade. Pude saborear aquilo por todos os quatro segundos antes de Ryan ser liberto do aperto mortal. Ele fez a saudação final de Feliz Natal e começou a correr para a base de operações. Quando pulou de volta para dentro da picape, ele era todo sorriso, sua face estava vermelha e sua respiração era visível no ar frio.

— Então, como foi?

— Eu disse a ela que era apenas o entregador e que os presentes eram de uma família da igreja. Aí ela me abraçou.

— Eu vi. Perfeito, mano. Bom trabalho. Vamos nessa.

Missão cumprida.

Durante todo o ano até essa fria noite de dezembro, todos os membros da família economizaram cada moeda com o propósito de ajudar alguém que nunca conheceríamos. Mas ninguém falou sobre isso. Os dias se passaram, e os trocados iam se acumulando em potes de geleia, xícaras, porta-joias e porta-trecos do carro.

Alguns dias antes da entrega, a família passou uma tarde toda juntando os trocados, separando, contando e fazendo pacotes de cada tipo de moeda. A cada ano temos um concurso para ver quem consegue adivinhar o valor total e então ficamos ansiosos para descobrir o montante que podemos dispor como família. Pensamos nas necessidades práticas e pessoais de uma mãe solteira e elaboramos um plano de ataque para atingir lojas diferentes, comprar cartões natalinos e escolher os presentes. Compramos, embrulhamos, oramos e entregamos. Embora haja várias missões das quais participamos por todo o ano, essa é especial. É totalmente nossa — do começo ao fim — como família.

A ansiedade que sentimos consiste simplesmente em saber que quem quer que seja a pessoa que Deus escolher para nós será uma pessoa que se sente sozinha em suas circunstâncias. Podemos nos aproximar dela em nome de Jesus. Não temos como saber exatamente como é a vida de uma mãe solteira que trabalha, mas, naquela noite, nos alegramos com o fato de ela ser confortada e encorajada por Deus.

O abraço que meu filho recebeu foi adoração. O sorriso no rosto dele foi adoração. A alegria que todos nós experimentamos na manhã de Natal foi adoração. A esperança renovada foi adoração. Quando Deus nos relembra de maneira tangível, sentimo-nos mais seguros, menos sobrecarregados e mais encorajados a enfrentar as realidades diante de nós. É a alucinante percepção de que o Deus do universo se importa com nossa vida, que se move visivelmente em nossa direção e nos abençoa. Da mesma forma como Maria louvou a Deus quando ela contou a Isabel as boas notícias da chegada do Senhor:

> "Minha alma engrandece ao Senhor
> e o meu espírito se alegra em Deus, meu Salvador,
> pois atentou para a humildade da sua serva.
> De agora em diante, todas as gerações me chamarão bem-aventurada,
> pois o Poderoso fez grandes coisas em meu favor;
> santo é o seu nome".
>
> Lucas 1.46-49

O Todo-poderoso precisa de seus homens poderosos em nível global, cheios de seu Espírito, para cuidar dos que estão ao redor deles, fazer sua obra e criar hinos de louvor sobre a terra.

Aparecer

Através do homem em que habita, o Espírito Santo leva ajuda a outras pessoas.

Jesus usou a palavra "Auxiliador" quatro vezes em uma conversa que teve com seus discípulos para descrever a natureza e a obra do Espírito Santo (Jo 14.16,26; 15.26; 16.7, BLH). A palavra grega é *paraclete*, e em sua raiz estão os conceitos de ajuda, conselho, exortação, conforto, fortalecimento, intervenção e encorajamento.

> O Todo-poderoso precisa de seus homens poderosos em nível global, cheios de seu Espírito, para cuidar dos que estão ao redor deles, fazer sua obra e criar hinos de louvor sobre a terra.

Quando Jesus conversou com seus homens sobre o Auxiliador, ele sabia que os discípulos logo enfrentariam grandes dificuldades, provações, aflições e perseguições. Eles precisariam de toda ajuda que o Auxiliador pudesse oferecer para que permanecessem fiéis, leais e produtivos no meio dos maiores desafios e mudanças da vida deles. *Em contrapartida*, cheios da poderosa presença e do poder do Espírito, eles se tornariam agentes da mesma ajuda, conforto e encorajamento, *produzindo cura e esperança na vida de outros.* Os discípulos realizariam isso ao *falar* e *aparecer* na vida das pessoas com que se encontrassem.

Essa é a mesma missão que o Espírito Santo busca levar adiante em todo discípulo. Nossa pequena tradição familiar de Natal é um bom lembrete para mim que, embora grandes oportunidades de ajudar os outros nem sempre aparecem, as pequenas me cercam diariamente. No beisebol isso se chama vencer pela "bola pequena" (*small ball*), que é a estratégia de fazer avançar constantemente os ocupantes de cada base, em vez de confiar em um único jogador que faria o *home run.*

À medida que procuramos testemunhar e dar evidências de nosso relacionamento com Cristo por meio do poder do Espírito Santo, vamos analisar única e exclusivamente o caráter e a conduta de Cristo, assim como os dos homens do Pentecoste. Ambos nos fornecem imagens sólidas de homens cheios do Espírito Santo envolvidos na vida de outras pessoas. Ao observar seus exemplos vivos, podemos cooperar agressivamente com o Espírito Santo para nos *levantar* em favor do fraco, *aparecer* para ajudar outros, *edificar* nossos irmãos e irmãs e *falar* em nome de Cristo diante daqueles por quem ele morreu para trazer-lhes salvação.

Nesse processo, vamos frutificar nas mesmas quatro áreas onde o Espírito Santo está realizando sua obra em nós:

- Fazendo que nos sintamos mais seguros em Cristo
- Fazendo que nos sintamos mais apoiados em Cristo
- Fazendo que nos sintamos mais fortalecidos em nossa caminhada com Cristo
- Fazendo que nos sintamos mais firmes em nosso testemunho por Cristo

Uma vez que essas coisas representam os esforços do Espírito Santo em nós, elas também devem ser solidamente refletidas em nossa expressão de ministério em relação aos outros. O Espírito Santo é uma *força validadora* na vida do cristão, provendo a segurança de que a presença e o propósito de Deus em nossa vida são reais e tangíveis.

Vamos analisar cada expressão, com base em Cristo e nos homens do Pentecoste, para definir algumas maneiras simples pelas quais o Espírito Santo está nos chamando para validar a presença e o propósito de Deus em nossa vida e na dos outros.

Assegurar

Ele adorava os maltrapilhos.

Com frequência o Espírito Santo levou Jesus a se colocar em favor dos vulneráveis, dos estigmatizados e dos isolados para fazê-los se sentir aceitos por Deus, seguros em sua presença e valorizados como pessoas dignas da salvação. Os inaceitáveis em termos étnicos, morais, físicos e culturais eram todos considerados aceitáveis pelo simples fato de ele estar presente entre eles. Para esses segmentos da população, não era fácil ficar perto dos tipos espirituais. Contudo, esses mesmos intrusos ficam completamente à vontade ao lado de Jesus.

Leprosos, prostitutas, samaritanos, coletores de impostos, glutões, crianças, mulheres, doentes, aleijados, mentalmente instáveis e pecadores de todo tipo ficavam à vontade com Jesus *porque o Espírito do Senhor estava sobre ele.* De fato, a coisa impressionante em relação a Jesus era que seus padrões eram bastante baixos quando se tratava de suas associações e dos locais onde realizava seu ministério. Mas ao trabalhar em sintonia com o Espírito Santo, Jesus expressava plenamente o coração de Deus em relação a esses estrangeiros em sua própria cultura, desafiando os discípulos em muitos níveis e, em mais de uma ocasião, provocando reações entre eles.

Leprosos, prostitutas, samaritanos, coletores de impostos, glutões, crianças, mulheres, doentes, aleijados, mentalmente instáveis e pecadores de todo tipo ficavam à vontade com Jesus *porque o Espírito do Senhor estava sobre ele.*

Pai, Filho e Espírito Santo eram atraídos a essas almas por causa da maneira como seus espíritos haviam sido esmagados, sua dignidade destruída e seu futuro roubado por sua cultura ou suas circunstâncias. Desse modo, Deus encarnado assumiu a missão de restaurar *as três coisas* a eles através de sua presença e de sua ajuda. Ele os chamou de "pobres em espírito", os "cegos" e os "doentes" que precisavam de um médico para restaurar riqueza, perspectiva e saúde espirituais. Os mais ricos encontros de Jesus foram com aqueles que eram mais pobres em espírito, virando tanto a cultura masculina quanto a religiosa de cabeça para baixo.

Os homens do Pentecoste seguiram essa linha do Espírito. Logo depois do Cenáculo, eles se viram diante de discriminação cultural e religiosa contra certas viúvas que estavam sendo deixadas de lado. Isso poderia ter sido facilmente colocado em segundo plano no meio do caos do momento, mas o Espírito Santo não permitiria tal coisa. Em vez disso, homens cheios do Espírito Santo se mobilizaram para dar segurança àqueles que se sentiam esquecidos.

Veja o filme e, mais especificamente, veja os resultados da mobilização para ministrar às viúvas.

> Com a rápida multiplicação dos crentes, houve murmúrios de descontentamento. Os judeus de fala grega queixavam-se de que as viúvas deles estavam sendo postas de lado, e que na distribuição diária não estavam dando tanto alimento a elas como às viúvas de fala hebraica.
>
> Então os Doze convocaram uma reunião de todos os crentes e disseram: "Não é certo deixarmos de anunciar a palavra de Deus, a fim de dirigirmos a distribuição de alimentos. Portanto, escolham entre vocês mesmos, queridos irmãos, sete homens, sábios e cheios do Espírito Santo, que tenham bom testemunho. Nós colocaremos esses servos de Deus a cargo dessa questão. Então poderemos gastar o nosso tempo na oração, na pregação e no ensino da palavra".
>
> Isso agradou a todos. E eles elegeram Estêvão, homem cheio de fé e do Espírito Santo, Filipe, Prócoro, Nicanor, Timom, Pármenas e Nicolau de Antioquia, um estrangeiro convertido à fé judaica que tinha se tornado seguidor de Cristo. Estes sete foram apresentados aos apóstolos, que oraram por eles e lhes impuseram as mãos.

> A mensagem de Deus se espalhava cada vez mais, e o número dos discípulos aumentava rapidamente em Jerusalém; muitos dos sacerdotes judaicos também se converteram.
>
> Atos 6.1-7, NBV

Viúvas e vítimas de discriminação, conheçam seus novos melhores amigos: *homens cheios do Espírito Santo.* CABUM! Barreiras culturais desabaram, os vulneráveis não foram vitimados, os observadores foram dispensados e os corações derreteram.

Em seguida, uma onda renovada do Espírito Santo tomou as ruas e as sinagogas, resultando em ainda outra explosão de crescimento. Tudo isso porque pessoas que eram deixadas de fora foram agora intencionalmente incluídas e cuidadas. O Espírito Santo estava dizendo: "Dê-lhes segurança. Não se esqueçam delas por causa de questões raciais ou de qualquer outra natureza. Dê-lhes os seus melhores homens e os maiores esforços, e então vejam o que acontece!".

A mensagem é esta: inclua todo mundo!

> Um testemunho começou a se construir. A cultura masculina começou a agir de acordo com o caráter. E coisas começaram a acontecer. Essa é a história dos homens do Pentecoste.

Ao olhar para o ministério de Jesus e os homens do Pentecoste, você vê paredes caindo: paredes étnicas, paredes culturais, paredes econômicas e até mesmo paredes religiosas. Você não pode perder isso! O Espírito Santo estava trabalhando, transcendendo a cultura estabelecida para fazer que os mais vulneráveis entre eles se sentissem seguros. No meio desse processo, todos os presentes foram testemunhas da autoridade do reino de Deus sobre as culturas dos homens. Uma lealdade mais elevada foi vista. Um testemunho começou a se construir. A cultura masculina começou a agir de acordo com o caráter. E coisas começaram a acontecer. Essa é a história dos homens do Pentecoste.

Esta também é a sua história.

É um lugar difícil de se chegar, mas as Escrituras dizem a todo homem de Deus que ele deve encontrar uma lei maior que lhe permita entrar livremente na vida das pessoas, sem hesitação. Ouça seu irmão Tiago apertando o parafuso sobre aqueles que agem de acordo com a cultura e praticam simpatia seletiva:

> ***Decolando***
> *O Espírito Santo quer demonstrar que o homem de Deus trabalha debaixo de uma lei maior, uma lei da realeza que lhe oferece a liberdade de cruzar todas as linhas culturais para certificar-se de que as pessoas se sintam incluídas.*

> Se vocês de fato obedecerem à lei do Reino encontrada na Escritura que diz: "Ame o seu próximo como a si mesmo", estarão agindo corretamente. Mas se tratarem os outros com parcialidade, estarão cometendo pecado e serão condenados pela Lei como transgressores. Pois quem obedece a toda a Lei, mas tropeça em apenas um ponto, torna-se culpado de quebrá-la inteiramente. Pois aquele que disse: "Não adulterarás", também disse: "Não matarás". Se você não comete adultério, mas comete assassinato, torna-se transgressor da Lei.
>
> Falem e ajam como quem vai ser julgado pela lei da liberdade; porque será exercido juízo sem misericórdia sobre quem não foi misericordioso. A misericórdia triunfa sobre o juízo!
>
> Tiago 2.8-13

O Espírito Santo não destaca alguns e deixa outros de fora.

Todos nós já nos sentimos rejeitados. O Espírito Santo odeia esse sentimento tanto quanto nós e, na família de Deus, não há primos ou cunhados — apenas filhos e filhas. A oportunidade de deixar de ser uma criatura de Deus para ser um filho de Deus está disponível a todos. Homens fortalecidos pelo Espírito fornecem um senso igualmente forte de conforto para os cativos ao tratá-los como família, quer já sejam membros dela ou não. Veja como.

1. *O homem de Deus faz que outros se sintam seguros por meio da inclusão.*

> *Quando vocês ouviram e creram na palavra da verdade*, o evangelho que os salvou, *vocês foram selados em Cristo* com o Espírito Santo da promessa, que é a garantia da nossa herança até a redenção daqueles que pertencem a Deus, para o louvor da sua glória.
>
> Efésios 1.13-14

Tradução: Houve um tempo quando você e eu não éramos família. Deus nos deixou entrar, o Espírito Santo assinou os papéis e nos marcou como encomenda de primeira classe para o céu. Não conquistamos isso nem o merecemos. Tal homem, aceito graciosamente por Deus, deve ser o mais receptivo e inclusivo homem do planeta. Deus quer que nos lembremos de que o reino de Deus está aberto para todo aquele que entrar em contato com ele. Isso é especialmente verdadeiro para aqueles que foram levados a se sentir indignos ou deixados de fora do plano de Deus em qualquer aspecto.

2. *O homem de Deus faz que outros se sintam seguros por meio da proteção.*

> A religião que Deus, o nosso Pai, aceita como pura e imaculada é esta: cuidar dos órfãos e das viúvas em suas dificuldades e não se deixar corromper pelo mundo.
>
> Tiago 1.27

Tradução: Os homens podem agir de acordo com os valores de sua cultura ou de acordo com os valores do Espírito Santo no caráter de Cristo. Um guerreiro terno cuida daqueles que estão dentro de seu contexto que são incapazes de se defender sozinhos ou que estão vulneráveis. Os homens da igreja são os gigantes adormecidos que podem, se estiverem unidos, virar a maré das piores explorações do mundo perpetradas contra mulheres e crianças. Mas eles devem se levantar como um só em favor do vulnerável. Este é Cristo, este é um homem do Pentecoste e este é um homem de Deus cheio do Espírito Santo. Cuidamos dos vulneráveis para provar nossa fé e dizer não à exploração, à apatia e à negligência da cultura.

3. *O homem de Deus faz que outros se sintam seguros por meio da provisão.*

> Nisto conhecemos o que é o amor: Jesus Cristo deu a sua vida por nós, e *devemos dar a nossa vida por nossos irmãos.* Se alguém tiver recursos materiais e, vendo seu irmão em necessidade, não se compadecer dele, como pode permanecer nele o amor de Deus? Filhinhos, *não amemos de palavra nem de boca, mas em ação* e em verdade.
>
> 1João 3.16-18

Tradução: Simpatia não é substituta da ação. O Espírito Santo em ação em Jesus amou de modo sacrificial e heroico com o propósito de realizar nossa salvação e nossa transformação. Ele entregou seu corpo e seu sangue para que nos sentíssemos seguros em nossa salvação. O Espírito Santo convoca todos os homens de Deus a que se sacrifiquem materialmente para fazer que outros sintam a paz e a segurança de serem sustentados por Deus.

4. *O homem de Deus faz que outros se sintam seguros por meio da direção.*

> [Jesus] lhes disse: "*Se algum de vocês estiver sem pecado, seja o primeiro a atirar pedra nela*". Inclinou-se novamente e continuou escrevendo no chão. Os que o ouviram foram saindo, um de cada vez, começando pelos mais velhos. Jesus ficou só, com a mulher em pé diante dele. Então Jesus pôs-se em pé e perguntou-lhe: "Mulher, onde estão eles? Ninguém a condenou?" "Ninguém, Senhor", disse ela. Declarou Jesus: "Eu também não a condeno. *Agora vá e abandone sua vida de pecado*".
>
> João 8.7-11

Tradução: Jesus levou os pretensos juízes e jurados da adúltera a darem uma longa e franca olhada no espelho e, ao fazê-lo, Jesus fez que ela se sentisse mais segura e protegida. Mas ele não parou ali. Ele também levou a adúltera para longe daquilo que havia criado sua grande dor e insegurança: uma vida de pecado.

Portanto, qual direção tomam as suas ações no Espírito?

O homem de Deus ajuda os cativos a se sentirem seguros. Era assim que Jesus agia e é aí que o Espírito Santo quer criar algum dano colateral significativo emanando de sua fé. Primeiramente, porém, devemos dar ouvidos à advertência das Escrituras sobre simpatia seletiva, dar uma boa olhada no espelho e definir a aparência de uma fé autêntica. Jesus e os homens do Pentecoste sugerem que a fé autêntica significa submissão a uma lei mais elevada que nos dá liberdade de entrar na vida de outras pessoas que nossa cultura nos diria para evitar.

Está na hora de começarmos a cruzar a linha de batalha.

Espírito Santo, aceito tua missão aos vulneráveis do mundo. Faze de mim, hoje, um defensor de alguém que esteja se sentindo esquecido pelas pessoas ou até por ti. Traze a minha mente, neste momento ou durante meu caminho, alguém de quem eu possa me aproximar para ser as tuas fortes mãos e pés. Perdoa-me por ser apenas simpático em relação ao vulnerável e achar que isso é suficiente. Ajuda-me a entregar minha vida, a sacrificar a mim mesmo e a doar de mim mesmo com o propósito de restaurar a dignidade e o valor de alguém em teu nome. Foi isso o que fizeste por mim! Ajuda-me a lembrar disso enquanto eu viver.

Espírito Santo, dá-me a coragem e a liberdade de cruzar todas as barreiras culturais que impedem que teu amor flua até aqueles que passam necessidades. Liberta-me para viver diante da audiência de uma única pessoa! Obrigado, Espírito Santo, por me ajudares a sentir-me seguro no amor de Deus, sentindo sua inclusão, sua proteção, sua provisão e sua direção por meio de seu amor. Estou pronto para deixar que essas mesmas ações fluam de mim para os outros. Obrigado por fazeres que eu me sinta seguro como pecador. Em nome de Jesus aceito a missão em meu mundo. Amém.

15

Reduza a carga de alguém

Não permita que aquilo que você não pode fazer
interfira naquilo que você pode fazer.
John Wooden

"Minha panturrilha se rompeu?"

A sensação era de que alguém havia atingido a parte de trás da minha perna com um taco de beisebol.

Eu estava correndo de costas no campo de futebol, assistindo de perto ao jogo em andamento de modo que pudesse matar a bola enquanto ela ainda estivesse no ar. Quando vi a bola vindo em minha direção, apoiei meu pé direito e tentei sair correndo. Foi quando ouvi um barulho estranho, senti uma dor muito intensa na panturrilha e despenquei no chão. Parecia grotesco, e eu temia pelo pior — não tanto as consequências físicas de minha última contusão esportiva, mas as consequências relacionais que meu ferimento acarretaria sobre minha esposa.

"Como é que é?" Aquela foi a deixa para uma perfeita tempestade entre marido e mulher.

De volta para casa, minha família estava empacotando todas as coisas de nossa casa de dois andares, da qual nos mudaríamos em seis dias. Chrissy estava muito atarefada e deixando tudo pronto. Quando saí para jogar naquele dia, ela lançou carinhosamente uma advertência profética sobre minha consciência: "Se você se machucar jogando futebol, eu mato você!".

O sexto sentido de minha esposa lhe dissera que, com a proximidade da mudança, um cenário potencialmente desastroso poderia surgir: Kenny fisicamente *fora de ação*.

Agora você entende por que a dor física era secundária em relação à tempestade que me aguardava na Central de Empacotamento. Aquela não seria uma boa semana para mim.

O único burro de carga de Chrissy estava fora de ação.

Quando se trata de estresse conjugal, a mudança de casa está bem próxima das questões financeiras, da mudança de emprego, da gravidez da filha adolescente, da disfunção sexual, da síndrome do ninho vazio, das crises da meia-idade e da menopausa. Más notícias como a minha *durante* uma mudança intensificam essa tensão, especialmente quando o parceiro de mudança é *você*.

De modo geral eu consigo lidar com obstáculos e descobrir uma solução alternativa, mas um tendão rompido era como Alcatraz: *não há como fugir dessa ilha*. Dessa vez, eu podia esquecer minha habilidade de raciocinar rapidamente, meu intelecto ou minha força emocional. Um tendão não se importa com nada disso. Isso ficou dolorosamente claro no dia seguinte, no consultório do ortopedista, quando o médico me disse que eu deveria ter dado ouvidos à advertência de Chrissy ("Muitíssimo obrigado, doutor. E estou pagando por isso? Será que não dá para pegar mais leve?").

Os dias seguintes pioraram minha situação desagradável enquanto Chrissy e minha sogra embrulhavam, empacotavam, fechavam e organizavam agitadamente nossos pertences para a mudança. Sentia-me como se elas fossem me colocar junto da pilha de coisas para jogar fora ou doar. Eu não estava apenas me sentindo inútil para elas; eu *era* inútil. Alguns dos meus amigos tentaram me consolar dizendo que eu não tinha controle sobre o que havia acontecido e que eu deveria simplesmente relaxar e seguir em frente. É fácil para *eles* dizerem isso, certo?

Depois de cinco dias pulando num pé só de um lado para o outro, ficou claro que eu não conseguiria carregar nada. Eu precisava de ajuda, mas era sexta-feira e mudaríamos no dia seguinte. Quem conseguiria ajudar tão de última hora? Foi quando meu celular tocou.

— Kenny, é o Darren. Como você está?

— Não muito bem, cara — respondi e, então, expliquei minha dor de homem.

— Não sei se conseguirei aparecer, mas vou ver o que posso fazer.

— Valeu, Darren.

Às 8 da manhã do dia seguinte, ouvi o ronco de um caminhão enorme rosnando em alto volume pela rua. Fui pulando de casa até a calçada a tempo de ver um enorme caminhão basculante, com uns vinte homens na caçamba, parando na frente da minha casa. Aqueles homens pareciam um pelotão de soldados recém-designados para a tarefa. Eles pularam, fizeram fila para entrar em minha casa e começaram a carregar todas as coisas grandes. Sorrindo atrás do volante estava São Darren, o santo padroeiro da masculinidade ferida. Eu queria pular de alegria, mas um firme aperto de mão e um obrigado teriam de ser suficientes.

> Aqueles homens andaram *a segunda milha* por mim.

A face de Chrissy estava paralisada e suas pupilas dilatadas diante de todos aqueles músculos prontos para trabalhar em favor dela e para me resgatar. Em toda a minha vida nunca fiquei tão feliz por ver um grupo de homens e nunca me senti tão impotente e ao mesmo tempo aliviado.

Minha carga estava sendo carregada.

Todos aqueles caras abandonaram seus planos de sábado quando Darren fez o chamado, vieram pessoalmente, trouxeram suas ferramentas, suas picapes e seu enorme coração para ajudar seu líder ferido a mudar para outra casa. Fizeram em seis horas o que teria levado dois dias para mim e minha esposa. Instalaram a máquina de lavar e a secadora, montaram as camas, colocaram toda a mobília exatamente onde Chrissy queria e carregaram todas as coisas pesadas.

Nem a Sétima Cavalaria, o Terceiro Exército de Patton, o 82º Esquadrão Aerotransportado, nem mesmo a Armada Espanhola seriam mais gloriosos que aquele basculante cheio de homens de Deus atravessando minha calçada naquela manhã de sábado.

Aqueles homens andaram *a segunda milha* por mim.

Deixe mais leve

Quando Jesus estava explicando a seus discípulos como eles causariam de fato impacto, ele lhes deu um retrato que eles não conseguiram processar. Ele se envolveu naquilo que poderia ser melhor descrito como esforço retórico para fazer que seus seguidores olhassem mais atentamente os próprios valores. Foi um esforço *deliberado e óbvio*, planejado intencionalmente para desafiar seus seguidores, abordar uma questão e provar seu ponto de vista. Ouça:

> "Vocês ouviram o que foi dito: 'Olho por olho e dente por dente'. Mas eu lhes digo: Não resistam ao perverso. Se alguém o ferir na face direita, ofereça-lhe também a outra. E se alguém quiser processá-lo e tirar-lhe a túnica, deixe que leve também a capa. Se alguém o forçar a caminhar com ele uma milha, vá com ele duas. Dê a quem lhe pede, e não volte as costas àquele que deseja pedir-lhe algo emprestado".
>
> Mateus 5.38-42

Como é que é? Se os ouvintes entendessem literalmente o que Jesus lhes dissera, estariam prestes a passar o resto da vida sofrendo abuso, sendo codependentes, despidos e falidos! As palavras de Jesus tinham o claro propósito de atingir uma questão central para sua própria missão de vida, as pessoas pelas quais ele morreria, aquelas que optariam por crer nele e a obra contínua do Espírito Santo em e através dos cristãos. Qual era a questão? *Egoísmo humano*. Ele usou o mesmo tipo de esforço retórico, conforme registrado no evangelho de Marcos, quando disse às pessoas para arrancarem o olho e cortarem a mão a fim de que levassem o pecado a sério.

> Procure oportunidades de ser altruísta. Deixe nas mãos de Deus as injustiças ligadas aos seus esforços.

Esse ponto imperdível de aplicação nessa desconfortável mas poderosa exposição do egoísmo humano é este: valorize os outros de maneira consistente e concreta. Procure oportunidades de ser altruísta. Deixe nas mãos de Deus as injustiças ligadas a seus esforços. Isso é fé em ação: confiar que Deus usará suas ações altruístas e generosas para mostrar o amor dele em ação em sua vida. Ser capaz de agir de maneira altruísta no interesse do outro é de fato uma obra de Deus na vida do cristão. Mas agir de maneira altruísta no meio de uma situação injusta, incorreta e opressiva é verdadeiramente um testemunho para os outros do poder divino em ação em nós. Como? Porque eles nos conhecem.

Existem mais coisas por trás da referência que Jesus faz à segunda milha do que o que se apresenta prontamente. Naquela época, o exército romano ocupava a Palestina e, uma vez que o governo não pagava todas as provisões dos soldados, os invasores podiam requerer o que precisassem do povo conquistado. Soldados romanos eram conhecidos por abusar do privilégio, e essa questão era um ponto muito sério para todo judeu que vivia debaixo do controle romano. Quando solicitados, os residentes da Judeia tinham de parar o que estivessem fazendo, colocar seus compromissos em suspenso e carregar a armadura ou as tralhas de um soldado por uma milha. Para todo judeu que ouvisse as palavras de Jesus, caminhar uma *segunda milha* para servir a um opressor era impensável, uma traição, algo que não fazia parte da reação natural.

E era exatamente isso que Jesus sabia que eles pensariam, fornecendo o pano de fundo perfeito para contrastar o que era sua própria vida, o serviço do reino e o Espírito Santo: submeter-se a exigências injustas e ir além delas em nome de um propósito mais elevado.

Ao realizar o inesperado para tornar a carga *de outra pessoa* mais leve, os seguidores de Jesus chamariam atenção e criariam um testemunho para o evangelho.

Jesus foi enfático: seus seguidores não poderiam fazer o reino de Deus avançar sem pagar um preço pessoal e sem servir aos outros de maneira *extravagante*. Ao realizar o inesperado para tornar a carga *de outra pessoa* mais leve, os seguidores de Jesus chamariam atenção e criariam um testemunho para o evangelho.

Jesus serviu de exemplo desse "serviço de choque" para seus homens quando os serviu fornecendo-lhes comida, lavando seus pés, preparando-lhes o café da manhã e, por fim, morrendo por eles na cruz. Nesse processo, ele não sufocou o desejo que tinham de grandeza; ele simplesmente redefiniu o significado de coragem:

> Surgiu também uma discussão entre eles, acerca de qual deles era considerado o maior. Jesus lhes disse: "Os reis das nações dominam sobre elas; e os que exercem autoridade sobre elas são

chamados benfeitores. Mas, vocês não serão assim. Ao contrário, o maior entre vocês deverá ser como o mais jovem, e aquele que governa, como o que serve. Pois quem é maior: o que está à mesa, ou o que serve? Não é o que está à mesa? Mas eu estou entre vocês como quem serve.

Lucas 22.24-27

O rei servo?

Os guerreiros do Espírito Santo no Pentecoste reproduziram a grandeza da qual Jesus havia falado ao se sacrificarem em favor dos outros. Eles serviram ao Senhor corajosamente ao servir às pessoas por meio de ações altruístas como pregar, ensinar, equipar, organizar e alcançar. Debaixo de pressão e perseguição, eles aliviaram a carga espiritual, física e material de outros — entregando a Deus quaisquer perdas que pudessem incorrer ao andar a segunda milha.

Nesse processo, uma enorme audiência assistiu e respondeu com interesse e envolvimento aos diferentes comportamentos à mostra. Onda após onda de defensores da segunda milha foram capturados, libertos e colocados de volta na correnteza para gerar novos frutos.

O derramamento do Espírito Santo sobre os homens do Pentecoste foi uma demonstração sem precedentes de serviço e ministério às pessoas, o que resultou na salvação de milhares.

O derramamento do Espírito Santo sobre os homens do Pentecoste foi uma demonstração sem precedentes de serviço e ministério às pessoas, o que resultou na salvação de milhares.

Eles se dedicavam ao ensino dos apóstolos e à comunhão, ao partir do pão e às orações.

Todos estavam cheios de temor, e muitas maravilhas e sinais eram feitos pelos apóstolos. Os que criam mantinham-se unidos

> e tinham tudo em comum. Vendendo suas propriedades e bens, distribuíam a cada um conforme a sua necessidade. Todos os dias, continuavam a reunir-se no pátio do templo. Partiam o pão em suas casas, e juntos participavam das refeições, com alegria e sinceridade de coração, louvando a Deus e tendo a simpatia de todo o povo. E o Senhor lhes acrescentava diariamente os que iam sendo salvos.
>
> Atos 2.42-47

Esses primeiros discípulos foram os mesmos gorilas que, apenas algumas semanas antes, estavam disputando uma corrida pelo poder! Naquele momento, tudo girava em torno deles, de seus títulos no céu e quem se sentaria mais perto de Jesus. O que aconteceu? A cruz e o Pentecoste aconteceram. O que três anos de observação do Filho de Deus não conseguiram realizar, no sentido de expurgar seu impulso egoísta, os mais corajosos atos de serviço e poder conseguiram. Eles viram Jesus andar a segunda milha e aliviar a humanidade de uma carga eterna de culpa e pecado através de seu próprio sacrifício sobre o cruz. Eles viram Jesus amar em meio à opressão. Eles o viram não retaliar. Eles o viram abrir mão de qualquer exigência de conforto. Eles o viram pagar o preço para fazer avançar o relacionamento entre Deus e o homem.

Agora, do outro lado do sacrifício de Jesus e de sua partida, cheios de percepção e poder, os homens do Pentecoste estão em chamas e prontos para fazer sacrifícios similares pelos outros.

Eles estavam agora levando a carga.

Mais leve é melhor

Jesus quer livrar as pessoas de seus fardos.

> [Jesus disse:] "Venham a mim, todos os que estão cansados e sobrecarregados, e eu lhes darei descanso. Tomem sobre vocês

o meu jugo e aprendam de mim, pois sou manso e humilde de coração, e vocês encontrarão descanso para as suas almas. Pois o meu jugo é suave e o meu fardo é leve".

Mateus 11.28-30

A missão do Espírito Santo em você é fazer que essa retirada de fardo por parte de Jesus seja real *em sua experiência* com ele.

As pessoas cheias do Espírito Santo são chamadas a abandonar agendas, direitos, insultos e ressentimentos e são solicitadas a deixar tudo de lado quando conduzidas por ele a aliviar a carga de outra pessoa. Foi isso o que Jesus fez, assim como os homens do Pentecoste. E é o que o homem de Deus faz hoje.

> ***Decolando***
> A missão do Espírito Santo através de você é fazer que Deus seja real para outra pessoa por meio da retirada de fardo que você realiza de maneiras inesperadas. São inesperadas porque as pessoas estão acostumadas a ver e experimentar egoísmo em excesso.

Homens cheios do Espírito acabam fazendo coisas que jamais imaginaram com o propósito de criar um testemunho da obra dele em e através deles. De fato, aliviar a carga dos outros é tão importante que o apóstolo Paulo recebeu a incumbência do Espírito Santo de transformar isso num mandamento para todo cristão do Novo Testamento: "*Levem os fardos pesados uns dos outros* e, assim, cumpram a lei de Cristo" (Gl 6.2). O Espírito Santo ajudará você a fazer isso das seguintes maneiras:

1. *O homem de Deus faz que os outros se sintam mais leves através de sua presença.*

Pois, quando chegamos à Macedônia, não tivemos nenhum descanso, mas fomos atribulados de toda forma: conflitos externos,

> temores internos. Deus, porém, que consola os abatidos, consolou-nos com a chegada de Tito, e não apenas com a vinda dele, mas também com a consolação que vocês lhe deram. Ele nos falou da saudade, da tristeza e da preocupação de vocês por mim, de modo que a minha alegria se tornou ainda maior.
>
> 2Coríntios 7.5-7

Tradução: A vida cotidiana é pesada! Nossa própria presença no meio de uma sessão pesada de pressão alivia e conforta as pessoas. Tito aparece, traz sua presença e perspectiva contagiantes e, em pouco tempo, outras pessoas ao redor dele passam de pesadas e perturbadas para leves e alegres. Nós carregamos os fardos uns dos outros simplesmente aparecendo para ajudar. Conforme chegamos e nos envolvemos com as pessoas, a pressão é redistribuída e às vezes até mesmo eliminada.

Alguém fez isso por Tito e agora, mais leve e mais livre, Tito é capaz de se livrar de suas obrigações e se apresentar em favor de Paulo. O Espírito Santo tem outros em sua vida neste momento que estão precisando de sua simples presença para ajudar a carregar e realocar a carga sob a qual estão. Surpreenda alguém e apareça na vida dessa pessoa, perguntando: "Você está bem? Deixe-me ajudar".

2. *O homem de Deus faz que os outros se sintam mais leves ao prover-lhes o que está faltando.*

> Da multidão dos que creram, uma era a mente e um o coração. Ninguém considerava unicamente sua coisa alguma que possuísse, mas compartilhavam tudo o que tinham. Com grande poder os apóstolos continuavam a testemunhar da ressurreição do Senhor Jesus, e grandiosa graça estava sobre todos eles. Não havia pessoas necessitadas entre eles, pois os que possuíam terras

ou casas as vendiam, traziam o dinheiro da venda e o colocavam aos pés dos apóstolos, que o distribuíam segundo a necessidade de cada um.

Atos 4.32-35

Tradução: Preencha o espaço! A melhor obra do Espírito Santo através de nós não é pomposa. Quando virmos alguém diante de nós, perturbado por uma necessidade particular que temos capacidade de ajudar a satisfazer, simplesmente perguntamos: "Do que você precisa?". Ou então respondemos, e a ajuda simplesmente chega à porta delas ou a sua caixa de correio. Grandes oportunidades nem sempre chegam até nós diariamente, mas as pequenas estão por toda a nossa volta.

Quando fiquei sabendo, dia desses, que o almoço do rapaz que cuida do áudio e do vídeo em nosso prédio seria apenas uma laranja, o Espírito Santo disse: "Kenny, atravesse a rua, compre um *burrito* para ele e encha o estômago do rapaz". Eu bati continência, fui, voltei e coloquei a sacola com comida na frente dele. Sua expressão foi de total surpresa. "Isso é para mim?", perguntou ele.

Isso é o Espírito Santo preenchendo um espaço físico. Às vezes você preencherá um espaço emocional ou espiritual. Quando o fizer, você terá aliviado a carga de alguém.

3. *O homem de Deus faz que os outros se sintam mais leves ao identificar e apresentar as necessidades deles a Deus através da oração.*

Orem no Espírito em todas as ocasiões, com toda oração e súplica; tendo isso em mente, estejam atentos e perseverem na oração por todos os santos.

Efésios 6.18

Tradução: Talvez eu não possa assumir ou retirar muitos dos fardos com os quais entro em contato, mas conheço alguém que *pode*. Aproximar-se e então colocar-se debaixo de uma carga pesada muitas vezes está além de nossas habilidades, capacidades e recursos. Mas o Espírito Santo está pronto para assumir qualquer necessidade e levá-la diretamente ao Senhor. Não precisamos hesitar para trazer o poder e a paz de Deus a uma situação pesada através da oração. De fato, transferir fardos ao Senhor é o estilo de vida que o Espírito Santo quer construir em nossa vida à medida que ele retira nossos fardos por meio da oração e conforme ajudamos a retirar os fardos dos outros através da oração.

À medida que ajudamos pessoas a entregar suas necessidades e fardos ao Senhor, o Espírito Santo alivia sua carga emocional e a substitui por níveis cada vez maiores de paz.

Quando entramos em contato com necessidades *que não podemos atender*, nós as levamos a Deus juntamente com aquela pessoa. O resultado? Elas se sentirão mais leves à medida que alguém assume a responsabilidade de satisfazer sua necessidade:

> Não andem ansiosos por coisa alguma, mas em tudo, pela oração e súplicas, e com ação de graças, apresentem seus pedidos a Deus. E a paz de Deus, que excede todo o entendimento, guardará o coração e a mente de vocês em Cristo Jesus.
>
> Filipenses 4.6-7

À medida que ajudamos pessoas a entregar suas necessidades e fardos ao Senhor, o Espírito Santo alivia sua carga emocional e a substitui por níveis cada vez maiores de paz.

4. *O homem de Deus faz que os outros se sintam mais leves ao oferecer conselho.*

> Como o óleo e o perfume alegram o coração, assim, o amigo encontra doçura no conselho cordial.
>
> Provérbios 27.9, RA

Tradução: Quando estamos no meio de pressão e debaixo de circunstâncias pesadas, nossa habilidade de pensar com clareza e enxergar soluções é quase sempre encoberta. O problema é que estamos envolvidos demais em termos emocionais para pensar de maneira simples e racional. Achamos que as coisas são fatais e definitivas ou presumimos erradamente que tudo dará certo, porque, assim, não temos de aceitar a responsabilidade de lidar com coisa alguma. Em ambos os casos, o que precisamos é de alguém que não tenha objetivos próprios ou um conflito de interesse, alguém que possa se aproximar, avaliar a situação e oferecer uma solução.

> A segunda milha nos custa nosso egoísmo, mas nos concede um testemunho.

Muitas vezes uma solução simples me ilude porque estou por demais envolvido emocionalmente com o problema. Mas então um bom amigo meu, Paulo, se aproxima e me oferece seu conselho não contaminado, e meu gorila de 400 quilos se transforma num problema do tamanho de um *hamster*. Às vezes o conselho faz que eu me sinta muito bem e, em outros momentos, ele exige obediência. Seja qual for o caso, minha carga pesada fica mais leve por meio do conselho piedoso. "A palavra certa no tempo certo é como a joia feita por encomenda. E a repreensão do amigo sábio na hora certa é como um anel de ouro no dedo" (Pv 25.11-12, MSG).

As palavras e o conselho do Espírito Santo através de você para alguma outra pessoa serão de caráter bastante prático e criarão soluções reais que honram tanto a Deus quanto as pessoas.

O homem de Deus aparece na vida de outras pessoas pronto para fazer o inesperado, para caminhar a segunda milha e para pagar um preço, a fim de que os fardos possam ser erguidos. A segunda milha nos custa nosso egoísmo, mas nos concede um testemunho.

Uma advertência do Espírito Santo aos homens

Não existe essa coisa de serviço da segunda milha sem que as responsabilidades da primeira milha tenham sido cumpridas. Vejo homens o tempo todo tentando pular por cima das responsabilidades da primeira milha — em seu casamento e com seus filhos — enquanto faz um monte de coisas relacionadas ao ministério ou a projetos *fora do campo de batalha do lar.* Isso mata seu testemunho de Cristo. É o que a Bíblia chama de "obras mortas". Um homem está correndo por aí e ajudando outros, enquanto seu ministério em casa está MEC (morto em combate) com a esposa e os filhos. Esses caras não levantam um dedo para aliviar a carga em casa ou junto aos membros da família, mas oferecem suas melhores energias e esforços para ajudar pessoas completamente estranhas.

Homem de Deus, lembre-se de uma coisa: sua primeira milha é onde você cumpre as responsabilidades que já estão diante de você. A segunda milha é a sua *livre escolha de aliviar a carga de outra pessoa*. Se você não for casado, o mesmo conselho pode ser aplicado para honrar seus pais, seus amigos mais próximos, sua família espiritual. A primeira milha tem de ser *a primeira.*

Ser um caminhante responsável da primeira milha vai lhe custar alguma coisa, mas também lhe dará integridade em seu testemunho durante a segunda milha.

> *Espírito Santo, obrigado por me ajudares a me sentir aliviado espiritualmente por Jesus. É maravilhoso saber que minha carga pessoal de culpa e pecado foi retirada por ele e substituída por um*

leve cobertor de perdão e esperança. Não há palavras que expressem adequadamente minha gratidão. Obrigado por continuares a carregar e a suavizar meus fardos em minha luta contra o pecado, por acalmares minha luta para tentar entender as circunstâncias e por reduzires minhas ansiedades em relação ao futuro.

Aceito a missão de fazer o mesmo na vida de outras pessoas. Ajuda-me a ver claramente as fronteiras que determinam o fim de minhas capacidades e o inicio das tuas. Ajuda-me a ver as maneiras simples pelas quais eu posso ser usado para aliviar as cargas pesadas que as pessoas estão carregando ao prover o que está faltando, fornecer conselho, criar oportunidades para orar, ou simplesmente tornar-me disponível. Tu és aquele que faz todo o trabalho pesado de levantar, Senhor. Sou teu servo. Ajuda-me a começar a aliviar a carga em minhas próprias responsabilidades da primeira milha e, depois, leva-me para a segunda milha, onde encontrarei pessoas a quem eu possa ajudar.

Oro pelas pessoas que carregam fardos pesados a meu redor no poderoso nome de Jesus. Amém.

16

Eleve o espírito de alguém

O homem de fato grande é o homem que
faz todo homem sentir-se grande.
G. K. Chesterton

Os líderes são solitários.

É por isso que gosto de falar a eles na condição de alguém de fora. Não faço parte da folha de pagamentos deles, não tenho obrigações, não sou tiete, não faço parte do conselho, não sou crítico, não sou membro da família, não tenho ações deles e não pago um preço pessoal pelo desempenho deles, seja bom, seja ruim. Não tenho motivações específicas, nenhum vínculo e nenhuma noção preconcebida sobre eles.

Tendo dito isso, porém, na verdade sei muita coisa sobre eles. Para começar, sei que, na maior parte do tempo, as pessoas sob a responsabilidade deles dizem o que eles querem escutar, não o que precisam ouvir, por causa dos conflitos de interesse, da posição, do poder ou do efeito pedestal.

Do mesmo modo, sei que, para muitos homens, estar *no comando* no trabalho dificulta a transição para a linha de frente do lar, porque a esposa e as crianças não se importam com suas realizações, títulos, competência, produtividade e não se importam que papai tenha fechado um importante contrato. Eles simplesmente querem um marido ou um pai que lhes dê seu tempo, seu amor e seu coração.

Também conheço líderes que estão numa verdadeira guerra para preservar seu trabalho, sua carreira ou impedir que as exigências profissionais matem suas fontes preciosas e particulares de intimidade e conexão (ou seja, seu casamento e sua família). Muitos perdem essa batalha no final — mais da metade, para ser exato.

Continue lendo, meu caro líder.

Sei que os líderes recebem pressões que são subconscientes, sutis e fortes que, com o passar do tempo, criam fadiga emocional. Sei que são censurados e criticados em conversas particulares por pessoas próximas a eles. Mas essas mesmas pessoas se sentam regularmente com eles, lábios cerrados, relutantes em dizer o que se passa na mente delas. Sei que líderes deixam de atender às expectativas de muitos e, embora eles saibam que isso faz parte do acordo, ainda assim querem conquistar o maior número possível dessas pessoas. Sei que as pessoas contam com eles para um bom desempenho, para abrir-lhes as portas da oportunidade e navegar pelo futuro de maneira mágica através da versão de bola de cristal do líder, garantindo que tudo dará certo.

Sei que eles têm de tomar decisões bastante difíceis que impactam o futuro das pessoas, e essas decisões são difíceis de serem deixadas de lado ou compartimentalizadas. Essas decisões devem ser tomadas apenas por eles.

Já está com febre?

Sei que os líderes são verdadeiramente amados e depois detestados, sinceramente apreciados e depois atacados, que criam tanto devoção quanto dúvida, dependendo de seu último sucesso ou fracasso. Sei que seu estilo de liderança é analisado, investigado, inspecionado, dissecado e

Sei que os líderes são verdadeiramente amados e depois detestados, sinceramente apreciados e depois atacados, que criam tanto devoção quanto dúvida, dependendo de seu último sucesso ou fracasso.

frequentemente menosprezado. Sei que tanto seus sucessos quanto seus fracassos são usados como uma lupa para revelar suas falhas.

Sei que eles se importam profundamente em relação à *confiança de sua responsabilidade*, sofrendo muitas noites em claro enquanto refletem sobre estratégia, pessoas, planos, futuro e como seu desempenho causará impacto sobre tudo isso.

Sei que, em muitos dias, eles anseiam por uma vida mais simples, com menos pressão, menos olhos assistindo, mais tempo para relacionamentos, menos interrupções e menos exigências sobre seu caráter. Isso às vezes torna a fantasia e o escapismo coisas muito tentadoras. A taxa emocional pode se tornar muito grande, e eles mordem a isca de Satanás, indo até o anzol, tendo de viver ao mesmo tempo uma vida pública e outra secreta.

Todos os líderes enfrentam essas questões.

Não importa se você é pai casado de três filhos, técnico esportivo, síndico, delegado, pastor, gerente de vendas ou presidente de uma empresa entre as 100 mais da *Fortune* — assim é a liderança, quer você entenda sua dinâmica quer não. Esses são os tijolos em sua mochila, o estresse e a tensão de ser homem, os pesos que só nós carregamos nos ombros e as forças em ação que fazem que levantar pela manhã seja tanto um prazer quanto uma dor. Essa pressurização da vida cresce e, por fim, é aliviada de alguma maneira.

A mídia apresenta todo tipo de maneiras pelas quais os homens podem aliviar seu estresse. Pergunte à equipe de *marketing* que inventou a campanha cujo *slogan* é "O que acontece em Las Vegas fica em Las Vegas". É o modelo da forma como o mundo lida com as pressões isoladoras da liderança. A oferta é direta: fuja, medique a pressão com algum outro sentimento e depois retorne à vida, tudo como era antes. Pressione "repita" sempre que achar necessário. Essa é uma maneira.

Ou você pode *distribuir a pressão* ao ter um forte relacionamento com Deus e com os outros, *fazer uso da pressão* para se desenvolver nesses relacionamentos e desfrutar de tempo ocioso sem arrependimentos. Esse modelo de lidar com as pressões da vida mantém mais dinheiro em sua carteira, sua esposa e seus filhos continuam amando você, e seu corpo e sua mente ficam livres de dores de cabeça, ressaca e lembranças remanescentes que poluem sua vida com culpa.

Nós desejamos isso como um labrador se consome de vontade de que alguém lhe jogue uma bola. Precisamos disso em nossa alma como nossos pulmões precisam de oxigênio. Nós queremos tanto isso, mas não conseguimos colocar os dedos nisso na maioria dos dias.

O Espírito Santo nos deu todas as ferramentas adequadas para lidarmos com a pressão e a armadura necessária para nos defender de um inimigo incansável que constantemente nos envia a mensagem que diz que caminhar pelo lado selvagem não vai machucar ninguém (leia *Lute*). Uma das mais poderosas armas nessa batalha que reduz a pressão, refreia o poder da tentação e produz perseverança espiritual é algo que outros costumam deixar de nos oferecer no meio de nossa luta. Todo homem clama por isso, mas recebe muito pouco. Queremos isso como um homem sedento quer um copo de água no meio do deserto. Nós desejamos isso como um labrador se consome de vontade de que alguém lhe jogue uma bola. Precisamos disso em nossa alma como nossos pulmões precisam de oxigênio. Nós queremos tanto isso, mas não conseguimos colocar os dedos nisso na maioria dos dias.

Essa coisa se chama encorajamento.

O autor Robert Collier destacou isso, não apenas para os homens, mas para todo ser humano no planeta, ao observar este simples fato: "A maioria de nós, nadando contra a maré dos problemas sobre os quais o mundo nada sabe, precisa de um pouco de elogio ou encorajamento e, assim, atingiremos o objetivo".

Sei exatamente o que isso significa, e estou certo de que você também sabe!

Eu *nunca* soube

— Pego você em cinco minutos e vamos para o Souplantation.

— Tudo bem — disse Lance pelo celular. — Estarei do lado de fora do prédio.

Meu amigo Lance e eu nos encontramos mensalmente como pastores com o objetivo de desabafar um pouco num ambiente seguro e conversarmos como irmãos. Sempre espero com ansiedade por esses momentos porque, para mim, Lance é como Yoda, do filme *Guerra nas estrelas*, e eu como o jovem aprendiz Padawan, coletando informações de seus conselhos. Seu *feedback* e seus comentários informais são tão bons que às vezes saio do almoço com duas páginas de anotações! Ele nunca tem algo planejado, e eu também não.

Nós simplesmente aparecemos e começamos a conversar sobre os projetos nos quais estamos trabalhando, mensagens que estamos pregando, coisas da família, teologia, criação de filhos e o futuro, tudo isso entre garfadas e goles de chá gelado. Foi no final de um desses almoços que Lance jogou uma bomba no meu colo.

Estávamos de volta ao estacionamento da igreja, sentados em minha picape, concluindo nosso último tópico de conversa. Quando eu lhe disse que iria pôr em prática algumas das coisas que discutimos, esperava que Lance dissesse: "Ótimo, Kenny. Conversaremos em breve", ou "Legal, Kenny. Obrigado pelo almoço", ou ainda "Da próxima vez, eu pago", ou algo que colocasse um ponto final naquela longa frase contínua que chamamos de almoço. Em vez disso, Lance optou por uma vírgula, e lançou o seguinte míssil balístico, programado para me acertar bem no meio do coração:

— Kenny, não sei se alguém já lhe disse isto ultimamente, mas quero apenas que você saiba quanto apreciamos o que você está fazendo aqui em Saddleback com os homens da igreja. Sei quanta energia e esforço você coloca nisso, de modo que quero lhe dizer obrigado por tudo o que você faz.

Cabum!

De repente, vi minha respiração ser interrompida e meus olhos transbordarem. "O que está acontecendo com você, Kenny?", pensei. "Meu Deus, cara, se recomponha!" Numa fração de segundo, porém, percebi que todas as minhas tentativas de conter a inundação da emoção crescente eram inúteis. Que loucura! Lance estava testemunhando meu pequeno derretimento a uma distância de exatamente trinta centímetros! Será que ele pensou que eu iria confessar alguma falha moral, um caso adúltero ou um erro grave que eu não conseguia mais esconder?

Não consegui olhar para ele, o que realmente o fez pensar no pior. Enquanto eu olhava para o painel do meu carro, pude sentir as lágrimas se espremendo para fora dos meus olhos, fazendo um leve barulho conforme caíam sobre minha calça. "O que é que está acontecendo com você, Luck? O único momento em que você chora é durante a ceia!"

Felizmente, Lance ficou em silêncio total e esperou.

Depois de limpar o nariz com as costas da mão, segurei minha camiseta e a esfreguei em meus olhos algumas vezes. Respirei bem fundo e então exalei por entre lábios apertados, com as bochechas inchadas. É aquele barulho de respiração que as pessoas fazem antes de confessar ou dizer algo bastante emocional. Com a voz embargada, dei a Lance a minha melhor interpretação da razão de suas palavras terem provocado aquela reação em mim.

— Puxa, Lance, desculpe por isso. Não sei exatamente de onde vem esta reação, mas tenho uma boa ideia. Suas palavras me pegaram num momento bastante interessante. Tenho me perguntado ultimamente se alguém realmente sabe o que faço ou se importa com isso. Estou nesta igreja desde 1989, de modo que as pessoas presumem que estou indo bem. Precisava que alguém me dissesse algo assim hoje. Acho que a combinação do lugar onde estou e o que você disse tocou bem fundo. Você me pegou realmente desprevenido, num momento em que estava questionando se eu deveria continuar lutando. Acho que estava um pouco faminto por encorajamento. O retorno que os rapazes dão é ótimo, mas isto foi diferente, como você pode ver. Está na cara. Portanto, obrigado. Muito obrigado mesmo. Saber disso significa muito para mim.

O Espírito Santo estava sendo o Espírito Santo por meio de Lance, que estava apenas sendo Lance.

É engraçado dizer isso dessa maneira, mas faz o maior sentido para mim. Deus sabia que eu precisava de validação. Ele viu que meu tônico estava acabando, minha perseverança sumindo, minha confusão crescendo na ausência de algum encorajamento para continuar lutando pela visão que ele havia colocado em meu coração pelos homens de Saddleback e do mundo. Então o Senhor me enviou Lance, um homem cheio do Espírito, como seu mensageiro com o propósito de fortalecer e firmar meus pés no meio de minhas dúvidas.

Ao olhar para trás, lembro-me daquele momento como se fosse ontem, pois foi decisivo para que eu permanecesse firme à visão do Every Man Ministries. Em muitos aspectos eu creio que ainda estou aqui hoje, diante do privilégio de tocar pessoalmente milhões de homens, em grande parte devido àquelas duas frases pronunciadas quase oito anos atrás.

A propósito, sabe aquele líder hipotético que descrevi no início deste capítulo? Eu era aquele líder.

Reforce o que restou

O Espírito Santo é uma forte voz de encorajamento na família de Deus.

À medida que prosseguimos para aprender exatamente o que o Espírito Santo quer extrair de nós, devemos mais uma vez olhar para o caráter e as expressões do Pai, do Filho e do Espírito Santo nas Escrituras — assim como nos homens do Pentecoste — para ter alguma ideia de seu constante ministério de encorajamento através do homem de Deus a outros servos do Senhor.

O Pai encoraja o Filho em sua pessoa

> Assim que Jesus foi batizado, saiu da água. Naquele momento o céu se abriu, e ele viu o Espírito de Deus descendo como pomba e pousando sobre ele. Então uma voz dos céus disse: "Este é o meu Filho amado, de quem me agrado".
>
> Mateus 3.16-17

Nesse ponto da vida de Jesus, ele não havia pregado uma única mensagem, realizado um único milagre nem curado uma única pessoa. Não havia seguidores. Essa explosão de encorajamento foi o puro amor de um Pai, e foi concedida incondicionalmente.

> Como isso é relevante para nós como homens, pois o encorajamento nos ilumina, e o Espírito Santo ainda está fazendo isso pelos servos de Deus através de nós.

O momento foi intencional, uma vez que Jesus estava iniciando uma árdua jornada de revelação de si mesmo ao mundo, começando a parte final de sua missão na terra e treinando os Doze para completá-la. Era importante que o Pai fizesse que o Filho soubesse que era amado e dar a Jesus, em sua humanidade, o exato encorajamento da divindade que todo homem precisa e pelo qual anseia. O Espírito Santo também estava ativo nesse momento, descendo sobre Jesus e "pousando sobre ele".

Como isso é relevante para nós como homens, pois o encorajamento nos ilumina, e o Espírito Santo ainda está fazendo isso pelos servos de Deus através de nós. Agora mesmo, deixe o Espírito Santo afirmar você como filho de Deus com essas palavras vindas de seu Pai celestial.

O Pai encoraja o Filho em meio a sua missão

> Seis dias depois, Jesus tomou consigo Pedro, Tiago e João, irmão de Tiago, e os levou, em particular, a um alto monte. Ali ele foi transfigurado diante deles. Sua face brilhou como o sol, e suas roupas se tornaram brancas como a luz. Naquele mesmo momento apareceram diante deles Moisés e Elias, conversando com Jesus.
>
> Então Pedro disse a Jesus: "Senhor, é bom estarmos aqui. Se quiseres, farei três tendas: uma para ti, uma para Moisés e outra para Elias".
>
> Enquanto ele ainda estava falando, uma nuvem resplandecente os envolveu, e dela saiu uma voz, que dizia: "Este é o meu Filho amado de quem me agrado. Ouçam-no!".
>
> Ouvindo isso, os discípulos prostraram-se com o rosto em terra e ficaram aterrorizados. Mas Jesus se aproximou, tocou neles e disse: "Levantem-se! Não tenham medo!".
>
> Mateus 17.1-7

Ao contrário do batismo de Jesus, quando praticamente nenhum ministério havia acontecido, esse encorajamento vindo do Pai para o Filho seguiu-se a um vigoroso investimento de tempo, viagem, ensino, pregação, cura e treinamento dos discípulos. Não é exagero nenhum dizer que Jesus estava andando com o tanque vazio em termos físicos e emocionais. Nosso melhor indicador de que isso estava acontecendo é que aquelas palavras do Pai foram pronunciadas no contexto em que Jesus estava num retiro com os discípulos. Era a prática que ele tinha quando precisava reabastecer. Esse foi o evento que Deus escolheu para dar-lhe outro momento especial de encorajamento.

Dois homens, Moisés e Elias, cada um em sua época, haviam sido incumbidos por Deus de intensas tarefas terrenas, e eles estavam ali presentes também. Isso não aconteceu por acaso! Aqueles rapazes sabiam tudo sobre estresse. Eu adoraria ter escutado *aquela* conversa! Imagine Moisés falando sobre suas audiências com o faraó ou Elias descrevendo sua confrontação com os profetas de Baal. Você consegue imaginar os dois dando tapinhas nas costas de Jesus e encorajando-o a permanecer no curso, a despeito dos sentimentos que tinha naquele momento? Tratava-se de um espaço fechado e construído sob medida para encorajar o Filho. Embora não saibamos o que foi dito, podemos deduzir, com base no encorajamento do Pai e das palavras de apoio a seu Filho, que o propósito daquele dia foi encorajar Jesus em sua obra. Mais uma vez, Jesus foi literalmente aceso física e emocionalmente por seu Pai, pelo Espírito Santo e por terceiros.

O Filho e o Espírito Santo encorajam a família de Deus em meio a sua missão

> "Esteja atento! Fortaleça o que resta e que estava para morrer, pois não achei suas obras perfeitas aos olhos do meu Deus. Lembre-se, portanto, do que você recebeu e ouviu; obedeça e arrependa-se. Mas se você não estiver atento, virei como um ladrão e você não saberá a que hora virei contra você.
>
> No entanto, você tem aí em Sardes uns poucos que não contaminaram as suas vestes. Eles andarão comigo, vestidos de

> branco, pois são dignos. O vencedor será igualmente vestido de branco. Jamais apagarei o seu nome do livro da vida, mas o reconhecerei diante do meu Pai e dos seus anjos. Aquele que tem ouvidos ouça o que o Espírito diz às igrejas".
>
> Apocalipse 3.2-6

É como se Jesus colocasse a mão sobre o ombro do apóstolo João e dissesse: "Preciso mandar algumas mensagens de encorajamento a meus seguidores. Tome nota!". O que se segue é um padrão simples de encorajamento, capacitação e edificação planejado sob medida para cristãos que enfrentam diferentes lutas. Através deste exemplo podemos aprender de Jesus e do Espírito Santo como encorajar outros cristãos. Eis o plano:

- Reconheça e comemore suas expressões de contentamento.
- Reveja os obstáculos ou questões específicas que eles estão enfrentando.
- Reacenda a paixão deles para superar os obstáculos do caminho.
- Relembre-os da recompensa que receberão se forem fiéis.
- Relembre-os de ouvirem ativamente o Espírito Santo.

Os homens do Pentecoste foram enviados especificamente para encorajar os cristãos

> A mão do Senhor estava com eles, e muitos creram e se converteram ao Senhor.
>
> Notícias desse fato chegaram aos ouvidos da igreja em Jerusalém, e eles enviaram Barnabé a Antioquia. Este, ali chegando e vendo a graça de Deus, ficou alegre e os animou a permanecerem fiéis ao Senhor, de todo o coração. Ele era um homem bom, cheio do Espírito Santo e de fé; e muitas pessoas foram acrescentadas ao Senhor.
>
> Atos 11.21-24

Em meio a momentos de fé fluidos e desafiadores para muitos judeus e gentios convertidos, o encorajamento *em pessoa* era crucial para que aqueles cristãos permanecessem fiéis a Jesus. Vemos de maneira ainda mais específica, como no exemplo de Barnabé, que o Espírito Santo capacita cristãos a encorajarem outros cristãos. Através de Barnabé, vemos que o encorajamento espiritual em tempo real deve ser genuinamente alegre, planejado e proposital. Tal como Barnabé, quando entramos em contato com outros cristãos, uma alegria deve invadir nosso espírito, bem como um reconhecimento de que todos os crentes estão em guerra para se manter firmes a sua fé e cumprir aqui na terra seu propósito dado por Deus. O ministério especial de encorajamento é necessário para combater o bom combate.

O ministério especial de encorajamento é necessário para combater o bom combate.

Por fim, vemos o derradeiro objetivo do Espírito Santo de nos usar para encorajar outros cristãos: fidelidade. Isso diferencia o encorajamento que é dado de um cristão a outro de todos os outros tipos de palavras oferecidas a eles. Suas palavras levam aquele que está sendo encorajado a "permanecer fiel ao Senhor".

Se não permitirmos que o Espírito Santo expresse encorajamento através de nós a outros cristãos, por padrão nossa falta de encorajamento dá permissão para que o mal preencha o vazio e trabalhe para destruir nossos irmãos e irmãs no Senhor. O encorajamento é uma arma espiritual que os cristãos usam, unindo forças para eliminar a infidelidade a Deus.

Ouça a orientação do Espírito Santo através da pena do autor de Hebreus, percebendo e sentindo a urgência:

> Cuidado, irmãos, para que nenhum de vocês tenha coração perverso e incrédulo, que se afaste do Deus vivo. Ao contrário,

> encorajem-se uns aos outros todos os dias, durante o tempo que se chama "hoje", de modo que nenhum de vocês seja endurecido pelo engano do pecado.
>
> Hebreus 3.12-13

Entenda uma coisa: está havendo uma guerra para impedir que o encorajamento flua de um cristão para outro. Satanás está bastante consciente do fato de que cristãos não suficientemente encorajados se afastam de sua fé, retornam ao pecado e caem de cabeça na descrença, enganando-se a si mesmos.

> O Espírito Santo sabe que o encorajamento é o oxigênio da vida de todo cristão.

O Espírito Santo sabe que o encorajamento é o oxigênio da vida de todo cristão. Sem ele, nossa fé morre — de maneira vagarosa, miserável, furiosa, desnecessária. É por isso que ele implora ardentemente a nós que *não* menosprezemos, critiquemos, analisemos, espiritualizemos em excesso, censuremos, julguemos nem condenemos outros cristãos em nome do Espírito Santo. Humilhar ou depreciar a fé que alguém possui não é dom espiritual, nem chamado, nem mesmo uma disciplina; é sinal de insegurança.

Nosso trabalho é encorajar, fortalecer, edificar, elevar, fortificar, apoiar e dar o impulso necessário a nossos irmãos, de modo que nossa ação "fortaleça o que resta" (Ap 3.2). Ouça o Espírito Santo através das palavras do apóstolo Paulo enquanto ele incentiva os cristãos a se envolverem na batalha espiritual sendo bons na resolução de conflitos e igualmente bons no ministério do encorajamento: "Por isso, esforcemo-nos em promover tudo quanto conduz à paz e à edificação mútua" (Rm 14.19). O oposto disso? Pouco esforço, esforço parcial, meio esforço ou esforço nenhum para manter os conflitos em nível mínimo e o encorajamento em nível máximo.

Esforçarmo-nos significa *esforçarmo-nos.*

Encorajamento explosivo

Sendo assim, aqui estão algumas maneiras concretas por meio das quais o homem de Deus se esforça para entrar na corrente de ar do encorajamento do Espírito Santo.

O Espírito Santo encoraja os cristãos em comunhão

> E consideremos uns aos outros para nos incentivarmos ao amor e às boas obras. Não deixemos de reunir-nos como igreja, segundo o costume de alguns, mas procuremos encorajar-nos uns aos outros, ainda mais quando vocês veem que se aproxima o Dia.
>
> Hebreus 10.24-25

Participe de um pequeno grupo de cristãos que se reúne regularmente numa casa para abrir a Palavra de Deus, fazer boas perguntas, conversar honestamente e orar sinceramente uns pelos outros. Não existe encorajamento do Espírito Santo sem estar em comunhão com outros cristãos cheios do Espírito Santo! Conecte-se frequentemente com outros cristãos para tanto dar quanto receber o encorajamento que ele deseja derramar.

Se você não está encorajado em sua fé, encontre outro grupo onde o ministério de encorajamento esteja presente. Satanás aplica muita energia para fazer você sentir-se apático ou cético quanto a conectar-se com outros cristãos, principalmente porque ele sabe que isso dará a você o apoio de que precisa para empreender uma luta melhor contra seus esquemas.

Lute por comunhão!

O Espírito Santo usa nossa vontade e nossas palavras para encorajar.

> Nenhuma palavra torpe saia da boca de vocês, mas apenas a que for útil para edificar os outros, conforme a necessidade, para que conceda graça aos que a ouvem.
>
> Efésios 4.29

Por definição, conversas danosas entre cristãos envolvem destruição, em vez de edificação. O Espírito Santo dentro de um cristão ajuda a transmitir palavras direcionadas e úteis que impactam o coração de outros cristãos e que se encaixam na situação deles. O encorajamento cheio do Espírito Santo diz não a comentários inúteis ou egoístas com o propósito de dizer sim ao apoio dirigido.

Isso significa ouvir bem, de modo que possamos encorajar bem. Significa estar bem com os sucessos e bênçãos de outro cristão em meio a seus próprios fracassos ou tempos difíceis, sabendo que Deus está trabalhando em todas as coisas, boas ou más, para o propósito dele. Significa superar ciúme, inveja, conflitos e diferenças de personalidade por meio da obra curadora e da segurança que o Espírito Santo provê. Significa estar com pessoas por tempo suficiente para saber quais são suas necessidades e dificuldades, para que se possa direcionar encorajamento capaz de conceder vida.

Lute por mais palavras encorajadoras!

O Espírito Santo usa os dons espirituais que você possui para encorajar cristãos

> Assim acontece com vocês. Visto que estão ansiosos por terem dons espirituais, procurem crescer naqueles que trazem a edificação para a igreja [...].
>
> Portanto, que diremos, irmãos? Quando vocês se reúnem, cada um de vocês tem um salmo, ou uma palavra de instrução, uma revelação, uma palavra em uma língua ou uma interpretação. Tudo seja feito para a edificação da igreja.
>
> 1Coríntios 14.12,26

O oposto disso? Nossa visibilidade? Curar as próprias inseguranças? Estabelecer sua superioridade espiritual? A advertência não seria lançada se o mau uso dos dons espirituais não existisse. O apóstolo Paulo já havia visto tanto uso de Deus para se obter visibilidade pessoal, notoriedade e piedade pública que estava a ponto de vomitar: "Vocês pensam que durante todo este tempo estamos nos defendendo perante vocês? Falamos diante de Deus como alguém que está em Cristo, e tudo o que fazemos, amados irmãos, é para fortalecê-los" (2Co 12.19).

A concessão de dons espirituais a um cristão por parte do Espírito Santo *não se destina ao indivíduo*, e, uma vez que a conexão com seu dom está contaminada pelo orgulho, o cristão prejudica o corpo de Cristo, em vez de ajudá-lo. O Espírito Santo sabe que pouco conhecimento é uma coisa perigosa, de modo que diz para usarmos o conhecimento que ele dá para edificar os outros de acordo com suas necessidades — em vez de edificar a nós mesmos de acordo com nossas necessidades.

Lute pela força do corpo de Cristo!

* * *

O Espírito Santo dá aos cristãos a autoridade exclusiva de encorajar outros cristãos. Ninguém mais pode prover esse serviço aos seus irmãos e irmãs em Cristo: "Pois mesmo que eu tenha me orgulhado um pouco mais da autoridade que o Senhor nos deu, não me envergonho disso, pois essa autoridade é para edificá-los, e não para destruí-los" (2Co 10.8).

> ***Decolando***
> *O Espírito Santo dá aos cristãos a autoridade exclusiva de encorajar outros cristãos.*

Em outras palavras, o cristão é o único embaixador oficialmente endossado e sancionado do Espírito Santo para promover encorajamento nos filhos e filhas de Deus. Ele deseja que assumamos essa responsabilidade pessoalmente, com orgulho e poder para derrotar o desânimo e a infidelidade em nossa família espiritual, do mesmo modo como meu amigo Lance fez comigo no estacionamento da igreja. Em termos bem reais, somos os guardiões de nossos irmãos e irmãs, medidos por nossa disposição de sermos usados para encorajá-los.

Encontre hoje alguém para encorajar.

> O cristão é o único embaixador oficialmente endossado e sancionado do Espírito Santo para promover encorajamento nos filhos e filhas de Deus.

Espírito Santo, obrigado por me lembrares que, em nossa família, nós encorajamos uns aos outros. Obrigado por mostrares o exemplo do Pai, do Filho e da tua obra de edificação através do teu povo. Ajuda-me a lembrar-me de usar os dons e as habilidades que me deste para encorajar outras pessoas. Ajuda-me a ouvir bem, de modo que possa encorajar e fortalecer meus irmãos e irmãs. Ajuda-me a fazer todo o esforço para não competir com nenhum cristão, mas para me conectar com todos a fim de encorajar a fidelidade deles a ti.

Cura as partes de mim que me levam a reter encorajamento. Revela as feridas e ressentimentos, as dores e inseguranças que criam ciúme, inveja, divisão e conflitos pessoais. Tira-me desses lugares imaturos de caráter, de modo que eu possa ser livre para encorajar aqueles que estão a meu redor, especialmente aqueles que são seguidores de Jesus.

Deste ponto de liberdade e cura em Cristo, aceito minha missão de exercer tua autoridade para fortalecer todo cristão a quem eu encontrar para o benefício dele, não para o meu. Obrigado por essa maravilhosa missão de conceder encorajamento a outras pessoas. Enche-me e usa-me para elevar o espírito de meus irmãos e de minhas irmãs, do mesmo modo como elevaste o meu em Cristo. Em favor do corpo eu oro. Amém.

17

Alcance a alma de alguém

> Todo homem é um missionário, agora e para sempre, para o bem ou para o mal, quer ele deseje e planeje, quer não. Ele pode ser uma mancha, irradiando sua influência obscura para todo o círculo da sociedade, ou pode ser uma bênção, espalhando graça a todo canto do mundo. Mas um vazio ele não pode ser: não há vazios morais; não há personagens neutros.
>
> Thomas Chalmers

"Brian, você precisa conhecer o Homem."

Abrindo caminho pelo emaranhado de sua conversa com um amigo de longa data, meu irmão Chris colocou a verdadeira questão sobre a mesa. Ele havia passado os trinta minutos anteriores ouvindo um amigo do ensino médio e ex-parceiro de festanças contar sua história, dizendo que chegou ao fundo do poço e então decidiu ficar sóbrio. Por vários anos, meu irmão quis ter essa conversa com Brian, mas até aquele momento a dor na vida de Brian não era grande o suficiente para criar uma abertura. Naquele instante, porém, havia nível máximo de abertura em Brian porque uma nova onda de dor pessoal superou seus medos e seu orgulho.

Chris ouviu atentamente as dolorosas circunstâncias da vida de seu velho amigo e, nesse processo, refletiu sobre muitos momentos que os dois compartilharam correndo atrás de saias, carros de corrida e festas pesadas. Muitas das lembranças foram logo esquecidas, mas havia outras que o fizeram sorrir. A ironia daquela ligação era que Chris fora o "irmão de mãe diferente" de Brian, tão próximos os dois eram. O fato de que Deus pudesse permitir que Chris fosse aquele a quem Brian procuraria em busca de conselho espiritual era implausível, impossível e cômico! É como se você pedisse conselhos sobre como lidar com o luto para Osama bin Laden!

Desse modo, quando Brian ligou, Chris pensou: "Só pode ser Jesus. Obrigado, Jesus".

Brian ficou repetindo como seus relacionamentos estavam se fragmentando, sua carreira estava se desintegrando e sua mente estava se curvando a ponto de quebrar. Chris ouviu e refletiu a respeito dos cacos de vidro sobre os quais *suas escolhas* lhe haviam feito rastejar e pensou também nas pessoas feridas deixadas em sua trilha. Parecia que já havia se passado tempo demais desde que a combinação entre isolamento de Deus e poderosos apetites destrutivos o havia escravizado. A história de Brian refrescou sua memória e relembrou-o exatamente de quão longe ele havia chegado por causa do "Homem" que havia entrado em sua vida quando ele mesmo havia chegado ao fundo. Lembrou-se do dia, da hora, da igreja, e especialmente da liberdade que sentiu naquele momento em que o Espírito Santo invadiu sua vida através de Cristo.

Brian dobrou uma esquina depois de 26 minutos de conversa ao telefone e começou a contar sobre o momento em que chegou a sua casa e a encontrou vazia, duas semanas antes, percebendo claramente que sua linda esposa e seus quatro filhos haviam sumido. Armários vazios, gavetas puxadas para fora dos móveis, escovas de dentes ausentes de seu suporte, o espaço da mini*van* vazio na garagem e a aliança de casamento de Jackie sobre a penteadeira, colocada intencionalmente próxima de um pequeno bilhete escrito com sua letra tão familiar. Brian estava agora oficialmente sozinho.

Sentado no chão do quarto de sua filha mais nova, Brian leu o bilhete de Jackie em meio a um entorpecimento provocado pela vodca. Ela disse que o amava, mas que não dava mais para ela. Poucas palavras escritas apressadamente num grande *post-it* amarelo, mas cujo impacto foi como o de uma tonelada de tijolos sobre seu peito.

Para Brian, aquele foi o momento quando percebeu o que anos de discussão sobre o problema com a bebida de Brian haviam criado. No meio de seu nevoeiro, Brian se lembrou do rosto de seus filhos. O que ele faria sem eles? Aquela realidade dolorosa, bem como sua relutância de que o suicídio do pai fosse o legado que deixaria para seus filhos, terminaram por destruir todo o seu orgulho. Ele amava sua família, mas não sabia o que fazer.

Brian não tinha outra escolha senão lutar por sua vida, e o primeiro passo foi eliminar completamente uma amante de longa data: a bebida. No minuto número 29 da ligação, Brian disse a Chris que havia ido a suas duas primeiras reuniões dos Alcoólicos Anônimos e, embora elas tivessem sido horrivelmente desconfortáveis, ele sabia que aquilo era o que deveria ser feito. Ele havia sido totalmente humilhado por suas ações e não tinha outra defesa senão aceitar a responsabilidade.

> A resposta simples de Chris foi: "Brian, você precisa conhecer o Homem".

Foi então que a conversa tornou-se espiritual.

"Este é um programa espiritual, Chris", comentou Brian. "Eles estão falando sobre Deus 'como eu o entendo', e nem sequer tenho ideia de como começar nisso. Você foi a primeira pessoa para quem eu pensei ligar. Você já está nesse caminho e parece saber como fazer isso. O que eu faço?"

O Espírito Santo estava na jogada, um passo adiante de Chris, e ele sabia exatamente como Chris daria o próximo passo espiritual para seu amigo no meio de sua dor e confusão. Ele precisava simplesmente fazer uma apresentação de Cristo, e meu irmão iria ajudar a fazê-la de uma maneira que Brian pudesse recebê-la.

A resposta simples de Chris foi: "Brian, você precisa conhecer o Homem".

Jogando a rede

O Espírito Santo está lutando pelas almas daqueles que estão próximos de você.

Dizer que você tem um forte relacionamento com o Espírito Santo e um fraco compromisso de alcançar almas é uma ilusão. Se ele está formando Cristo em nós, então ele está criando um guerreiro terno, pronto para batalhar pelo futuro eterno daqueles que ele colocou em sua vida e que nos comissionou a alcançar.

Veja como é alcançar a alma de alguém no poder do Espírito Santo.

O Espírito Santo nos levará a nos sacrificarmos pelo perdido no caráter de Cristo.

> "Qual de vocês que, possuindo cem ovelhas, e perdendo uma, não deixa as noventa e nove no campo e vai atrás da ovelha perdida, até encontrá-la?"
>
> Lucas 15.4

Evangelismo é sinônimo de inconveniência. Você precisa deixar alguém, alguma coisa ou alguma preocupação para fazer de outra pessoa o foco de sua atenção. Você precisa sair da zona de segurança emocional da aceitação e partir para o mundo arriscado da possível rejeição. Você pode ser chamado a cruzar fronteiras culturais, políticas, étnicas ou pessoais para transmitir as boas-novas.

Quando Jesus falou sobre deixar "no campo" e ir atrás da ovelha perdida, ele quis dizer trocar o chão plano pelo acidentado, o caminho fácil pelo difícil, o plano seguro pelo inseguro. Hoje em dia, deixar o campo pode nos levar a um país fechado, onde o evangelho não é compartilhado. Não importa. Onde quer que estejam as ovelhas perdidas, o Espírito Santo estará ali através de seus homens.

Quando Jesus falou sobre deixar "no campo" e ir atrás da ovelha perdida, ele quis dizer trocar o chão plano pelo acidentado, o caminho fácil pelo difícil, o plano seguro pelo inseguro.

O Espírito Santo usará nossas conversas para testemunhar sobre Cristo.

> "Quando vier o Conselheiro, que eu enviarei a vocês da parte do Pai, o Espírito da verdade que provém do Pai, *ele testemunhará a meu respeito. E vocês também testemunharão,* pois estão comigo desde o princípio".
>
> João 15.26-27

Cooperar com o Espírito Santo é sinônimo de conversar frequentemente sobre Jesus Cristo. Embora muitas das interações que temos ao longo do dia sejam casuais, muitas outras podem ser monumentais se estivermos em contato próximo com o Espírito Santo.

Pense nas pessoas das quais Deus deseja que você se aproxime *no fluxo normal de sua vida*, de modo que elas venham a considerar Cristo. O que Jesus quis destacar é simples e desafiador: *se um relacionamento é importante para você, você conversa sobre ele.* O mesmo é verdade em relação às boas-novas. Por sua própria natureza, elas levam aqueles que as conhecem a compartilhá-las com outras pessoas.

O Espírito Santo quer que conheçamos e façamos conhecidos os claros termos do evangelho.

> Irmãos, quero lembrar-lhes o evangelho que lhes preguei, o qual vocês receberam e no qual estão firmes. Por meio deste evangelho vocês são salvos, desde que se apeguem firmemente à palavra que lhes preguei; caso contrário, vocês têm crido em vão.
>
> Pois o que primeiramente lhes transmiti foi o que recebi: que Cristo morreu pelos nossos pecados, segundo as Escrituras, foi sepultado e ressuscitou no terceiro dia, segundo as Escrituras, e apareceu a Pedro e depois aos Doze.
>
> 1Coríntios 15.1-5

Fico surpreso ao constatar a quantidade de cristãos dedicados que não definiram para si mesmos aquilo exatamente em que creem a respeito de Jesus a ponto de se sentirem confortáveis para compartilhar essa crença com outras pessoas. Tudo começa com nosso testemunho e aquilo em que críamos quando chegamos a Cristo — enfatizando isso e dando aos outros a mesma mensagem para que creiam. Pergunte a si mesmo: qual foi a mensagem que criou raízes em meu coração, que permitiu que me afastasse de mim mesmo e do pecado e abraçasse a pessoa de Jesus Cristo? O que o Espírito Santo deixou claro para mim? Por que isso fez sentido naquele momento, não antes? Por que foi tão significativo? Que situação mudou entre Deus e mim? Como Deus promoveu minha salvação? O que a morte e a ressurreição de Jesus realizaram para mim em termos pessoais? De que maneira a informação sobre Jesus se transformou num convite?

> O Espírito Santo quer que conheçamos e façamos conhecidos os claros termos do evangelho.

Todas essas são perguntas que o Espírito Santo respondeu em sua vida e que quer que você reflita de volta para outras pessoas.

O Espírito Santo nos atribui a responsabilidade de persuadir outras pessoas a refletirem sobre Jesus.

> Uma vez que conhecemos o temor ao Senhor, *procuramos persuadir os homens*. O que somos está manifesto diante de Deus, e esperamos que esteja manifesto também diante da consciência de vocês.
>
> 2Coríntios 5.11

Nossa capacidade de realizar o trabalho do homem de Deus na terra envolve uma compreensão clara de nossa responsabilidade. O Espírito Santo nos convence da importância de conversar de maneira significativa e sincera com os outros sobre Cristo — e fazer isso continuamente! Trabalhar duro para persuadir outras pessoas significa trabalhar duro para ouvi-las, trabalhar duro na oração por elas, trabalhar duro para elaborar uma apresentação clara do evangelho e, acima de tudo, assumir riscos para levá-las à pessoa de Cristo da melhor maneira possível.

O Espírito Santo convencerá os não cristãos da autenticidade da mensagem do evangelho.

> "Quando ele vier, *convencerá* o mundo do pecado, da justiça e do juízo. Do pecado, porque os homens não creem em mim; da justiça, porque vou para o Pai, e vocês não me verão mais; e do juízo, porque o príncipe deste mundo já está condenado".
>
> João 16.8-11

A melhor notícia de todas é que o trabalho do Espírito Santo consiste em pegar o que eu digo e transformar numa proclamação! O Espírito Santo convence uma pessoa. Isso significa que o trabalho dele (não o nosso) é levar não cristãos a terem conhecimento de Deus, consciência da necessidade que eles têm e uma clara compreensão do que precisam fazer, que é arrepender-se da autossuficiência e vir a Deus humildemente e em total dependência. Nem você nem eu podemos fazer isso!

Ao refletir sobre o Espírito Santo em sua vida, você não pode se separar do desejo dele de lançar a rede enquanto ele pesca homens usando seus olhos, sua mente, seus lábios e sua disposição de ser usado para levar pessoas a um relacionamento pleno com Jesus. Ele está empolgado, em ação e sabe convencer o coração, e ele conhece a melhor maneira de fazer que a mensagem atinja seu objetivo.

Os métodos do Espírito Santo para amolecer e abrir o coração humano para receber o evangelho são numerosos, às vezes esquisitos, e sempre corretos.

E se você já orou repetidas vezes por outra pessoa e está pronto para jogar a toalha — não faça isso! Em vez disso, continue orando para que o Espírito Santo abra o coração daquela pessoa para Deus da maneira dele e para que você esteja pronto para ajudar na hora certa. Se há uma coisa que aprendi em 25 anos de ministério é que os métodos do Espírito Santo para amolecer e abrir o coração humano para receber o evangelho são numerosos, às vezes estranhos, e sempre corretos.

Ele abre os olhos do coração.

Perfeição esquisita

O Espírito Santo aproveita as oportunidades com criatividade.

As reviravoltas da história missionária ainda estão frescas em minha mente. A história dele foi surpreendente, mas é verdadeira e está documentada. Venha comigo e coloque-se no lugar dele, como eu fiz.

Imagine passar um ano nas florestas da Nova Guiné, analisando cuidadosamente a linguagem local de uma tribo indígena que nunca tinha visto um missionário. Sua tarefa: conquistar a aceitação deles, estabelecer uma presença amigável, aprender os costumes, aprender a falar o idioma deles, e aprender os termos, as palavras e as expressões do povo, de modo que você possa contar a ele a história de Jesus. Isso leva quase um ano inteiro, milhares de momentos de interação e uma caneta rápida e um bloco de anotações — mas você é bem-sucedido.

Agora, a única coisa que resta é o trabalho. Você precisa mesclar a linguagem da Bíblia com o idioma nativo, atribuir os termos e palavras corretas ao vocabulário, fazer a ligação entre os enredos das histórias e a cultura local e entregar a mensagem do evangelho aos nativos para que eles aceitem ou rejeitem em seu próprio contexto. O trabalho de tradução é difícil, mas, depois de fazer muitas perguntas sobre a precisão de sua tradução, você sente que a história de Jesus foi convertida adequadamente e será entendida pela tribo. É hora de pedir aos anciãos da tribo que promovam um encontro para falar sobre o Criador e seu plano para todos os homens. Seu pedido é concedido, o momento chega e, embora esteja nervoso no início, você começa a comunicar a história de Jesus tendo como base o evangelho de João, dizendo: "No princípio era a voz de Deus".

Até você está surpreso por ver quão intrigadas as pessoas estão com sua história sobre Jesus enquanto ouvem sobre ele pela primeira vez. Estão ouvindo atentamente, reagindo e conversando umas com as outras à medida que ouvem sobre os diferentes eventos relacionados ao "Filho do Criador" que tem um nome engraçado. Estão sintonizadas e querem ouvir mais sobre o milagreiro que cura pessoas e conversa com seu Pai-Criador. Você não podia estar mais feliz diante da maneira como o processo está se desenrolando.

Durante a semana seguinte, sua jornada pelo evangelho os leva da chegada de Jesus à terra, passa pelo Sermão do Monte e as parábolas, chega ao jardim de Getsêmani e vai direto à traição por parte de Judas, seu julgamento diante do concílio e sua morte e ressurreição. Exausto, aliviado e ansioso por ver alguma resposta, é hora de ouvir a reação das pessoas.

Depois do encontro final para contar a história, o ancião da tribo diz que a história do Filho do Criador era boa e que há uma parte da história em particular que o animou bastante. Você mal pode esperar para ouvir sua conexão positiva com o evangelho. "Que é", continua ele, "o excelente trabalho de Judas em trair o Filho do Criador com um beijo de morte e entregá-lo aos homens que o pregariam numa cruz". O homem Judas, na opinião deles, é o herói, e Jesus é o fraco por se deixar ser enganado por um habilidoso traidor!

Um ano de trabalho árduo para ouvir "Viva Judas"?

Um ano de trabalho árduo para ouvir "Viva Judas"?

Ouvi com atenção arrebatadora enquanto o missionário Don Richardson (autor do livro *Senhores da terra*) descrevia essa história verdadeira, mas desoladora, do campo missionário. "Brutal, cara!", pensei. O resultado foi que a tribo sawi, de quem Richardson se aproximou, tinha como ideal a violência por meio da traição!

Enquanto Don continuava descrevendo aquela cultura de vingança, imaginei que a conclusão da palavra seria "fidelidade em meio à infertilidade" ou uma conversa estimulante sobre perseverança e "aguentar firme" pelo evangelho, não importa o que aconteça.

Em outras palavras, os sawis não seriam transformados pelo evangelho.

Felizmente, não foi isso o que aconteceu. Don descreveu como o Espírito Santo usou *a própria coisa* — a violência — que afastou os sawis de Jesus e os aproximou de Judas e a usou para trazê-los de volta à fé salvadora em Cristo

Certo dia, Don observou uma criança sawi sendo levada a uma tribo rival. Ele perguntou por que um de seus bebês estava sendo forçado a viver entre seus inimigos. Um membro da tribo explicou para Don que, se uma criança fosse oferecida como uma oferta de paz de uma tribo para outra, as diferenças entre aquelas tribos nunca seriam resolvidas por meio de violência. O Espírito Santo lançou-se sobre isso e estava esperando para mostrar a abertura a Don. Felizmente, o radar de nosso missionário captou o movimento do Espírito Santo.

Richard ponderou sobre o que estava observando:

- Um filho é oferecido pelo chefe de uma tribo a outra.
- Contanto que a criança viva com a outra tribo, as disputas são resolvidas sem violência, e um estado de paz prevalece.
- Na mente das pessoas, o foco principal da vingança entre elas é substituída pela criança.
- Nenhuma paz verdadeira é possível sem o presente de uma criança de paz.

Então o Espírito Santo espremeu a cabeça de Don com esta percepção: uma criança de paz... Jesus... trazendo paz entre o homem e Deus!

Richardson voltou a sua moradia e lá ficou por alguns dias, reformulando a história de Jesus no contexto do costume tribal da criança de paz. Quando reapresentou o evangelho aos sawis, dessa vez os homens da tribo responderam positivamente, percebendo que o Pai-Criador teve apenas um Filho, e como Jesus foi oferecido ao homem como uma criança de paz. A tribo inteira se converteu ao cristianismo, deixando para trás uma forma violenta de animismo.

> ***Decolando***
> *Um Espírito Santo oportunista está pronto para trabalhar através dos homens visando alcançar pessoas com a mensagem transformadora de Jesus Cristo de maneiras que fazem total sentido para os ouvintes.*

Deus criou todo homem para viver pela eternidade: "Ele fez tudo apropriado ao seu tempo. *Também pôs no coração do homem o anseio pela eternidade*; mesmo assim ele não consegue compreender inteiramente o que Deus fez" (Ec 3.11).

Infelizmente, há uma guerra implacável em andamento para impedir que o homem viva por toda a eternidade. Os homens de Deus — você e eu — são chamados a tirar vantagem das oportunidades que o Espírito Santo oferece para fazer conexões entre as questões da vida real e o evangelho na vida das pessoas que conhecemos e com as quais nos encontramos. Então oramos diligentemente, pedindo ao Espírito Santo que coloque em nossa mente a melhor maneira de levar o evangelho ao coração das pessoas. O Espírito Santo valoriza a paixão pelo perdido, a cooperação voluntária, a conversação objetiva e um espírito receptivo. As Escrituras endossam uma abordagem flexível, combinada com um anseio pelas oportunidades quando elas se apresentam.

> ***Decolando***
> *O Espírito Santo valoriza a paixão pelo perdido, a cooperação voluntária, a conversação objetiva e um espírito receptivo. As Escrituras endossam uma abordagem flexível, combinada com um anseio pelas oportunidades quando elas se apresentam.*

> Orem com dedicação. Fiquem atentos, de olhos bem abertos, em atitude de gratidão. Não se esqueçam de orar por nós, para que Deus me dê novas oportunidades de anunciar o mistério de Cristo, mesmo enquanto estou neste cárcere. Orem para que toda vez que eu abrir a boca consiga tornar Cristo conhecido para eles.
>
> Sejam cautelosos enquanto vivem e trabalham entre os descrentes. Não sejam ingênuos. Aproveitem ao máximo cada oportunidade e sejam agradáveis no falar. O objetivo é aproveitar bem a conversa e o diálogo, não derrotar a pessoa num debate.
>
> Colossenses 4.2-6, MSG

A melhor maneira de ser testemunha e dar provas da esperança que há em você é permitir que o Espírito Santo lhe forneça as informações estratégicas, a oportunidade, a clareza, a relevância e a integridade de conexão que as pessoas merecem.

O mesmo Espírito Santo que usou a dor de Brian, amigo de meu irmão, e o bizarro costume tribal de dar uma criança preciosa para viver com a tribo inimiga sabe exatamente qual é a melhor maneira de agir em favor daqueles que ele coloca a nosso redor. Nós precisamos apenas *usar a cabeça* e lembrar que ele está *bem à frente de nós.*

Do medo para a liberdade

O Espírito Santo move os homens do medo à liberdade no compartilhamento das boas-novas, como os homens do Pentecoste experimentaram em primeira mão:

> Então Pedro, cheio do Espírito Santo, disse-lhes: "Autoridades e líderes do povo! Visto que hoje somos chamados para prestar contas de um ato de bondade em favor de um aleijado, sendo interrogados acerca de como ele foi curado, saibam os senhores e todo o povo de Israel que por meio do nome de Jesus Cristo, o Nazareno, a quem os senhores crucificaram, mas a quem Deus ressuscitou dos mortos, este homem está aí curado diante dos senhores. Este Jesus é
>
> 'a pedra que vocês, construtores, rejeitaram,
> e que se tornou a pedra angular'.
>
> Não há salvação em nenhum outro, pois, debaixo do céu não há nenhum outro nome dado aos homens pelo qual devamos ser salvos".
>
> Atos 4.8-12

A jornada de Pedro, do temor e do medo para a liberdade e a coragem, é um testemunho daquilo que o Espírito Santo quer fazer em todos nós dentro de nosso contexto. Cheio do Espírito Santo, Pedro não vivia mais para uma audiência de muitos, mas para uma audiência de um só. Isso é testemunhado por sua total falta de preocupação com a opinião daqueles com quem ele estava falando — os pesos-pesados espirituais de sua época. A diferença entre Pedro A (aquele que teve medo de uma menina e, por isso, negou três vezes que conhecia Jesus) e Pedro B é o Espírito Santo.

A diferença? Nenhum medo. Veja o que Pedro fez:

1. Desviou a atenção para longe de si mesmo.
2. Conduziu sua audiência a Cristo.
3. Deu crédito a Deus pela obra que as pessoas viram.
4. Abordou as ações das pessoas com clareza.
5. Apresentou o evangelho com clareza.
6. Não deixou margem para dúvidas.

O sermão que Pedro proferiu em seguida para esse grupo lhe garantiu uma punição e uma ordem das autoridades locais para que não falasse mais em nome de Jesus. Essa censura também foi recebida com uma total falta de preocupação, à medida que a influência de Pedro e dos homens do Pentecoste se expandia, conforme eles transmitiam suas experiências com Jesus Cristo e uma clara apresentação do evangelho aos outros. A ordem para não falar sobre Jesus foi traduzida por um enfático "sim!". Veja o filme da reação deles:

> Os apóstolos saíram do Sinédrio, alegres por terem sido considerados dignos de serem humilhados por causa do Nome. Todos os dias, no templo e de casa em casa, *não deixavam de ensinar e proclamar que Jesus é o Cristo.*
>
> Atos 5.41-42

Uma grande quantidade de medo era o que caracterizava aqueles homens antes da chegada do Espírito Santo. Uma enorme liberdade e coragem resumiram o que eles eram depois de o vento renovado do Espírito ter sido despertado na alma deles.

Uma grande quantidade de medo era o que caracterizava aqueles homens antes da chegada do Espírito Santo. Uma enorme liberdade e coragem resumiram o que eles eram depois de o vento renovado do Espírito ter sido despertado na alma deles.

A boa-nova sobre as boas-novas é que o Espírito Santo está bem a nossa frente, trabalhando no coração e na mente daqueles que são chamados a buscar Jesus. O que é importante considerar e refletir a respeito é que estamos fazendo aquilo que apenas nós podemos fazer, de modo que o Espírito Santo possa fazer aquilo que apenas ele pode fazer.

O apóstolo Paulo, um dos melhores evangelistas que já existiu, nos conta seu segredo de ser usado pelo Espírito Santo para alcançar uma alma:

> Amigos, vocês devem estar lembrados da primeira vez em que os visitei, para deixá-los a par da grande jogada de Deus. Na ocasião, não tentei impressionar ninguém com discursos sofisticados ou com argumentos filosóficos. Decidi apresentar primeiro Jesus e quem ele é, de maneira pura e simples. Depois, falei de Jesus e do que ele fez — o Jesus crucificado.
>
> Não estava certo sobre como apresentar o tema. Sentia-me despreparado. Se querem saber a verdade, eu estava morrendo de medo. Assim, nada do que eu disse deve ter impressionado vocês. Mas, mesmo assim, a Mensagem cumpriu seu propósito. O Espírito e o poder de Deus fizeram isso, o que deixa claro que

> a vida de fé que possuem é uma resposta ao poder de Deus, não o resultado de técnicas de manipulação mental ou emocional.
>
> 1Coríntios 2.1-5, MSG

Entendeu?

A abordagem do Espírito Santo para alcançar almas, segundo a qual "menos é mais", é comprovada e verdadeira:

1. Tomamos a iniciativa de ir até as pessoas ("da primeira vez em que os visitei").
2. Mantemos intencionalmente simples tanto nosso testemunho quanto nossa mensagem ("falei de Jesus e do que ele fez").
3. Deixamos o Espírito Santo tomar os pães e os peixes de nossa obediência e multiplicá-los como salvação e transformação da vida dos outros ("O Espírito e o poder de Deus fizeram isso").

Todo homem é um missionário que está deixando sua marca no mundo. Nenhum homem é neutro. Aliviar a dor de alguém, reduzir a carga de alguém, elevar o espírito de alguém e alcançar a alma de alguém são as maneiras pelas quais o Espírito Santo quer ajudar você a deixar sua marca para Jesus Cristo enquanto estiver na terra.

Em tempos de mudança e desafio existe uma audiência ampla e *receptiva* a essas missões do Espírito. Aquela jornada do medo à liberdade em sua missão pessoal para Deus na terra depende de uma Pessoa em sua vida: o Espírito Santo. Você está pronto para aceitar o poder dele e ir?

Não lute com ele!

Nossa oração final...

Espírito Santo, obrigado por esta jornada de descoberta de quem tu és e como desejas ter um relacionamento próximo e pessoal comigo. Ajuda-me a continuar falando contigo da maneira que tenho feito no decorrer desta experiência. Quero continuar a sentir tua presença em minha vida, tua obra dentro de mim e teu poder através de mim para impactar o meu mundo.

Quero me juntar a teu processo na vida das pessoas. Ajuda-me a ser um agente do teu poder, um embaixador, um humilde instrumento para compartilhar com outros minha esperança em ti através do evangelho. Dá-me os teus óculos para ver os outros da maneira que tu os vês, pessoas preciosas que precisam conhecer e experimentar o amor de Deus. Perdidos que precisam encontrar seu refúgio em seu Criador e em seu Salvador. Solitários que precisam reencontrar a esperança por terem seu passado perdoado e um propósito para viver. Enganados que precisam experimentar a verdade, a liberdade e a cura da tua obra no fundo de seu ser.

Usa-me. Abre o meu coração. Abre as minhas emoções. Abre as minhas mãos. Abre meus lábios.

Até minha morte, em nome de Jesus, peço tudo isso. Amém.

Guia de estudo

Este guia de estudo foi planejado para ser usado *depois* da leitura dos capítulos referentes a cada seção. Quer você esteja estudando o livro *Decole* individualmente, quer em grupo, o objetivo é mergulhar mais fundo, lutar com mais intensidade e sentir a presença e a afirmação de Deus por meio do processamento das informações e através da oração em relação ao que você está aprendendo.

Leia os capítulos

Cada seção (exceto a seção 5) cobrirá dois capítulos de *Decole*. À medida que você fizer a leitura, escreva um diário, tome nota ou faça marcações nas páginas do livro que falam, desafiam ou se aplicam pessoalmente a você. Em sua leitura e reflexão, entregue-se às histórias, percepções, princípios, textos bíblicos, aplicações e orações, de modo que, quando chegar à parte do guia de estudo, você estará equipado para examinar as questões.

Passagem principal

Cada seção tem uma passagem principal que se conecta aos capítulos que você leu. Os grupos devem ler a passagem em voz alta e, se alguém do grupo tiver uma tradução diferente da Bíblia, peça para essa pessoa ler também em voz alta, de modo que o grupo possa ter uma imagem mais ampla do significado da passagem. Para que o conceito penetre mais fundo, comprometa-se a memorizar a passagem principal de cada seção.

Introdução e troca de informações

Depois de ter lido a passagem principal, peça a alguém que leia a breve introdução em voz alta para lembrar a todos o foco da discussão. O líder deve então convidar o grupo a partilhar quaisquer perguntas, preocupações, percepções, comentários ou descobertas que surjam da leitura pessoal e das orações ligadas a cada capítulo. Isso levará naturalmente a perguntas.

Analise as perguntas

As perguntas são planejadas para destacar como cada pessoa se relaciona com os tópicos principais dos capítulos. Lembre-se de que as perguntas existem para servir ao grupo e facilitar o diálogo, não para que se chegue a uma resposta em particular. Tendo isso em mente, não passe apressadamente pelas perguntas. Vá com calma e permita ao Espírito Santo trabalhar na vida de todos. Também não é necessário passar por todos os presentes antes de seguir para a próxima pergunta. As melhores discussões ocorrem quando todos se sentem livres para falar durante a discussão. A discussão em grupo é de fato uma oportunidade que permite que o Espírito de Deus ministre de modo especial através de um cristão a outro, de maneiras bastante específicas. Relaxe e confie que Deus levará a discussão aonde ele quiser levá-la. Se você não conseguir passar por todas as perguntas em uma única seção, não se preocupe.

Declaração final e aplicação

Reserve um tempo para ler a declaração final de cada seção, a qual levará o grupo a se concentrar na aplicação. A aplicação desafia todas as pessoas a perguntar: "De que maneira meu relacionamento com o Espírito Santo será diferente?". O objetivo é que os participantes "sejam praticantes da palavra, e não apenas ouvintes" (Tg 1.22). O propósito da discussão é ajudar cada indivíduo a colocar em prática as coisas que aprendeu ou descobriu em tempo real. Tente ser o mais específico possível, de modo que você consiga revisitar os objetivos da aplicação individual com cada pessoa.

Encerre cada seção com oração

O poder do Espírito Santo vem por meio da oração. Não se esqueça disso! Reflita e responda em oração àquilo que Deus revelou ou realizou no grupo. Convide o Espírito Santo a continuar sua obra das maneiras que discutimos. Use esse tempo para adorar com o Espírito Santo, para ser cheio, convencido, curado e motivado por ele. Orar juntos é a maneira mais poderosa de tornar as discussões eficientes, significativas, autênticas e relevantes. Não despreze isso. Em vez disso, dependa desse fator e espere que a alegria e a presença de Deus alcancem você.

Nota: por favor, leia antes os capítulos 1 e 2 para iniciar a seção 1.

Seção 1: Da frustração para a elevação

Baseada nos capítulos 1 e 2 de Decole.

Passagem principal: Isaías 40.28-31

"Será que você não sabe?
Nunca ouviu falar?
O Senhor é o Deus eterno,
o Criador de toda a terra.
Ele não se cansa nem fica exausto;
sua sabedoria é insondável.
Ele fortalece o cansado
e dá grande vigor ao que está sem forças.

Até os jovens se cansam
e ficam exaustos,
e os moços tropeçam e caem;
mas aqueles que esperam no SENHOR
renovam as suas forças.
Voam alto como águias;
correm e não ficam exaustos,
andam e não se cansam."

Introdução

Duas coisas deixam os homens cansados e frustrados: a incapacidade de mudar como pessoa e de ter uma folga de seus problemas. O que muitos homens não percebem é que, no meio de momentos de mudança e desafio, a transformação pessoal e o encorajamento estão disponíveis a eles através do Espírito Santo. Deus diz que você pode transformar a frustração em elevação ao conectar-se a seu poder, a sua presença e a seu processo em meio aos problemas. De maneira sobrenatural, o cansaço e a frustração podem se transformar em energia e motivação.

Perguntas

1. Quais são algumas das mudanças ou desafios que os homens enfrentam hoje que produzem fadiga, estresse e rupturas na vida deles?
2. Qual é o benefício de ter uma perspectiva mais ampla de sua vida e de suas circunstâncias?
3. Faça um círculo em volta da palavra que você usaria para descrever seu conhecimento do Espírito Santo e sua conexão com ele. Por quê?

Intenso **Íntimo** **Ocasional** **Intelectual** **Nenhum**

4. Qual dos quatro princípios foi mais significativo para você e por quê?
   - Dizer sim ao Espírito Santo
   - Abrir portas de sua vida para o Espírito Santo
   - Buscar ativamente o Espírito Santo
   - Liberar o poder do Espírito Santo

5. Qual cômodo de sua vida você diria que está fechado (de propósito ou por ignorância) à obra do Espírito Santo de trazer mudança, liberdade, resolução, reconciliação, direção ou cura?
6. Qual aspecto dos relacionamentos pessoais listados abaixo é mais difícil para você? De que forma isso pode ser significativo para sua conexão com o Espírito Santo?

Ouvir **Conversar** **Validar** **Associar-se**

7. Quais são as pessoas dentro de sua área de influência sobre as quais gostaria de causar um impacto positivo depois de uma explosão do poder do Espírito Santo encher você e, então, fazê-lo explodir para levar a salvação e a transformação de Deus?

O Espírito Santo é um poder e uma realidade ativa. Não se esqueça disso. Uma vida e um impacto de baixo nível podem ser substituídos por percepção e poder transcendentes em meio às dificuldades da vida. Ele é sua chave para experimentar a liderança e o amor de Deus, sua presença e poder e seu propósito e plano. Neste estudo estamos numa jornada que parte do orgulho e da autossuficiência rumo à dependência saudável e humilde da liderança do Espírito Santo. Esteja onde estiver em sua caminha com Deus, é hora de ir mais fundo. Ele está esperando. E, mais importante, o mundo também está esperando para ver, experimentar e receber o ministério do Espírito diretamente através de você. É hora de decolar!

Como preparação para o próximo estudo e discussão, leia os capítulos 3 e 4 de Decole.

Seção 2: Presente ainda embrulhado

Baseada nos capítulos 3 e 4 de Decole.

Passagem principal: Atos 2.38

> Pedro respondeu: "Arrependam-se, e cada um de vocês seja batizado em nome de Jesus Cristo para perdão dos seus pecados, e receberão *o dom* do Espírito Santo".

Introdução

"Eu não sabia disso!" Informações importantes e decisivas são de pouca utilidade depois do fato ocorrido. Quantas vezes você já disse a si mesmo algo como "ah, se eu soubesse disso antes"? Descobrir depois do acontecido é tão desanimador porque poderíamos ter evitado muita dor, experimentado muito mais alegria e produzido muito mais vitórias caso soubéssemos antes. Muitos cristãos vão se sentir assim quando chegarem ao céu porque não faziam ideia de quem é o Espírito Santo, e não conheciam as maneiras pelas quais ele poderia tê-los ajudado em sua vida. Ele foi um presente que ficou embrulhado e que poderia ter mudado tudo. Mas a boa notícia é que não é tarde demais para receber o presente, a ajuda e as vitórias.

Perguntas

1. Quais pensamentos passariam por sua mente caso você tivesse identificado, comprado e entregue o presente perfeito para alguém e essa pessoa optasse por não abri-lo ou não se importasse em usá-lo? O que você diria à pessoa?

2. Em sua opinião, por que Deus escolheu descrever o Espírito Santo como um dom, um presente? O que ele sabe sobre nós?
3. Em sua opinião, por que que os cristãos deixam de abrir e de usar o presente que é o relacionamento com o Espírito Santo?
4. De que nova oferta do Espírito Santo você precisa hoje (liderança, revelação, pensamento, encorajamento, perdão, conselho ou poder para derrotar o pecado)?
5. Qual problema em sua vida produz medo profundo e exige uma coragem que você não tem para abordá-lo, enfrentá-lo e contê-lo?
6. Em sua comunidade, qual é o gigante ou o mal que fere seu coração ou faz seu sangue ferver e que precisa ser abordado por homens de Deus?
7. Qual seria um comportamento considerado chocante da parte dos homens de sua cultura em particular que sinalizaria para todos os observadores que algo poderoso estava acontecendo entre eles?
8. Assim como fez com Davi, para onde o Espírito Santo está chamando você a ocupar a linha de frente em termos espirituais, relacionais ou de comunhão no momento em que outros homens estão fugindo dos gigantes?

O Espírito Santo nos prepara para lutar contra os Golias de nossa vida. Os homens de Deus precisam responder com bravura aos Golias que ele revelar, começando com as limitações pessoais e o pecado que ele deseja derrotar. As linhas de frente de seus relacionamentos, suas interações com as pessoas e suas necessidades estão chamando, enquanto Satanás está zombando dos soldados de Deus. É hora de correr para a batalha e se levantar. A batalha será vencida agora mesmo em oração, e suas ações serão a operação de limpeza. Corra para a batalha em oração agora!

Como preparação para o próximo estudo e discussão, leia os capítulos 5 e 6 de Decole.

Seção 3: Uma boa conexão

Baseada nos capítulos 5 e 6 de Decole.

Passagem principal: Salmos 139.23-24

> Sonda-me, ó Deus,
> e conhece o meu coração;
> prova-me, e conhece as minhas inquietações.
> Vê se em minha conduta algo te ofende,
> e dirige-me pelo caminho eterno.

Introdução

Nossa vida é medida pela qualidade de nossos relacionamentos. Quando as pessoas descrevem um relacionamento que está indo bem, elas dizem algo como "neste momento, temos uma boa conexão". Indiretamente, o que elas estão dizendo é que eventos ou dinâmicas que promovem a desconexão estão sendo evitados por meio de escolhas específicas. Este é o objetivo de todos os relacionamentos: aprender como manter uma conexão sólida com outra pessoa. Sua vida espiritual é medida pela qualidade de sua conexão com o Espírito Santo. Uma boa conexão significa boa comunicação e direção. Desconexão é sinônimo de desastre e autodestruição. Burrice, não é?

Perguntas

1. Quais relacionamentos de sua vida são altamente valorizados e fortemente protegidos visando manter uma conexão saudável e forte? Cite alguns benefícios específicos de uma conexão forte com essas pessoas.

2. Quais comportamentos ou ações nas quais os cristãos se envolvem parecem inocentes por fora, mas criam rupturas reais no relacionamento deles com o Espírito Santo e em seu testemunho de Deus?
3. Você consegue se lembrar de alguma ocasião em que tenha usado sua conexão com Deus, com a igreja ou com outro cristão para algum propósito egoísta ou para se parecer melhor ou mais aceitável para os outros?
4. Em sua opinião, por que o Espírito Santo se entristece quando deixamos de conceder graça aos outros depois de tê-la recebido de Deus em Cristo?
5. Quão sensível você é à voz do Espírito Santo? Explique.

Extremamente **Bastante** **Levemente** **Nem um pouco**

6. Como você descreveria a si mesmo ao tomar decisões importantes?

Autossuficiente **Colaborativo** **Dependente de Deus**

7. Qual é a importância de uma mente propensa a um relacionamento com o Espírito de Deus?
8. De que forma o fato de saber que o Espírito Santo quer ser uma voz salvadora em sua vida o ajuda a tornar-se alguém mais interessado em buscar a voz dele e ouvi-la?

O Espírito Santo quer que seu relacionamento com ele seja pleno, saudável, dinâmico e vivo. Isso significa que ele deseja interação aberta e honesta, relacionamento responsivo e a proximidade autêntica que essas coisas trazem. Isso é um relacionamento verdadeiro! Por qual outra razão Deus diria "não minta", "não entristeça" e "não apague o Espírito"? Todos esses são mandamentos e sinais de alerta enviados por Deus para nós com o propósito de que nosso relacionamento com ele seja bem-sucedido.

Como preparação para o próximo estudo e discussão, leia os capítulos 7 e 8 de Decole.

Seção 4: Agora eu vejo!

Baseada nos capítulos 7 e 8 de Decole.

Passagem principal: João 16.13-15

> "Mas quando o Espírito da verdade vier, ele os guiará a toda a verdade. Não falará de si mesmo; falará apenas o que ouvir, e lhes anunciará o que está por vir. Ele me glorificará, porque receberá do que é meu e o tornará conhecido a vocês. Tudo o que pertence ao Pai é meu. Por isso eu disse que o Espírito receberá do que é meu e o tornará conhecido a vocês."

Introdução

É quase como mágica. São aqueles momentos de surpresa. Gritamos as palavras, sussurramos a nós mesmos, pensamos nelas ou simplesmente respiramos fundo e sorrimos. Algo que fugia de nós passa a ser entendido ou passa a ser visto claramente. Todos nós conhecemos o sentimento. Jesus disse que o Espírito Santo daria a todo cristão a percepção da mente de Deus em todas as coisas. Ele é a surpresa por trás de todas as surpresas, e seu objetivo é fornecer um novo par de olhos com os quais possamos ver Deus, a nós mesmos e a vida. Deus muda a maneira como percebemos a realidade ao nos ajudar a filtrar e a olhar tudo da perspectiva dele. Sobretudo, ele muda nossa maneira de amar.

Perguntas

1. Quais são as percepções mais profundas que você já teve? (Por exemplo, a descoberta da verdade que causou grande impacto ou mudou a maneira como você enxerga a vida.)

2. Por que é importante diferenciar sua percepção ou opinião sobre um assunto da revelação de Deus sobre esse mesmo assunto?
3. Qual é a conexão entre o Espírito Santo vivendo dentro de você e sua capacidade de discernir a vontade de Deus?
4. Como você sabe se alguém está ouvindo regularmente ao Espírito Santo em sua vida?
5. Em sua opinião, por que ajudar os cristãos a curar relacionamentos e amar melhor é a obra mais importante que o Espírito Santo realiza?
6. Qual é a conexão entre ser liberto pelo Espírito Santo e ser capaz de amar os outros livremente?
7. A quem o Espírito Santo está chamando você a amar de modo sacrificial? De que ajuda ou percepção do Espírito você precisa para ser capaz de fazer isso?

O Espírito Santo quer doar a você a sabedoria e a percepção de Deus para que você possa perceber e processar a realidade de maneira diferente. Ele faz isso de várias maneiras, a começar pela revelação do próprio Jesus Cristo, revelando a nós cada vez mais sobre Deus através da Palavra ou falando diretamente a nossa mente. Assim como a dramática jornada de Mike May da cegueira à visão, o Espírito Santo está buscando regenerar e curar todo pensamento doente e substituí-lo por seu discernimento e percepção. A Bíblia promete a mente de Cristo àqueles que andarem com o Espírito (cf. Gl 5.25). As surpresas dele vão abalar seu mundo e o ajudarão a se conectar com outras pessoas em sua vida de uma maneira mais profunda, mais poderosa e mais eficiente — se você permitir.

Como preparação para o próximo estudo e discussão, leia os capítulos 9, 10 e 11 de Decole.

Seção 5: Uma atitude de gratidão

Baseada nos capítulos 9, 10 e 11 de Decole.

Passagem principal: Romanos 14.17-18

> Pois o Reino de Deus não é comida nem bebida, mas justiça, paz e alegria no Espírito Santo; aquele que assim serve a Cristo é agradável a Deus e aprovado pelos homens.

Introdução

Depois de nossa salvação, o Espírito Santo engrena de imediato o processo de nos tornar cada vez mais semelhantes a Jesus. Em primeiro lugar, ele faz isso ao nos chamar a ser homens, não meninos. Ele começa inserindo o amor de Deus em todas as áreas de fardo e dor, criando assim uma nova segurança em nossa alma. Depois, ele espalha essa cura e liberdade que estamos experimentando sobre nossos relacionamentos com outras pessoas. O Espírito Santo também nos liberta da escravidão de buscar satisfação em outras fontes que não sejam Deus ensinando-nos a aceitar, a ser gratos e a viver contentes na vida que Deus nos deu.

Perguntas

1. Por que, para alguns homens, parece tão difícil crescer ou parar de ser um menino e se tornar um homem?
2. Por que Deus costuma usar a experiência de um coração partido para realizar um importante progresso espiritual em nossa vida?
3. Quais são alguns das situações "se eu..." (veja a página 43) que podem estar impedindo você de aceitar os planos de Deus para sua vida?
4. Por que a fidelidade é tão importante para a superação de sentimentos quando um homem enfrenta a tentação ou outro desafio?

5. Por que a gratidão e o contentamento são qualidades tão importantes para um cristão?
6. Por que a leitura e a meditação da Palavra de Deus são tão importantes para o homem que deseja viver uma vida de disciplina e propósito?
7. Em quais áreas de sua vida você precisa despertar, de modo que possa seguir melhor a orientação do Espírito Santo e entrar na batalha?
8. Por quais bênçãos de Deus você é mais agradecido?

Quando estamos cheios do Espírito Santo, cooperando com ele e aprendendo sua verdade, temos a habilidade e o poder de nos afastar de atitudes tolas e infantis e nos tornar autênticos homens de Deus. Quando um homem é capaz de parar de seguir numa direção e dizer "não preciso ter isso, não preciso fazer aquilo, não preciso dizer isso, não preciso clicar aqui, não preciso ver isso, não preciso tocar naquilo, não tenho de comprar isso, ou não tenho de ouvir aquilo", ele está crescendo em todos os aspectos em Cristo através do poder e da atuação do Espírito Santo em sua vida. Nesse ponto, ele pode verdadeiramente saber que "a piedade com contentamento é grande fonte de lucro" (1Tm 6.6).

Como preparação para o próximo estudo e discussão, leia os capítulos 12 e 13 de Decole.

Seção 6: Zona de impacto

Baseada nos capítulos 12 e 13 de Decole.

Passagem principal: Lucas 4.18-19

"O Espírito do Senhor
está sobre mim,

porque ele me ungiu
para pregar boas-novas
aos pobres.
Ele me enviou
para proclamar liberdade
aos presos
e recuperação da vista
aos cegos,
para libertar os oprimidos
e proclamar o ano da graça
do Senhor."

Introdução

Para o bem ou para o mal, os homens de Deus receberam a capacidade de produzir vida e morte através de seu caráter e de sua conduta. Tal como os homens que fizeram parte da imensa explosão do Espírito no Pentecoste, temos a oportunidade de deixar nossos "Egitos" para trás, permitir que Deus nos mude e abalar nosso mundo para Deus. Não nos é pedido que façamos nada além daquilo que o Espírito Santo já nos tenha dado o caráter, a coragem, os dons e o poder para realizar. Algo maravilhoso está borbulhando dentro de nós, e é apenas uma questão de tempo até que a erupção ocorra. Deus tem grandes planos para seus homens. O mundo está à espera!

Perguntas

1. Por que pode ser verdade afirmar que a maioria dos problemas sociais do mundo de hoje são resultado de má liderança masculina?
2. Quais são alguns dos exemplos de Egitos na vida de um homem — algumas coisas em seu caráter, sua moral ou seu comportamento — que precisam ser deixados para trás?

3. Quais são os Egitos que você enfrentou em sua vida?
4. Quais áreas de sua vida mais podem se beneficiar do poder do Espírito Santo?
5. Por que o Espírito Santo nunca é depositado dentro de um homem com o único propósito de permanecer ali?
6. Qual é a "zona de influência" de um homem? Qual é a sua?
7. Em sua opinião, por que Deus tem um coração tão terno para com as pessoas que são marginalizadas pela sociedade?
8. Quais pessoas de sua vida precisam da libertação de um fardo para que possam alcançar a liberdade que apenas o Espírito Santo pode conceder?

O Espírito Santo tem planos para nosso momento histórico e quer trabalhar através de nós de maneiras culturalmente poderosas para fazer diferença. O livro de Atos ainda está sendo escrito, e nós fazemos parte dele! O Espírito Santo não mudou seu jeito de agir. Todos os dons do Espírito Santo ainda estão disponíveis, e ele os distribui de acordo com a vontade dele, assim como fez com os primeiros discípulos em suas respectivas zonas de influência. Fomos moldados de maneira singular para causar impacto em nosso contexto hoje, e é nossa responsabilidade determinar quais dons espirituais o Espírito Santo nos deu para ajudar a mudar nosso mundo em favor da glória de Deus.

Como preparação para o próximo estudo e discussão, leia os capítulos 14 e 15 de Decole.

Seção 7: Ajude a carregar um fardo

Baseada nos capítulos 14 e 15 de Decole.

Passagem principal: Mateus 11.28-30

> [Jesus disse:] "Venham a mim, todos os que estão cansados e sobrecarregados, e eu lhes darei descanso. Tomem sobre vocês o meu jugo e aprendam de mim, pois sou manso e humilde de coração, e vocês encontrarão descanso para as suas almas. Pois o meu jugo é suave e o meu fardo é leve".

Introdução

Jesus se levantava regularmente em favor do vulnerável, do estigmatizado e do isolado para fazer que eles se sentissem aceitos por Deus, seguros na presença dele e apoiados como pessoas dignas da salvação. Os inaceitáveis em termos étnicos, morais, físicos e culturais foram todos considerados aceitáveis por Jesus. Aqueles que normalmente ficavam *de fora* estavam *dentro* com ele. E eles amavam Jesus por isso! Leprosos, prostitutas, samaritanos, coletores de impostos, glutões, crianças, mulheres, doentes, aleijados, mentalmente instáveis e todo tipo de pecadores ficavam à vontade com Jesus. Trabalhando de maneira perfeita com o Espírito Santo, Jesus expressou plenamente o coração de Deus para aqueles estrangeiros dentro de sua própria cultura. Ele desafiou seus discípulos — de então e de agora — a seguir seus passos.

Perguntas

1. De que maneira sua reação aos desafios da vida mudou quando soube que Jesus havia retirado sua carga pessoal de culpa e de pecado?
2. Em suas próprias palavras, o que significa viver para uma audiência de um?
3. De que maneira o Espírito Santo é o Auxiliador de sua vida?

4. O que você incluiria em sua lista de responsabilidades da primeira milha? Quais são algumas das responsabilidades da segunda milha?
5. No século 1, os homens do Pentecoste superaram muitas barreiras culturais e religiosas. Quais seriam algumas dessas barreiras que o Espírito Santo quer que os homens de Deus superem hoje?
6. Quais pessoas poderiam ser exemplos de pobres em espírito em sua vida diária?
7. Em seu grupo, compartilhe, um por vez, alguma história de como você ergueu o fardo da vida de outra pessoa. Como você se sentiu ao ajudar?
8. Peça ao Espírito Santo que traga a sua mente uma ou duas pessoas a quem você poderia surpreender ao aparecer e dizer: "Como posso ajudar você?".

A missão do Espírito Santo em nós é fazer que Deus seja real para outras pessoas ao aliviar o fardo delas de maneiras inesperadas. Inesperadas porque elas estão acostumadas a ver e experimentar excesso de egoísmo nas outras pessoas. A qualquer momento, os homens de Deus que estão cheios do Espírito Santo são chamados a abandonar agendas, direitos, insultos e ressentimentos para aliviar a carga de outra pessoa. Foi isso o que Jesus fez, assim como os homens do Pentecoste. É isso que precisamos fazer hoje. Homens cheios do Espírito acabam fazendo coisas que jamais imaginaram com o objetivo de dar testemunho da obra do Espírito neles e através deles.

Como preparação para o próximo estudo e discussão, leia os capítulos 16 e 17 de Decole.

Seção 8: Uma tarefa especial

Baseada nos capítulos 16 e 17 de Decole.

Passagem principal: Lucas 15.4

> "Qual de vocês que, possuindo cem ovelhas, e perdendo uma, não deixa as noventa e nove no campo e vai atrás da ovelha perdida, até encontrá-la?"

Introdução

O Espírito Santo nos equipa para dois ministérios importantes e significativos na vida de outras pessoas. Junto a nossos irmãos e irmãs seguidores de Jesus, temos a oportunidade de encorajá-los em sua caminhada com Deus. Com aqueles que ainda não são seguidores de Jesus, temos a emocionante oportunidade (debaixo da orientação e da direção do Espírito Santo), por meio da oração, com dedicação e de forma intencional, de compartilhar as boas-novas do plano de Deus para redimir a humanidade da futilidade das trevas espirituais e da morte. Essas duas tarefas fundamentais do reino de Deus devem ferver o sangue de todo homem de Deus!

Perguntas

1. De que maneira Deus Pai encorajou Jesus?
2. De que maneiras podemos edificar outros cristãos?
3. Por que é importante ser um bom ouvinte na hora de oferecer encorajamento a outra pessoa?
4. Compartilhem alguns exemplos pessoais de como outros lhe deram encorajamento. Qual foi o resultado em sua vida?
5. Por que, como Kenny escreve, o evangelismo é sinônimo de inconveniência?
6. Com respeito ao compartilhamento do evangelho, como você acha que pode trocar o medo pela liberdade?

7. Pensando na frase "todo homem é um missionário", qual você diria que é o seu campo missionário?
8. Para finalizar a discussão: das coisas que você aprendeu, o que se destaca em sua mente? Quais são seus pedidos de oração à medida que segue adiante com o Espírito Santo para representar Cristo ao mundo?

Cada um de nós é um missionário que deixará uma marca no mundo. Fazemos isso sendo Jesus em nossa zona de influência. Encorajar nossos irmãos e irmãs, aliviar a dor de alguém, reduzir a carga de alguém, elevar o espírito de alguém e alcançar a alma de alguém são as maneiras pelas quais o Espírito Santo realiza o trabalho através de nós. Não podemos fazer isso sem sua ajuda e seu poder. Somente um tolo orgulhoso tentaria fazê-lo! A jornada do medo para a liberdade em nossa missão pessoal para Deus na terra depende de uma pessoa: o Espírito Santo. Você está pronto para aceitar sua amizade, sua sabedoria e seu poder e, então, ir em frente?

Notas

Capítulo 2

[1] Termo derivado de "bro", abreviatura de "brother" (irmão), e "romance" (em português e inglês), que designa um tipo de amor bastante forte entre dois homens heterossexuais. (N. do T.)

Capítulo 6

[1] UTC, sigla em inglês para *Universal Time Coordinated* [Tempo Universal Coordenado], também conhecido como tempo civil, é o fuso horário de referência pelo qual se calculam todas as outras zonas horárias do mundo. Substituiu o antigo GMT (*Greenwich Mean Time*) ou Tempo Médio de Greenwich. Esse horário equivale às 7h58 da manhã em Sumatra. (N. do T.)

[2] Chin Saik Yoon, "Phone call saved scores of Indian villagers from tsunami", dez. de 2004. Disponível em: <http://web.idrc.ca/cbnrm/ev-68766-201-1-DO_TOPIC.html>. Acesso em 31 de ago. de 2012.

Capítulo 7

[1] A história completa dessa jornada incrível e repleta de riscos que levou da cegueira à visão é contada no livro *Crashing Through*, de Robert Kurson (veja bibliografia).

Capítulo 9

[1] Lewis, *Letters of C. S. Lewis*, p. 256.

Capítulo 12

[1] George Pararas-Carayannis, "The Great Explosion of the Krakatau Volcano ("Krakatoa") of August 26, 1883, in Indonesia", The Tsunami Page of dr. George P.C. Disponível em: <http://www.drgeorgepc.com/Volcano1883Krakatoa.html>. Acesso em 31 de ago. de 2012.

Bibliografia

KURSON, Robert. *Crashing Through: A True Story of Risk, Adventure, and the Man Who Dared to See.* New York: Random House, 2008.

LEWIS, C. S. *Letters of C. S. Lewis.* New York: Harcourt, Brace &World, 1966.

RICHARDSON, Don. *Senhores da terra.* Belo Horizonte: Betânia, 1981.

Conheça outras obras do autor

Kenny Luck

- Arrisque
- Lute
- Sonhe

Compartilhe suas impressões de leitura escrevendo para:
opiniao-do-leitor@mundocristao.com.br
Acesse nosso *site:* www.mundocristao.com.br.

Diagramação:	Luciana Di Iorio
Revisão:	Josemar de Souza Pinto
Gráfica:	Imprensa da Fé
Fonte:	Adobe Garamond Pro
Papel:	Pólen Soft 70 g/m² (miolo)
	Cartão 250 g/m² (capa)